I Ching

O Livro da Sabedoria

Dados Internacionais de Catalogação na Publicação (CIP)
(Câmara Brasileira do Livro, SP, Brasil)

Severino, Roque Enrique
   I Ching : o livro da sabedoria : uma visão budista do livro das mutações / Roque Enrique Severino. -- São Paulo : Ícone, 2010.

   ISBN 978-85-274-1077-9

   1. Adivinhação 2. I Ching - Ponto de vista budista I. Título.

09-12640   CDD-299.51482

Índices para catálogo sistemático:

1. I Ching : Livros sagrados chineses
      299.51482

Prof. Roque Enrique Severino

I Ching
O Livro da Sabedoria

Uma Visão Budista
do Livro das Mutações

1ª Edição – 2010

© Copyright 2010.
Ícone Editora Ltda.

Capa
Richard Veiga

Diagramação
Andréa Magalhães da Silva
Richard Veiga

Revisão
Rosa Maria Cury Cardoso

Proibida a reprodução total ou parcial desta obra,
de qualquer forma ou meio eletrônico, mecânico,
inclusive por meio de processos xerográficos,
sem permissão expressa do editor
(Lei nº 9.610/98).

Todos os direitos reservados pela
ÍCONE EDITORA LTDA.
Rua Anhanguera, 56/66 – Barra Funda
CEP 01135-000 – São Paulo – SP
Tel./Fax.: (11) 3392-7771
www.iconeeditora.com.br
e-mail: iconevendas@iconeeditora.com.br

Agradecimentos

A Sua Santidade o XVII Karmapa Orgyen Trinle, Buda Vivo surgido nestes tempos degenerados pelo poder de sua compaixão

Ao Meu Lama Raiz Bokar Tulku Rimpoche e os Lamas da Linhagem Shangpa Kagyu que constantemente me apontam o caminho da Devoção e o Altruísmo.

Aos Mestres vivos da Linhagem Chinesa – o Grão Mestre Yang Zhendhuo e seu neto o Mestre Yang Jun.

A minha amada esposa Maria Ângela Vieira de Souza Soci, que sem a sua ajuda, alegria e devoção, eu não teria a possibilidade de ajudar a tanta gente no Brasil.

A Minha irmãzinha no Dharma, aluna, amiga Maristela Leal Casati que corrigiu graciosamente esta obra e salvou todos os leitores de meu "portonhol" estranho, tornando este livro viável.

E a todos os meus alunos, que têm a infinita paciência de me aturar e me acompanhar durante todos estes anos.

A todos Vocês com muito carinho do fundo de meu coração

Muchas Gracias.

Ops!

Todos os ensinamentos contidos
neste manual provêm de
fontes orais da transmissão.

Prefácio

No ano de 2223 a.C., o divino Imperador Fu Shi teve acesso a duas obras arcaicas que sintetizavam a sabedoria milenar de antigas civilizações. Esses livros eram o *Lien Shan* (registro das coisas anteriores), da dinastia Hsia, e o *Kuei Ts'ang* (registro das coisas posteriores), da dinastia Shang.

Naquele tempo, os seres humanos ainda tinham a capacidade de receber de forma direta os ensinamentos espirituais e aplicá-los à sua vida. Porém, o Imperador percebeu que muitos de seus súditos estavam perdendo essa capacidade – era-lhes impossível aprender, a não ser que alguém lhes explicasse a verdade apresentada de forma detalhada e intelectual. Para os antigos mestres, a incapacidade do ser humano de ter acesso direto à verdade retratava que sua mente estava se obscurecendo, devido às aflições, à ignorância e às opiniões especulativas – produto do desenvolvimento do intelecto em detrimento da sabedoria. Foi a partir dessa percepção da nova realidade que o divino Imperador criou o livro que hoje conhecemos como *I Ching – O Livro das Mutações*, oferecendo-o à humanidade, para que, estudando-o e compreendendo-o, ela encontre novamente seu caminho espiritual e sua conduta correta.

Em toda a história chinesa, mestres taoístas, budistas e confucionistas estudaram profundamente os ensinamentos contidos no *I Ching*, encontrando iluminação e ideias tão abrangentes que, depois de 4500 anos, ainda se aplicam ao nosso viver diário. Desde essa época, o *I Ching* é o livro mais lido e usado no dia a dia das populações orientais.

Aqui no Ocidente, o *I Ching* está sendo estudado seriamente de forma muito restrita por grupos de intelectuais ou amantes da cultura oriental há aproximadamente 150 anos. Para o resto da população, o *I Ching* não passa de um livro obscuro de adivinhações, cansativo para a maioria, porque o leitor não consegue levar seus ensinamentos à vida diária.

Na busca do significado dos símbolos do *I Ching*, encontramos vários obstáculos que nos impossibilitam o acesso a uma interpretação correta:

- carência de verdadeiros mestres chineses que conheçam profundamente o chinês arcaico em que esta obra foi escrita;
- carência de estudantes ocidentais que tenham a sorte de encontrar esses mestres e que possuam um conhecimento profundo tanto da língua chinesa como de sua própria língua;
- imparcialidade dos ocidentais com referência às suas próprias crenças religiosas ou culturais, o que colabora profundamente para que distorçamos a mensagem contida no *Livro das Mutações*;
- tempo hábil para o erudito ocidental se dedicar a estudar os inúmeros significados filosóficos, dialéticos e metafísicos contidos especialmente nas imagens de cada hexagrama;
- falta de acesso aos comentários originais oferecidos pelo mestre Confúcio, que estão escritos em chinês arcaico; e
- desconhecimento dos nove significados que os nomes de cada hexagrama contêm.

As Imagens Contidas no *I Ching*

Por que a imagem? Como diria o próprio C.G. Jung, existe uma linguagem arquetípica que sintetiza toda a sabedoria que os seres humanos podem desenvolver. Os físicos, matemáticos, físicos quânticos e todos os estudiosos que trabalham no campo das ciências exatas poderão entender melhor este pensamento: tudo o que acontece sob o céu pode ser mensurado; todas as coisas estão sujeitas a um padrão celestial que chamamos de "espaço e tempo"; este padrão segue regras fixas de desenvolvimento e, por meio da matemática mais pura, a ele poderemos ter acesso. Contudo, se não formos matemáticos, como chegaremos a compreender esse padrão? Pela análise profunda das imagens do I Ching. Assim o fez Confúcio, e assim o fizeram todos os mestres que de alguma forma interpretaram o I Ching.

Na correta análise das imagens:

- **Os taoístas** observam a transformação do *ching* (a energia básica neurobiológica do indivíduo) em *chi* (energia intrínseca que está contida no sangue e na respiração), do *chi* em *shen* (espírito ou mente pura), e do *shen* em vacuidade. Utilizando os ensinamentos contidos no *I Ching*, isolavam-se nas montanhas para realizar profundos trabalhos de transformação de sua própria natureza espiritual. O Tao Te King, obra atribuída ao mestre Lao Tzu, tem como fundamento o estudo do *I Ching*.

- **Os budistas** observam os símbolos que os ajudam a transformar os estados neuróticos da mente discursiva, proporcionando-lhes uma base sólida para compreender os estágios do caminho rumo à iluminação.

- **Os lamas budistas tibetanos** formularam todo o sistema *Kalachacra* (roda do tempo), seu sistema *Parka* e *Mewa* (astrologia tibetana) e a astro-medicina tendo como fundamento o *I Ching*.

- **Os confucionistas** observam as imagens e as interpretam como deveres, regras sociais e de comportamento humano e rituais. Inspirado na teoria dos cinco elementos, o mestre Confúcio baseia-se nas imagens para nos oferecer os seus "comentários sobre a decisão" (*t'an chuan*), transformando-os nas cinco virtudes: o amor ao próximo, a justiça, o cumprimento das regras adequadas de conduta, a autoconsciência da vontade do céu e a sabedoria e sinceridade desinteressadas.

- **Os padres cristãos**, que tiveram acesso a este livro tanto nas colônias da China como no Japão, interpretam as imagens na sua procura de um caminho moral que lhes aproxime mais de Deus.

- **Os filósofos** posteriores a Confúcio e Lao Tzu encontram no *I Ching* e suas imagens um farto material para desenvolver seus sistemas de especulação, assim como o fizeram Tzu Hsia e o famoso mestre Wang Pi[1].

Por último, tentemos compreender que o *I Ching* foi oferecido à humanidade para que, pela correta compreensão de suas mensagens, possamos encontrar nosso caminho de sabedoria que nos liberte das aflições e dos medos. O *I Ching – Livro da Sabedoria* está aqui, convidando-nos a descobri-lo e amá-lo.

O que ele nos oferece é a felicidade e a possibilidade de sermos realmente agentes ativos de transformação social e espiritual de nossa raça.

Prof. Roque Enrique Severino
(Lama Karma Zopa Norbu)

"Há quatro tipos de seres humanos:
Os que nascem na luz e vão para a luz;
Os que nascem na luz e vão para as sombras;
Os que nascem nas sombras, mas vão para a luz; e
Os que nascem nas sombras e vão para as sombras."

(dito tibetano)

Hexagrama 1. *O CRIATIVO (Chien)*

Julgamento:
O *Criativo* promove sublime sucesso, favorecido pela perseverança.

Comentário

Permitam-me meditar um pouco a respeito da palavra "sublime". "Tornar sublime" é sinônimo de "purificar, exaltar, aperfeiçoar" a matéria, elevá-la a graus de perfeição só concebidos pelos pensamentos dos homens mais inteligentes e espirituais. Este hexagrama está relacionado ao esforço unidirecional da consciência em superar as amarras do espaço e do tempo que nos permeiam.

Existe, na mitologia mundial, seja ela assíria, babilônica, asteca, egípcia, hindu ou chinesa, um relato relacionado com a queda dos anjos na matéria. Em algumas narrações, esses anjos apresentam-se como rebeldes que lutam contra o "poder principal". No catolicismo, por exemplo, diz-se que tiveram "inveja" – dentre outros argumentos que tentam velar um acontecimento cujos atores principais foram seres especialmente inteligentes e amorosos. Isso está muito bem retratado no mito de Prometeu, que renuncia sua própria felicidade para ajudar uma humanidade que basicamente tinha o comportamento dos animais. Esses seres celestiais encarnaram em corpos físicos que estavam preparados para eles, para nos ensinar a conduta celestial; porém, faltava-lhes a experiência da Terra. Vieram para ensinar a conduta espiritual e para aprender a trabalhar com o tempo. Eles pertenciam a um estado de consciência sem tempo e penetraram num mundo em que o tempo é o regente de todos os seres vivos.

O esforço do *Criativo* está relacionado ao que esses seres – que, quando encarnam num corpo físico, ficam presos à consciência cerebral e, por consequência, ao mundo dos sentidos – terão de realizar para se lembrar de sua própria natureza original. "O esforço do *Criativo* tem sublime sucesso" porque, apesar do tempo, o êxito está assegurado pela própria energia espiritual que o anima.

Os passos que descrevo a seguir nos comentários das linhas, relacionam-se com esse tipo de trabalho. O *Criativo* representa a força completa do espírito e, quando aparece numa consulta, está dizendo que, nesse momento, a pessoa dispõe de sua quota de energia cósmica, que poderá auxiliá-la em todos os sentidos possíveis na realização de seus objetivos. No entanto, tenho de esclarecer outro ponto: este símbolo atinge todos os estágios de consciência possíveis, desde o do homem que tenta lograr um bom negócio ao do santo mestre que tem de interpretar um mistério.

Para a alma encarnada, não existe "o bom" e "o mau" como nós, humanos, entendemos: passar pela experiência de um bom pai de família é tão importante para ela como é, para um bodhisattva, compreender o mistério da renúncia. O que importa é que, ao consultar o *I Ching*, o pai de família terá de compreender que conseguirá concluir todos os seus esforços, sempre que os oferecer a seus familiares, amigos ou círculo imediato, que nada mais é senão a esfera em que sua alma está aprendendo sua lição. Assim mesmo, quando um ser humano que fez seus votos de ajudar a humanidade realizando inúmeros sacrifícios consulta o *I Ching*, e este hexagrama lhe sai, ele está lhe mostrando que esta energia, de que necessitará para o seu trabalho, está à sua disposição.

Caso saiam-lhe as primeiras três linhas, olhando de baixo para cima em forma ascendente, ele terá de saber trabalhar mais em seu íntimo antes de se aventurar a expressá-lo de forma pública. Se saírem-lhes as últimas três linhas, então o esforço terá de ser dirigido para o exterior, no contato com o mundo, superando as forças hostis que possivelmente virão ao seu encontro.

Por consequência, "sublime" está indicando purificação do caráter, das ideias, das palavras e de todas as emoções. "Perseverança" indica o esforço consciente em dirigir todas as nossas forças, físicas, emocionais e mentais, para tornar excelente nosso caráter. Por esse motivo diz-se "sucesso favorecido pela perseverança". O "sublime" somente é realizado quando nos esquecemos por completo de nós mesmos, e este trabalho requer um esforço consciente e duradouro no tempo, tendo a bondade e a sabedoria como únicas metas a serem alcançadas. Desta forma, o êxito estará assegurado.

Imagem

A atividade do céu é poderosa; o homem superior fortifica seu interior constantemente. O céu é o celestial; sua qualidade é o poder. Nesta imagem, céu está acima e abaixo; esta é a imagem do celestial. Assim, o homem superior torna-se forte e incansável.

O celestial é a mente livre de opiniões especulativas ou de preconceitos; livre das seis emoções conflituosas – orgulho, inveja, desejo, ignorância, avareza e ódio. O celestial é a mente de uma criança que ainda não foi maculada pelo desejo de ganho e perda. É o poder fundamental que anima sua vida e a base de toda sua procura pelo seu bem-estar e o de seus familiares. O celestial é o fundamento da beleza, da clareza, da inteligência, da criatividade e do poder pessoal.

Porém, o *I Ching* diz: "fortificar seu interior ou tornar-se forte". Isto indica que ainda falta à pessoa estudar e viver de acordo com a vida espiritual. Significa estudar, treinar de forma disciplinada, libertar-se das amarras da escuridão e da ignorância, estudar o conhecimento deixado pelos seres mais santos que estiveram conosco.

Se você for cristão, por exemplo, então ser celestial é fortalecer-se, é tentar com todas as suas forças viver como o Jesus Cristo viveu. Se for budista, então ser celestial é praticar constantemente a meditação que estabiliza e pacifica a mente (*shine* e *lagthong*, no budismo tibetano, ou *vipashana* e *samadhi*, na tradição *theravada*, e *zen*, na tradição japonesa).

Na tradição do *Abhidharma*, ou psiquiatria budista, o celestial corresponde a *Akshobhya*, o inamovível ou o inabalável, que personifica "a sabedoria primordial que é como o espelho": a sabedoria que reflete to-

17

das as coisas e revela sua verdadeira natureza, a sabedoria que transmuta o veneno do ódio e da raiva. Para ela, as aparências surgem assim como os reflexos em um espelho — aparentes, porém ilusórios. Seu símbolo é o *dorje*, que representa a iluminação, a natureza pura e adamantina da mente, a essência da realidade.

"Fortalecer seu íntimo" é transformar todas as neuroses e traumas que nos acompanham como sombras desde o passado. Porém, "a qualidade do céu é o poder". "Poder" significa "estar de acordo com as leis, sejam elas humanas ou espirituais"; não transgredi-las. Neste hexagrama, o poder tem de ser exercido tanto interiormente como exteriormente, sem nunca faltarem, ainda que seja por um pequeno instante, a moralidade e a ética humana. Por este motivo, o celestial mostra seis linhas cheias ou ininterruptas.

A linha cheia indica dinamismo, luz, agitação, movimento constante. É por isso que o *I Ching* diz "constante", que indica "sem descanso". *Chien* significa sublime e iniciador; próspero e suave; favorável e benéfico; constante e correto. *Chien* representa a natureza e a função do *céu*. Possui os quatro caracteres chineses – *yuan, heng, li, zhen* – os quatro atributos do *céu* que simbolizam as virtudes do imperador, de um líder ou de uma pessoa superior. *Yuan* significa sublime e iniciador. *Heng* significa próspero e suave. *Li* significa favorável e benéfico. *Zhen* significa constante e correto.

O *céu* age com vitalidade e persistência; é incansável no treino do aprimoramento e do desenvolvimento interior. Ser "incansável" é não se conformar com pequenos ganhos; é investir sempre no melhor em matéria de qualidade. Ser "incansável" é estar sempre atento para transformar-se de forma dinâmica e com justiça. Por este motivo, a pessoa superior está sempre vitalizada e ativa, sem, por isso, desgastar-se.

Se este hexagrama aparecer em sua vida: Lembre-se: não seja violento, não despreze os seus, não pense que conhece toda a verdade sobre as coisas; lembre que o divino colabora com aquele que se compromete com o bem. Respeite as leis do seu país; não faça o mal; não maltrate emocionalmente as crianças; não ofenda com palavras duras e arrogantes; não seja violento com os fracos e os incapacitados; pense na morte todos os dias. Tente não cometer erros. Se os cometeu, arrependa-se séria e sinceramente, já que a energia celestial, assim como favorece o homem santo, destrói de forma violenta o homem malvado.

Conselhos Gerais: O melhor momento da vida de uma pessoa pode ser representado por este hexagrama. Porém, cuide-se, porque a extrema agitação pode levar à violência.

Negócios/Dinheiro: A prosperidade está a caminho. Cuide-se para não agredir. O verdadeiro poder manifesta-se pela cordialidade e pela calma. Quanto mais diligentemente você trabalhar, mais rápido chegará o êxito. É um momento muito bom para viagens a negócios.

Estado Emocional: Evite atos violentos. Não comente com as pessoas os seus ideais antes de torná-los visíveis. As pessoas não compreenderão sua urgência, e isso poderá magoá-lo muito.

Saúde: Pressão arterial alta, muito cansaço, esgotamento, estresse, ataques de ira e violência afetarão o seu fígado. Tente alimentar-se comendo carnes deliciosas feitas na brasa. Descanse bastante, visite museus, igrejas, escute canto gregoriano, pratique meditação silenciosa.

As linhas

Assim como um hexagrama mostra-nos um processo completo na vida, as linhas ilustram-nos suas particularidades. Por isso, não estranhemos se, por exemplo, uma pessoa encontra "boa fortuna" na terceira linha e, na quarta, o "infortúnio" aparece novamente. Lembremos que *yin* chama *yang* e que, um momento considerado de boa fortuna ou boa ventura pode ser seguido de um momento de infortúnio. Lembremos, também, que o *I Ching* retrata a vida do ser humano, que está em contínua mutação. A boa fortuna ou o infortúnio dependem do uso correto que fizermos daquilo que a vida nos oferece.

1ª linha: **Dragão oculto. Não atue.**

Significado

A pessoa está descobrindo seu potencial ou trabalhando interiormente; porém ainda está com a mente muito perturbada pelas preocupações diárias. Ela não pode se exteriorizar. Neste estágio, a natureza búdica está sendo captada num plano muito abstrato do pensamento. A intuição do meditante ainda está em seus primórdios. É então que se diz "não atue". Neste estágio, o discípulo necessita de muita prática de concentração e meditação para poder equilibrar-se. Terá de ficar tranquilo em casa, porque há muitos perigos à espreita. Evite, de todas as formas, agredir verbalmente ou fisicamente as pessoas; não se esgote nem durma muito tarde. A ideia do "dragão oculto" mostra que nada deve ser feito.

2ª linha: **Dragão aparece no campo. É favorável procurar o grande homem.**

Significado

É benéfico ver o grande homem. É o estágio em que o praticante começa a superar a noite do inconsciente trilhando o caminho do futuro líder. Ele está no estágio da compreensão intelectual da essência do ideal. Por consequência, percebe a necessidade de estar ao lado dos homens que caminharam antes dele. Contudo, se não confia na justiça e tenta forçar os acontecimentos, trará a desgraça para si. Esteja em guarda contra a mentira; procure pessoas que lhe ofereçam conselhos benéficos. Não fale muito e seja circunspecto.

3ª linha: **O homem superior permanece criativamente ativo o dia todo. Preocupações ainda o envolvem ao anoitecer. Perigo. Nenhuma culpa.**

Significado

Ele não dorme à noite. Força interna é responsabilidade. Ele deve trabalhar o dia todo, e isto significa não esquecer os perigos durante a noite, porque o dragão ainda está no plano inferior. Agora, ele redobra a concentração durante seu período de sono, porque toda prática de concentração está intimamente ligada aos processos de controle da energia vital. As preocupações tiram-lhe o sono e colaboram para que ele esteja constantemente cansado.

Também significa que, quando as pessoas querem mandar e opinar sobre um assunto juntas, haverá problemas. Tente não entrar em atrito com seu pai ou com pessoas de comando mais velhas. Ainda que você seja muito decidido interiormente, tente manifestar-se de forma suave e gentil; isso atrairá a atenção e a admiração dos outros. Seja solícito e ao mesmo tempo tranquilo, que isto trará felicidade. Tente descansar à noite; não leve "o trabalho para casa". O descanso forma parte do tempo.

4ª linha: **Voo hesitante sobre as profundezas. Nenhuma culpa.**

Significado

Pode-se saltar no abismo sem erro. Antes, ele estava na posição inferior, do outro lado do abismo; agora, ele pula. Este pulo no abismo, que é a representação do medo e das incertezas de nossa vida, confere-lhe a força necessária para enfrentar novas situações, sejam elas externas ou internas.

Seja cuidadoso: é preferível renunciar à luta desorganizada e em inferioridade de condições. Renuncie ao conflito. Não persevere em seus pontos de vista, se não tiver certeza. Porém, se for gentil e criativo ao mesmo tempo, tudo sairá muito bem. Enfrente os medos e aventure--se naquilo em que ninguém quer se aventurar. Arrisque e confie na sua força interior; confie no seu sonho.

5ª linha: **Dragão voador no céu. É favorável ver o grande homem.**

Significado

Foi cauteloso, pulou no abismo, tornou-se visível, revela-se como um iluminado e ajuda a todos. Torna-se uma grande pessoa, e, por consequência, se encontrará com os seus iguais. Ele vai conviver com os grandes homens.

Além disso, este é o momento de compartilhar, de fazer novas amizades, de procurar momentos felizes e de trocar ideias. Dando carinho, recebemos carinho. Sendo gentil por fora, você incentiva as pessoas a serem gentis com você. Momento de procurar novos conselhos para continuar no caminho que escolheu.

6ª linha: Dragão arrogante terá motivo de arrependimento.

Significado

O mistério da iluminação: ele percebe as dores dos seres; por isso, sofre, angustia-se, retorna ao mundo dos homens, mistura-se entre eles e os instrui. Padece entre os mortos, compreende o coração daqueles a quem instrui. Ilumina-se, e sua individualidade, que antes era motivo de separatismo, dúvidas e conflitos, não existe mais. Por outro lado, este é um momento de preocupação e confusão. Não se fie somente em suas forças e inteligência. Procure os conselhos dos mais sábios. Tente não demonstrar o seu orgulho. Há possibilidade de que tenha de suportar grandes tensões. Cuide da pressão arterial e evite discutir de forma violenta, especialmente com pessoas mais velhas do sexo masculino. Pode ser que suas coisas sejam quebradas, que seja ferido com instrumentos cortantes (vidros, facas, etc.) ou que tenha acidentes graves. Esteja muito atento!

 Hexagrama 2. BONDADE *(Kun)*

Julgamento:
O receptivo traz sublime sucesso, favorecido pela perseverança como a de uma égua. Se o homem superior empreender algo e tentar liderar, desviar-se-á; porém, se ele seguir, encontrará orientação. É favorável encontrar amigos a oeste e ao sul e evitar amigos a leste e ao norte. Uma perseverança tranquila traz boa fortuna.

Comentário

Existem a via do céu e a via da terra. Cada uma tem suas qualidades: a via do ser humano é o desenvolvimento de ambas as qualidades, para que se torne "um" com o céu e a terra. No hexagrama *Kun*, as qualidades da terra, em sua complementaridade com as do céu, manifestam-se; por consequência, temos:

1º. A recepção da energia que vem do céu. Para que isto aconteça, o discípulo tem de estar livre das preocupações diárias, como, por exemplo, ter de trabalhar para poder se sustentar, ou, se estiver vivendo numa época infeliz, terá de saber abstrair-se o suficiente para que, em seu momento de silêncio mental, possa ser receptivo às impressões que vierem de seu espírito.

2º. Uma vez que o discípulo esteja receptivo, terá de desenvolver e dar forma (*kun*) ao concebido, para que possa servir eficientemente ao seu meio ambiente. Disse o mestre Chi-hsu Ou-i (1599-1655): "O desenvolvimento da forma somente ocorre devido à recepção da energia, e a isto se chama prosseguir de acordo com as comunicações recebidas do céu." Apenas quando há uma verdadeira comunicação com o eu superior é que se pode dar forma às ideias, que se transformarão imediatamente em ação entre os homens.

3º. Em termos budistas, terra é a profunda calma da consciência e está representada no gesto que o Buda Sidarta Gautama realizou, tocando-a e tendo-a como testemunha de sua conquista espiritual. Também é o símbolo da "grande compaixão": por mais que a humanidade a fira, ela continua lhe proporcionando alimento e sustento, do mesmo modo como um *bodhisattva* o faz com aqueles que o difamam ou o agridem.

4º. A natureza essencial no ser humano é o próprio céu, e a terra, seu próprio corpo físico.

5º. No *I Ching*, a consciência é chamada de "céu"; a tranquilidade é chamada de "terra".

6º. A essência é conhecida com o nome de "céu". O cultivo é conhecido sob o nome de "terra".

7º. A atividade intelectual é conhecida como "céu". E a prática no dia a dia é conhecida sob o nome de "terra".

8º. Céu é o conhecimento. Terra é o esforço.

Na realidade, céu e terra não são diferenciados, nem precedem um ao outro. As diferenças foram colocadas pelos homens para explicar melhor "o céu na terra" e "a terra no céu".

Imagem

A condição da terra é a devoção receptiva. Assim, o homem superior, com sua grandeza de caráter, sustenta o mundo externo.

A palavra "santidade" no Oriente significa estar atento a si mesmo e aos outros. Aqui, neste contexto, "terra" significa estar atento a si mesmo e receptivo aos outros. Um exemplo seria a palavra *san-gye*, do tibetano, que quer dizer "desperto" (*san*) e "receptivo" (*gye*). Esta palavra composta quer dizer buda em sânscrito: "aquele que está constantemente receptivo ao sofrimento de todos os seres" e, por meio da cordialidade, incentiva-os a se reunir para estudar e treinar as virtudes como a benevolência e a compaixão.

Kun representa a mente que está constantemente procurando e oferecendo felicidade serena a todos os seres, desde o mais humilde até aos mais arrogantes. *Kun* é o coração de mãe, que não distingue entre o filho malvado e o santo, expressando, assim, a perfeita equanimidade. *Kun* representa o estado de ânimo em que a devoção silenciosa e a união com a mente do mestre estão sempre ativas. E também a mente que está sempre contente, não importa em que situação se encontre.

Na tradição do *Abhidharma*, *Kun* representa *Vairochana*, "aquele que é como sol" ou "o radiante". Ele personifica a sabedoria primordial do espaço em que ocorrem os fenômenos, da perfeição da realidade, o reino da verdade, onde todas as coisas existem como realmente são. Esta sabedoria, que transmuta o veneno da ignorância, também é conhecida como "a sabedoria que tudo permeia", porque representa a abertura e a vastidão da mente, a fonte da compaixão.

Kun significa a cordialidade que, segundo Confúcio, é a expressão do poder celestial em seu estado de repouso. Segundo Buda, é a expressão de uma mente iluminada pelo conhecimento transcendental e pela erudição unida à compaixão. Daí por que se diz "auxiliar os outros". Segundo Jesus, é a mente caridosa, que torna as pessoas mansas e também estáveis. Quando se fala "a terra é o solo", entende-se que todas as virtudes formam o fundamento do caráter da pessoa.

Se este hexagrama aparecer em sua vida: Esteja muito atento! Não se entregue a nenhuma depressão. No entanto, se ele aparecer, saiba que *Kun* o convida a esquecer-se de si e a dedicar-se incansável, persistente e devotadamente aos outros, sem julgamentos, sem preferências, sem descanso, não importa em que atividade. O que mais importa é a prática da humildade, da solidariedade, da abnegação e da entrega sem preconceitos.

Elimine a preguiça, que torna o ser humano vil, desonesto, corrupto, frio e calculista, sem compaixão. Seja sempre amável, respeite os mais velhos, em especial as mães e as crianças; faça de tudo para agradar e levar felicidade aos velhos e crianças mais humildes. Lembre que o único fruto que levamos desta vida vem de nossas ações.

Conselhos Gerais: Problemas que vêm por meio de pessoas com motivações muito egoístas. Cuidado com os métodos sinistros. Esteja atento aos lobos em pele de cordeiro. Momento de solidão e de realizar pequenas coisas, não tente modificar os outros; dê bom exemplo com suas próprias ações. A ação realizada com extrema cautela e calma poderá conferir-lhe algum sucesso.

Negócios/Dinheiro: Investigue muito antes de investir, seja por demais cauteloso, momentos de profunda angústia. Esteja atento aos sócios, não deposite nos ombros dos outros as sua responsabilidade.

Estado Emocional: Momento de ficar em silêncio, possíveis estados depressivos, pode-se perder muito por falar demais. Evite a covardia e a apatia.

Saúde: Evite comer farináceos, beba bastante água e tome sol: a escuridão lhe fará mal. Evite comer doces. Problema de estômago: tente manter o baixo ventre aquecido.

As linhas

1ª linha: **Quando se caminha pela geada, o gelo sólido não estará longe.**

Significado

Como já pudemos observar, tanto *Chien* como *Kun* são duas manifestações diferenciadas do mesmo princípio, o *Tao*. Então, quando estudarmos as linhas de *Kun*, temos de ter sempre em mente as linhas de *Chien*.

Na primeira linha de *Kun* se diz: "Quando se caminha pela geada, o gelo sólido não estará longe". *Chien*: o céu manifesta-se no ser humano como as virtudes celestiais, que estão sempre atreladas às qualidades do gelo: ausência de paixão, brilho, claridade, luminosidade, etc. *Kun*: a terra manifesta-se no ser humano como o caráter bondoso, equânime, sem paixão; porém com amor e sabedoria. "Caminhar pela geada" refere-se a trilhar a via dos *bodhisattvas*, que têm como prática o amor e a compaixão por todos os seres, sem realizar nenhuma distinção motivada por ganho ou perda. "Gelo sólido" significa tornar todas as virtudes uma parte sólida no seu próprio caráter.

Contudo, a primeira linha do *Chien* dá o aviso: "Dragão oculto; não atue". Já na primeira linha de *Kun* está assegurada a chegada. Isso significa que, para realmente agir sem violência ou imparcialidade, primeiro temos de demonstrar em nosso caráter as virtudes, o que aqui se representa pelo "gelo sólido". Então, se houver movimento intrépido e violento, característica de *Chien*, ele será desprovido de sabedoria e só poderá trazer infortúnio. Assim, o conselho é não entrar em ação tão rapidamente, ou seja, "dragão oculto; não atue". Porém, na primeira linha de *Kun*, efetivamos as características da terra, que são a calma e a quietude, os princípios do homem superior, que levam seguramente ao sucesso; por isso, a chegada é assegurada.

Observe sempre o fim das coisas, observe os maus hábitos e medite sobre eles e seus efeitos. Realizando este trabalho, tudo correrá bem.

2ª linha: **Reto, quadrado, grande. Sem propósito, porém nada permanece desfavorecido.**

Significado

Para que a vida diária ou a prática da meditação sejam satisfatórias, é necessário ter a pureza de caráter como fundamento. Um ser humano que se dedica a qualquer treino de meditação – não importa o sistema místico a que esteja associado – e não possui pureza de caráter, torna-se um fanático, um obscurantista, ou um tipo de pessoa que obterá muito poder sobre seus semelhantes. Não possuirá amor e compaixão, características de um *bodhisattva*.

Na vida ordinária, poderemos encontrar um grande empresário ou uma pessoa de prestígio em seu meio social; no entanto ele pode ser um mau pai ou um esposo problemático. Nossa sociedade está formada a partir da meditação sobre a forma. As formas são, na realidade, os corpos físicos das ideias que surgem neste mundo manifestados pela prática da meditação analítica. Um grupo de empresários refletindo sobre campanhas de marketing é um exemplo do que estou falando.

Antigamente, enviavam-se os discípulos que estavam muito apegados a sua beleza física a meditar nos cemitérios ou ossuários. Lá, passavam dias observando como o corpo dos seres humanos não sepultados apodrecia lentamente. Também observavam os abutres comendo a carne desses cadáveres, a fim de refletir poderosamente sobre a similitude do ato de comer carne. Por mais que a nossa mesa esteja cheia de requintes, o que comemos, quando se trata de carne, não passa de um pedaço de cadáver. Então, refletindo profundamente sobre isto, pouco a pouco sentia uma profunda aversão sobre o tipo de corpo que ele mesmo possuía.

Outro passo nesse tipo de meditação era refletir profundamente sobre os estados emocionais, desde os mais grosseiros até os mais sutis, e perceber que dependem de formas externas. Logicamente que, meditando sobre esses estados emocionais, percebia-se que estão intimamente ligados aos pensamentos e, meditando sobre a natureza dos pensamentos, entendia-se a natureza da mente.

Procure a retidão e a paz em si mesmo, mas não cobre das pessoas o que você não consegue praticar.

3ª linha: **Ocultando-se a excelência, pode-se permanecer correto. Se você está a serviço de um rei, há conclusão sem presunção.**

Significado

Tente não se vangloriar de seus avanços no campo espiritual. Pense sempre no modelo de Sidarta Gautama, que diz: "quanto mais souber, mais humilde tem de ser". Não se atribua algum tipo de autoridade, pois ela nasce de uma intensa prática e manifesta-se sozinha. Não precisa ser anunciada. Diz o *I Ching*: "O homem ignorante quer que todos tenham conhecimento do bem que faz; o homem sábio somente pensa nas consequências". Isto é "há conclusão".

4ª linha: **Saco amarrado. Nenhuma culpa. Nenhum elogio.**

Significado

A pessoa está centralizada em si mesma, interior e exteriormente muito calma. Não se manifesta, não emite opiniões; simplesmente comporta-se serena e cordialmente – isto é o "saco amarrado". Por esse motivo, "não há culpa", já que seu agir, pensar e falar estão em ordem, ou seja, ela não comete nenhum erro.

Momento de dúvidas e desacordos a seu redor; momento perigoso. Então, fique tranquilo em seu bem-estar e não se expresse. Treine um pouco de meditação e deixe passar este momento. Aproveite para acalmar-se e desfrutar cada situação sem emitir julgamentos. Não expresse suas opiniões!

5ª linha: **Roupa de baixo amarela traz suprema boa fortuna.**

Significado

"Roupa amarela" quer dizer que a pessoa está interiormente clara e iluminada. Sua mente está tranquila e sua expressão externa é cordial e afável. Ser exteriormente afável e interiormente sábio traz "suprema boa fortuna".

Diz o *I Ching*: "Se aquele que consulta conserva a justiça e permanece firme na humildade, então será feliz". Não será favorável ocupar postos de alta hierarquia; porém, se for obrigado a fazê-lo, então seja extremamente humilde e trate os seus colaboradores muito bem.

6ª linha: **Dragões lutando no prado. Seu sangue é negro e amarelo.**

Significado

"Dragões lutando no campo" representa o início da *Dificuldade Inicial* (Hexagrama 3). É o estágio final da fecundação da terra; por isso, "sua cor é o amarelo-escuro". Amarelo é a cor do centro; o escuro é a cor do céu. Quando ambas se misturam, aparece o amarelo-escuro. A partir daqui é como a mãe sendo fecundada pelo pai: o feto está pronto. "De que cor é o feto?" Amarelo da mãe, escuro pelo pai. Daí em diante o destino está traçado; inicia-se o desenvolvimento no Hexagrama 3. Esta última linha é uma outra representação do mito dos anjos caídos, onde o espírito, "escuro", finaliza a incorporação no corpo físico, "amarelo". A partir daqui, tudo no mundo natural se inicia. Momento de brigas e feridas. Se conservar sua calma e humildade, não terá nada com que se preocupar.

 Hexagrama 3. DIFICULDADE INICIAL (*Chun*)

Julgamento:
Dificuldade inicial traz sublime sucesso, favorecido pela perseverança. Nada deve ser empreendido. É favorável designar ajudantes.

Comentário

Na primeira linha, temos duas afirmações: "sublime sucesso", indicando ajuda espiritual ou dos ancestrais da família, à qual se adiciona uma boa dose de autossacrifício (trigrama *kan*). Por esse motivo está a frase "favorecido pela perseverança", isto é, a perseverança inclui o caminho correto, rumo ao bem, indica o caminho da ética e da moral, já que são as virtudes que estão inseridas no trigrama kan.

Se não existirem estes ingredientes no ser humano, então "nada deve ser empreendido" e será melhor "designar ajudantes". Neste caso, os ajudantes não são somente pessoas, e sim tudo aquilo que auxilia o homem a trilhar um caminho de retidão e honestidade.

Imagem

Nuvens e trovão: a imagem da dificuldade inicial. Assim, o homem superior atua se desembaraçando e organizando. Dificuldade inicial significa ser puxado para trás.

As nuvens significam escuridão mental, confusão, visão obstruída pelos pensamentos desordenados e caóticos. As nuvens estão representadas pelo trigrama kan, que também representa as chuvas pesadas, o chorar, as nuvens pretas de tormenta, as visões aflitivas que escurecem a razão, que trazem ódio ao coração. O trovão representa a raiva, o ciúme, a ação violenta e colérica, a ansiedade levada ao extremo, que, unidos às nuvens pretas, nos fazem chorar, suspirar, ter raiva de nós mesmos e do mundo.

A nuvem representa as visões escurecidas pela confusão mental, e as emoções aflitivas que estão intimamente relacionadas com a satisfação instintiva. É o apego egocêntrico que torna a pessoa arrogante e cruel tanto consigo mesma como com o mundo ao seu redor. Arrogância e crueldade – duas caras da mesma moeda. Arrogância é quando a pessoa pensa que está por cima dos outros; crueldade consigo mesma e depois com o mundo que a rodeia é quando descobre que sempre foi a última, ou que sempre foi passada para trás. Basicamente, esse tipo de pessoa sempre vai exclamar: "Que estúpida que eu fui..., como eu não percebi?"

O trovão é a ansiedade, que está intimamente ligada ao medo. Medo de perder, de ser deixado para trás, de ser pobre, de não ser aceito. Misturemos essas duas energias e teremos a dificuldade inicial. Ter uma visão limitada e sustentada pelo sentido de pobreza e ainda assim querer fazer algo torna tudo muito complicado.

Perante esta situação, o homem superior utiliza as características nobres de cada imagem. A chuva indica-nos o poder vivificador da água, que abençoa os campos ressecados trazendo vida e alegria a todos os seres. No campo da moralidade, *kan* (nuvens e chuva – confusão e choro) também representa a ética, o esforço do herói no campo de batalha, enfim, o autossacrifício em benefício dos outros. Assim como a água cai na terra, o fato de cair e misturar-se com os outros, sem observar a qualidade dos seres, indica a profunda ação dos homens superiores. Isto está muito bem retratado na Paixão de Jesus Cristo que, sendo Deus, faz-se homem e convive com as nossas penúrias, experimenta as misérias da carne.

O trovão é a ação destemida, heroica, sonhadora, também autossacrificada. É a paciência que sabe esperar, para que a semente que foi umedecida consiga germinar em seu tempo justo. O trovão é a ação que faz tremer os seres, despertando-os para uma consciência mais elevada. É a energia vital que anima todos os nossos empreendimentos. É o entusiasmo que se manifesta em nossa adolescência. Então, auto-sacrifício é o entusiasmo de levar adiante um empreendimento que possa ajudar os seres queridos e também os mais necessitados.

"Desembaraçar e organizar" significa que, por meio da análise constante das virtudes, a pessoa pode superar este momento de confusão e impaciência. "Desembaraçar" é analisar meticulosamente todos os pensamentos e emoções que nos tornam negativos. "Organizar" é voltar a viver de forma decidida e criativa, trabalhando a cada dia, conquistando pequenas metas. Desembaraçar é distensionar, esclarecer, acalmar. "Desembaraçar e organizar" é utilizar a meditação analítica para resolver seus problemas.

Se este hexagrama aparecer em sua vida: Lembre-se que, para iniciar uma obra, não importa que seja um simples negócio ou descobrir a si mesmo. O primeiro ponto é evitar as visões emocionais e trabalhar com paciência, esclarecendo todos os passos a serem realizados, friamente, sem preferências, sem gritos e murros na mesa. Pela conquista de pequenos sucessos (trigrama nuclear superior *ken*, a montanha), a pessoa poderá dominar sua ansiedade por resultados rápidos. Além disso, lembre-se de que todo negócio a ser realizado tem de ir ao encontro de uma necessidade básica dos seres; é basicamente realizar algo para servir todos os seres. Dentre todos os negócios humanos, o melhor é conhecer a si mesmo e servir os outros.

Conselhos Gerais: Momento de crescimento e transformação. Tente obter a máxima paciência porque os sonhos serão realizados, ainda que tenha que se esforçar por muito tempo. Este momento em especial mostra o esforço futuro e a organização do caos. Porém, é necessário ter um guia perito naquilo que quer iniciar; senão, você terá muitos problemas.

Negócios/Dinheiro: Hora de planejar e pagar pequenas dívidas. Feche pequenos negócios, semeie para o futuro próximo. Não faça planos de grandes negócios que não poderá levar adiante. Cuide do que tem nas mãos.

Estado Emocional: Momento de incertezas. Às vezes parece-lhe estar tudo claro; depois, a pessoa sofre de cansaço, depressão e confusão mental. Não permita o ciúme, a raiva e brigas que poderiam ser evitadas com um pouco de paciência. Coloque-se no lugar do outro para entender-lhe o ponto de vista.

Saúde: Cuide do fígado, pés, rins e bexiga. Tenha extremo cuidado ao dirigir; evite ultrapassagens perigosas e brigas, porque poderão afetar-lhe o coração e o sangue. Você poderá ter problemas de audição.

As linhas

1ª linha: **Hesitação e obstáculo. É favorável permanecer perseverante. É favorável designar ajudantes.**

Significado

Neste hexagrama, o ser humano está tentando impor uma ordem em sua vida. É lógico pensar que, no início, ele se defrontará com muita confusão interna e externa. Então, o mais importante aqui é pedir ajuda a pessoas experientes. "É favorável permanecer perseverante" refere-se ao caminho escolhido, que deve ser sempre sustentado pelas virtudes da paciência e da ética. Neste momento de sua vida, espere que as situações se acalmem por si só. O melhor é tentar remediar as coisas. Simplesmente treinando a calma, você poderá observar que as coisas se modificam por conta própria. Durma cedo, vigie o fígado. Beba bastante limonada.

2ª linha: **As dificuldades acumulam-se. O cavalo e a carroça se separam. Ele não é um malfeitor. Deseja cortejar no momento oportuno. A jovem é casta, não se compromete. Dez anos, e então ela se compromete.**

Significado

Ao se acumular a dificuldade, o homem pensa em desistir. "O cavalo e a carroça se separam" indica desunião interna e externa. Há, também, a possibilidade de quebra, brigas e, dependendo do caso, de feridas e morte. Momento muito perigoso. "Cortejar e se comprometer" indica a indecisão da pessoa em realizar seu empreendimento, seja ele qual for. Momento de muita solidão. Você não tem força interna para resolver todos os problemas apresentados; então, o mais importante é nutrir-se com leituras corretas, com a prática da moralidade, com uma vida metódica, com o treino de meditação e com boas companhias.

3ª linha: **Quem caça o veado sem o guarda-florestal só poderá se perder na floresta. O homem superior compreende os sinais do tempo e prefere desistir. Continuar traz humilhação.**

Significado

Isto indica alguém que está realizando um trabalho de forma compulsiva e profundamente ignorante. Por isso, se perde. É como entrar numa selva para caçar algum animal, sem saber onde ele se encontra. Entrar num terreno desconhecido sem guia, implica perda considerável. Se a pessoa está realizando treinamento interior pela meditação, indica possibilidade de estresse emocional, que pode chegar à loucura. Se for algum relacionamento de negócios, haverá completa perda dos bens. Momento de comprovar que aquilo que se deseja de forma apaixonada somente trará dor e frustração. Não desperdice suas energias fazendo coisas sem sentido. Tente colocar ordem em seu dia a dia somente nas pequenas coisas, porque nas grandes não haverá possibilidade de ação.

4ª linha: **O cavalo e a carroça se separam. Busque união. Ir adiante traz boa fortuna. Tudo atua de modo favorável.**

Significado

Novamente, desunião interna e externa. O mais importante aqui é procurar sábios conselhos, em especial de homens velhos e bem sucedidos. Podem ser pessoas de nossa família ou amigos que se destacam pela moralidade e veracidade. Por isso, o *I Ching* diz: "Busque união, ir adiante traz boa fortuna". Não se esqueça que a dica principal está na imagem, e ela permeia todo o hexagrama. "Ir adiante com perseverança" indica persistência naquilo em que se é bom e correto. Seja cuidadoso – este é o momento de consultar novamente o *I Ching*, ou alguém que possa mostrar-lhe o caminho de forma clara e fria. Por sua falta de energia, a pessoa somente atrai para si situações confusas. A melhor forma de sair disso é pelo silêncio e pela quietude.

5ª linha: **Dificuldades em abençoar. Uma pequena perseverança traz boa fortuna. A grande perseverança traz infortúnio.**

Significado

A "dificuldade em abençoar" é não estar em contato com nossa mente em seu estado original. Uma vez que quem abençoa é nosso espírito, então nossa dificuldade está relacionada em contatarmo-nos com a fonte espiritual que está em nós. Se a pessoa tentar forçar, estará perdida, já que não possui força para realizar tal empreendimento. Por esse motivo, o *I Ching* diz: "Pequena perseverança traz boa fortuna", "grande perseverança traz infortúnio". Neste momento, a melhor forma de resolver as limitações é a pessoa ser metódica, trabalhar lentamente e escutar os conselhos dos homens sábios. Ela poderá ter sorte em coisas de menor importância. Sobre as coisas de maior importância, é melhor que pergunte a uma pessoa sábia, que possa analisar a situação friamente.

6ª linha: **O cavalo e a carroça se separam. Derramam-se lágrimas de sangue.**

Significado

Aqui está claro que a pessoa falhou em seu primeiro intento de colocar ordem em seu caos interno. O cavalo é o animal que representa a vitalidade do empreendimento; a carroça, o aspecto físico do empreendimento. Se alguém quer montar uma empresa, acaba desistindo, perdendo, assim, o material já empregado e abandonando seu ideal. Se alguém quer fazer algum treinamento interior, a vitalidade separa-se do corpo, com possibilidade de morte. Este é um momento de muito desequilíbrio emocional. Se permanecer em seu lugar; não terá paz; movendo-se, não tem aonde ir. Este é um dos piores momentos que lhe tocará viver. A única saída é a meditação e o Tai Chi. Sua vida pode correr perigo; então, force-se a ficar quieto e sozinho.

Hexagrama 4. INSENSATEZ JUVENIL (ESCURIDÃO) (Meng)

Julgamento:

A insensatez juvenil tem sucesso. Não sou eu quem procura o jovem insensato, é o jovem insensato quem me procura. À primeira pergunta, eu respondo. Se ele pergunta duas ou três vezes, torna-se importuno. Ao que se torna importuno, não dou nenhuma informação. A perseverança é favorável.

Comentário

Poucos entendem que o *I Ching* não é um livro de oráculo ou que somente tenta adivinhar a sorte. Esta banalização tornou-o popular; no entanto, o *I Ching* é um método que os santos sábios da humanidade utilizam para indagar a mente. O problema é que pouquíssimas pessoas no mundo conhecem o verdadeiro método de consulta.

No *I Ching* está a chave da compreensão do funcionamento do universo. Por esse motivo, para fazer uso deste livro, o mais importante é a motivação verdadeira. Quando não a possuímos e pensamos que, consultando-o, poderemos "matar o tempo" ou simplesmente nos divertir, ele literalmente nos manda calar a boca – tão simples e tão profundo assim.

Imagem

Uma fonte surge na base da montanha, na escuridão. O homem superior fortalece seu caráter por meio de uma ação frutífera, graças à meticulosidade em tudo o que faz. Escuridão significa fortalecimento em desenvolvimento sem intelectualismo.

Você pode não ter entendido o hexagrama anterior; por esse motivo, agora comporta-se como um jovem insensato. Contudo, até o jovem insensato pode se dar bem; então, preste atenção!

A "fonte" é o início da vida; em nosso dia a dia é uma inspiração, uma vontade de fazer algo novo, de renovar as amizades e nosso trabalho. Há muita inspiração e vontade de crescer; contudo, falta a experiência, a sabedoria que adquirimos na vida.

A "montanha" é o acúmulo de pequenas coisas, como os bons hábitos que formam nosso caráter ou os maus, que o destroem. A montanha torna-nos estáveis, tranquilos, pacatos, ou medrosos, inseguros, contraditórios.

Há duas formas de se olhar o hexagrama Insensatez Juvenil. No seu lado criativo, o jovem não mede esforços por conquistar seus ideais, vencer. Sua energia é criativa, sonhadora, e muitas vezes desafia os maiores perigos confiante na força de seus ideais, mas com escasso conhecimento dos perigos que terá de enfrentar. Quando aparecer este hexagrama em sua vida, crie, confie nos seus sonhos de juventude ou ao menos resgate-os e tente vivê-los em sua plenitude. Acredite em sua força interior, mas seja constante, sereno, firme e inamovível como uma montanha. Analise, estruture, medite e realize seus ideais. A montanha oferece-lhe mais um símbolo: acumule pequenos êxitos e não deixe passar os pequenos erros.

Confúcio disse: "O homem inferior negligencia os pequenos erros, não se importando com o amanhã. Certo é que num futuro próximo esses erros se acumularão, criando a desgraça e o infortúnio. O homem superior presta atenção aos pequenos detalhes e, assim, constrói a boa fortuna".

"Na escuridão" significa sem alardes, como uma pequena fonte. Contente-se em satisfazer a sede de um peregrino, não com a de populações inteiras, pois você ainda não é um rio, menos ainda um mar. A cada qual seu trabalho: uma fonte em seu devido momento chegará a ser mar. Chegará o dia em que sua consciência poderá suportar o desejo de satisfação de todos os seres, sem se alterar ou alterar seu rumo.

Que aconteceria se a população de um bairro dependesse exclusivamente de uma fonte? Ela por certo secaria rapidamente, perdendo toda a sua capacidade e até seu próprio destino.

Então, este hexagrama nos dá o sábio conselho de transformarmo-nos nas pequenas coisas, persistentemente, sem vangloriarmo-nos, de sermos humildes como uma fonte: vivos, alegres, mas humildes. Acumular pequenos êxitos, estar sempre por baixo, ser fluido, experimentar, não ter medo da experiência. Por isso o *I Ching* diz "sem intelectualismos".

Hoje em dia, vemos muitas pessoas bem intencionadas, que querem ser oceano sem antes ser fonte. Falam muitas palavras dos antigos patriarcas; pensam que, lendo um livro apenas, já sabem até mais que o patriarca e intitulam-se mestres!

Se este hexagrama aparecer em sua vida: Não seja presunçoso, pois você ainda tem muito a aprender. Seja criativo, porém não irresponsável; seja seguro de si mesmo, porém não teimoso. Não pense que seus instintos valem alguma coisa. A única coisa que o instinto faz com o ser humano é rebaixá-lo à categoria de animal. Não guarde desejos de vingança em seu coração. Não tente bancar o esperto. Seja moderado, calmo, persistente, tenha clara sua meta, trabalhe incansavelmente em direção ao seu objetivo, crie, adapte-se, modifique-se e seja humilde.

Conselhos Gerais: Momento de cegueira e de ausência de discernimento. Os obstáculos apareceram; no entanto, pela reflexão profunda e pela calma, você poderá chegar à conclusão dos problemas. Não tente avançar rapidamente porque será bloqueado. O hexagrama como um todo mostra o exercício da calma e da reflexão como elemento indispensável para eliminar os obstáculos. Seja extremamente consciente em todos os seus afazeres. Anote tudo, até os mínimos detalhes. Esta atitude lhe oferecerá segurança interna e poderá, assim, fazer frente aos acontecimentos.

Negócios/Dinheiro: Momento de criatividade e novas ideias. Não procure erros; preveni-los é melhor. Possíveis demoras nas viagens.

Estado Emocional: O que predominará nesta semana é a incerteza, que é eliminada treinando-se a meditação silenciosa e concentrando-se na respiração. Tente não dirigir pelas marginais em noites de chuva. Esteja muito atento às ultrapassagens de caminhões. Cuidado com ladrões.

Saúde: Preste atenção aos rins. Tenha cuidado ao caminhar, pois poderá escorregar e cair. Problemas nos pés ou nas pernas. Sofrerá muito com o frio. Não beba álcool.

As linhas

1ª linha: **Para fazer com que o insensato se desenvolva, é favorável aplicar a disciplina. Devem-se remover os grilhões. Continuar assim traz humilhação.**

Significado

O insensato não é necessariamente mau; porém, no verdadeiro contexto do I *Ching*, o insensato são os pensamentos discursivos que infectam nosso espírito, atolando-o de dúvidas, tirando nossa capacidade de ação. Por este motivo, o mais importante aqui é tentar submeter-se a uma disciplina, seja ela exterior ou interior.

Cultive a reflexão, procure estar rodeado de pessoas bem intencionadas e esteja disposto até a auxiliá-las. Se tiver que realizar algum empreendimento, que ele seja bem agressivo, porém com a sabedoria das pessoas maduras. Este hexagrama não recomenda ações juvenis insensatas; ainda assim, ele mesmo nos pede que ajamos com a jovialidade e a espontaneidade de um jovem. Neste caso teremos sucesso.

2ª linha: **Suportar os insensatos com benevolência traz boa fortuna. Saber como tratar as mulheres traz boa fortuna. O filho está apto a administrar a casa.**

Significado

Suportar os insensatos pode ser aplicado ao exterior ou ao interior; a chave é a compaixão ou a benevolência. Pitágoras dizia: "Ou os educa, ou os suporta como eles são". Momento de suportar os imaturos e irresponsáveis: tenha paciência que tudo sairá bem. Tenha cuidado com ladrões, não dirija à noite nas marginais, esteja atento aos ladrões de carro e às ultrapassagens perigosas, especialmente de caminhões ou de carros parados. Não pare se encontrar gente pedindo ajuda alegando que o carro quebrou – pode ser uma arapuca.

3ª linha: **Não tome uma jovem que, ao ver um homem de bronze, perde o domínio de si mesma. Nada é favorável.**

Significado

A "menina" representa a nossa comodidade e indisciplina, e também nossa capacidade de sermos seduzidos pelos prazeres e pela preguiça. Quando vemos os primeiros resultados, que são minúsculos como uma pequena erva, ficamos completamente seduzidos e acreditamos que somos uma grande personalidade. Esta linha indica que fomos seduzidos por um ganho inexpressivo.

Cuidado com pessoas falsas, que querem unicamente dinheiro e posses, e que se vendem a qualquer um que aparente ter um pouco mais que elas.

4ª linha: **Insensatez juvenil limitada traz humilhação.**

Significado

Pelo motivo mencionado na terceira linha deste hexagrama, a pessoa encontra o resultado de sua ação insensata. Obstinação e imaturidade são prejudiciais. Tenha cuidado!

5ª linha: **Insensatez juvenil traz boa fortuna.**

Significado

A palavra "infantil" indica também "ação inocente". Se a pessoa em questão recobra a sua inocência e transforma-se, terá um pequeno êxito, destacado aqui pela palavra "boa fortuna". Pequeno trabalho, pequeno ganho. Poderá perceber que terá necessidade de descansar, terá falta de motivação e alguma confusão. Há risco de quedas e problemas com as pernas, dores errantes e muita tristeza. Esteja calmo, não saia à noite ou, se sair, que esteja acompanhado. Tente ficar em casa.

6ª linha: Ao castigar a insensatez, não é favorável cometer abusos. É favorável apenas coibir abusos.

Significado

Aqui se fala de castigo. O castigo é na própria pessoa, em seu íntimo, mas não devemos ser muito duros, já que ainda não sabemos trabalhar corretamente. Muitas pessoas castigam-se severamente quando erram pela primeira vez. Isto indica grande orgulho ferido. O mais importante é aprender a lição, coibir as causas dos erros do passado e dedicar-se ao autocultivo de forma persistente.

Momento de brigas e desentendimentos com as pessoas mais jovens. Quando aplicada indevidamente, a disciplina pode fazer com que as pessoas odeiem àqueles que deveriam amar.

 Hexagrama 5. A ESPERA (Hsu)

Julgamento:

A espera. Se você é sincero, tem a luz e o sucesso. A perseverança traz boa fortuna. É favorável atravessar a grande água.

Comentário

É fantástico entender que o *I Ching* foi doado à humanidade como um meio para que encontre o caminho da verdade. Obriga-nos constantemente a olhar para o nosso foro íntimo e encontrar em nós mesmos a honestidade, a ética e a moral. Hoje, mais do que nunca, é necessário entender este princípio. Se você for ético, terá paciência; se tiver paciência, então poderá perseverar em seu caminho e suportar provações e fadigas. Pelo menos a sua vida não será como a vida de um animal, que vive para comer e dormir, ou como um vegetal, que simplesmente faz as coisas esperando depois morrer, sem ter ao menos experimentado o prazer de ter feito algo bom ou a tristeza de ter errado.

Hoje em dia, a mediocridade é tão profunda na alma humana que, quando um ladrão grita com alguma eloquência, é escolhido líder das massas. O analfabeto escreve e torna-se um grande literato. O corrupto treina um pouco de meditação nos retiros de três anos e torna-se um lama ou rimpoche.

Os professores passam fome e os jogadores de futebol são milionários. Quando o *I Ching* diz que "é favorável atravessar a grande água", está nos mostrando que, sem risco, nada receberemos. A "grande água" é o Mar da China, um dos mares mais tempestuosos, e antigamente era quase certo que os barcos não chegariam ao seu destino; mas não por isso deixavam de sair para o mar.

Hoje há muita violência em muitos países, mas isso não deve nos impedir de trabalhar, estudar e realizar as nossas tarefas. No caso de um treinamento espiritual, é necessário pagar um preço, arriscar-se. No entanto, nada de ruim acontecerá se tivermos sinceridade em nosso coração. Esta é uma dica importantíssima para quando as coisas vão mal. O *I Ching* nos perguntará: "Você é sincero em seu coração?"

Imagem

Nuvens elevam-se no céu: a imagem da espera. Assim, o homem superior come e bebe. Permanece alegre e de bom humor.

Momento de tensão, como antes de uma tormenta. O céu corresponde à nossa mente original, limpa, desimpedida, brilhante, sem obstáculos. No céu limpo, o sol da inteligência brilha em todo o seu esplendor. Porém, neste hexagrama o céu e o sol estão no interior. Isto corresponde a uma pessoa brilhante em seu íntimo, que tem contato com a fonte original. Não importa a sua profissão, ela saberá fazer seu trabalho de forma impecável, com muita dedicação, mas o tempo pode não lhe corresponder. Pode ser que ela esteja no lugar errado, onde todas as suas virtudes são literalmente desperdiçadas. Observa que seu talento, sua sabedoria, suas palavras (trigrama nuclear *tui*) deverão esperar até estarem maduros. Esta é a imagem de *A Espera*!

As coisas acontecem de acordo com o tempo celestial, ou com o Dharma. Este tempo celestial nada tem a ver com a ilusão do tempo que nós, humanos, temos, e que nos obriga a ficar presos a um relógio. Quando a ameixeira tem de florir, ela o faz sem alardes, em seu tempo justo; quando a criança tem de nascer, ela o faz; quando o broto tem de germinar; ele o faz – cada um de acordo com seu tempo celestial. Por este motivo é que o I *Ching* fala em comer e beber sem se preocupar.

O homem interiormente é são e iluminado, mas ele não sabe disso; então, confia nas coisas externas a ele, depende das coisas exteriores, cria medidas, valores, pesos e até um tempo que lhe agrade. Quando esse tempo ilusório não acontece, ele se desespera. Certa vez, uma lama me disse: "O homem inferior se desespera porque pensa que o tempo é curto; a alma sabe que o tempo é a eternidade".

Se este hexagrama aparecer em sua vida: Saiba, fortaleça-se estudando as palavras dos antigos mestres de sabedoria, tente emular seu caráter, fale aberta e claramente de seus planos aos outros, de forma amável e cordial. Suas palavras terão eco nos corações dos homens e, em seu momento, de acordo com a vontade de Deus, ou como queira chamá-Lo, o que deseja vai acontecer. "Comer e beber" quer dizer alimentar-se da antiga virtude, nutrir-se de sabedoria. Ter uma vida simples e de contentamento.

Lembre-se que, assim como as nuvens do céu não podem tampá-lo constantemente, a preocupação esgota sua vitalidade e em nada contribui para fazer acontecer seus desejos. Então descanse, olhe à sua volta, estude as estações, viaje para o campo e veja que tudo vem à existência em seu devido tempo.

Conselhos Gerais: Apesar de todas as mudanças ao seu redor, permaneça impassível.

Negócios/Dinheiro: Cuide de seu dinheiro de forma criteriosa. Evite a aventura. Momento perigoso. Fique atento.

Estado Emocional: Podem aparecer pessoas estranhas: receba-as de forma muito polida e respeitosa. Podem aparecer pensamentos muitos estranhos: não lhes dê muita importância.

Saúde: Evite beber álcool. Cuide dos rins e da bexiga. Há perigo de quedas. Faça um pequeno exame de coração e da pressão arterial.

As linhas

1ª linha: **A espera na planície. É favorável empregar constância. Nenhuma culpa.**

Significado

Esperar sempre é desgastante. Então aqui aparece a palavra "planície", ou seja, nossa espera é simples e tranquila. O *I Ching* diz "nenhuma culpa". Isto significa que não fomos nós que fizemos algo de errado e que a espera é simplesmente um momento de nossa vida. Poderíamos dizer "um pequeno descanso", assim como as tropas esperavam nas planícies antes de realizar seus ataques. Neste primeiro momento, o mais importante é não se aventurar a realizar qualquer coisa arriscada. Diz o *I Ching*: "Ele espera na planície", isto é, faça somente coisas que possa controlar e nada de aventuras! Porém, se não souber se acomodar, sua situação encontrará momentos perigosos e poderá sofrer. Nesta semana, portanto, o mais importante é contentar-se com a sua posição e não inventar nada de diferente.

2ª linha: **A espera na areia. Há certa desaprovação. O final traz boa fortuna.**

Significado

A "areia" significa um lugar onde não existe vida. Então, levado ao nosso dia a dia, esperar na areia é preocupante: sentimos que o tempo está passando e que nada realizamos. Por isto o I Ching diz "há certa desaprovação": sentimo-nos desconfortáveis com a nossa situação.

O mais importante é estar consciente do perigo que se aproxima. Então, esteja atento! Não durma na comodidade. O símbolo da espera está associado ao momento que antecede graves tormentas. Nele, você poderá sofrer algum tipo de ofensa por palavras fúteis.

3ª linha: A espera na lama atrai o inimigo.

Significado

"A espera na lama" indica que interiormente estamos comprometidos com pensamentos confusos: não poderemos nem avançar nem retroceder. Se o fizermos, ficamos manchados, comprometidos, criaremos problemas ao nosso ao redor, estaremos brigando com as pessoas e até conosco mesmos. Isto gera a aparição dos inimigos externos (ladrões, pessoas de mau caráter) ou internos (pensamentos de crítica e ódio). Então, esteja muito atento porque o perigo está perto. Seja calmo, circunspecto, não se mostre, acautele-se contra ladrões.

4ª linha: A espera no sangue. Saia do buraco.

Significado

"Esperar no sangue" indica que nosso coração (que pulsa o sangue) está cheio de mágoa e rancor – é um buraco em que podemos ficar muito tempo. O I Ching manda-nos sair dele. Mas como? Forçando-nos a olhar o lado positivo das situações e impondo-nos uma disciplina interna de estudo e meditação sobre nossa motivação interior. Abandone qualquer situação de brigas ou injúrias, pois poderá correr sangue. Então, esteja muito atento quando sair ou para não entrar em nenhum tipo de discussão; retire-se e seja muito imperceptível e escorregadio. Não lute contra as dificuldades: simplesmente seja suave e gentil, escute os conselhos sábios e aja com tranquilidade.

5ª linha: A espera junto ao vinho e ao alimento. A perseverança traz boa fortuna.

Significado

Podemos literalmente levar uma vida regular e calma, incluindo, aqui, beber da fonte dos sábios e alimentar-nos com suas palavras de sabedoria.

6ª linha: Alguém cai no buraco. Chegam três hóspedes que não foram convidados. Honre-os, e ao final virá a boa fortuna.

Significado

"Cair no buraco" é estar num lugar de onde não encontramos saída. Os "três hóspedes" estão relacionados com três características da sabedoria primordial. Quando estamos cansados de lutar e entramos num lugar onde não temos mais saídas, então conclamamos o Sr. da Compaixão (Chenrezig), o Sr. da Sabedoria (Manjurshri) e o Sr. do Poder (Vajrapani). Esta trilogia de poderes espirituais poderá efetivamente nos tirar dos buracos da nossa vida, bem como preparar-nos para a jornada que ainda teremos de percorrer.

Poderão vir pessoas que se convidem para estar ao seu lado; é como receber a visita de três estranhos. Tente não sentir raiva por este acontecimento; trate-os com respeito e sinceridade. Não são más pessoas e não haverá mal algum.

Hexagrama 6. CONFLITO (*Sung*)

Julgamento:
Conflito. Você é sincero e está sendo impedido.
Deter-se cautelosamente no meio do caminho traz boa fortuna.
Ir até o fim traz infortúnio.
É favorável ver o grande homem.
Não é favorável atravessar a grande água.

Comentário

Neste hexagrama temos uma afirmação, "Você é sincero", porém está sendo impedido. Este impedimento está em você mesmo; por este motivo, o *I Ching* o adverte que, atravessando a grande água, tudo dará certo. Contudo, agora há mais um ingrediente: tem de estar acompanhado de um homem de valor ou de uma pessoa que o ajude. Pode ser um companheiro, um amigo espiritual, um estudante mais avançado.

No início de qualquer jornada, é tácito que uma pessoa sempre pense que pode tudo sozinho. Então, torna-se beligerante e agressivo, e esta agressão volta-se contra o agressor, já que acima de seu esforço violento (trigrama *kan*) está o céu (trigrama *chien*). Quem poderá ofender o céu sem ofender a si mesmo?

Por este motivo, o mais importante aqui é encontrar uma pessoa que possa ajudá-lo a encontrar o caminho correto.

Imagem

O céu e a água movimentam-se em sentido oposto: a imagem do conflito. Assim, o homem superior, em todas as suas as negociações, considera o começo cuidadosamente.

Você pode não ter entendido o hexagrama anterior. Por isso, agora você quer forçar os acontecimentos e agride as pessoas, tentando, pelo medo e pela agressão, conquistar aquilo que o céu não lhe ofereceu. Não aja assim!

"Acima está o céu." O celestial significa o que deve ser feito, é a lei divina. Como expliquei no hexagrama anterior, é o próprio tempo celestial que organiza as atividades do mundo. O ser humano, na sua arrogância, pensa que pode interferir nesse tempo. Ele tenta, mas sempre acaba recebendo seu troco de uma forma notoriamente maior. Em sua arrogância, explode bombas atômicas para mostrar ao seu vizinho o seu poderio, para amedrontar os seres mais débeis. Porém, no seu tempo devido, o céu muda as condições: aparecem, então, as mudanças climáticas severas, as catástrofes, etc. Tudo isto é para mostrar nossa fragilidade e insignificância. O ser humano é tão arrogante e cego em sua forma de conviver com o universo que está sempre tentando enganar os outros, não importa em que medida. Mentiras e enganos não têm medida: não existe "pequena mentira" ou "grande mentira". Esse padrão foi estabelecido pelo próprio mentiroso e enganador.

Por esse motivo, o homem superior está sempre refletindo sobre o certo e o errado, para emular a conduta celestial e, assim, agir de acordo com o tempo. Sabe que a mentira não pode ser sustentada por muito tempo, que o engano somente traz ódio para si mesmo e para os outros.

A "água" aqui representa a trapaça, o engano, o crime que é acalentado nas sombras. A água sempre procura os lugares baixos, infiltra-se, destrói aos poucos, procura os becos, os lugares sombrios; está associada com a pessoa que sempre está nas escondidas sombras, esperando para dar o golpe. O celestial é claro, etéreo, sua direção é o alto, o espaço aberto. É a mente do homem que não precisa mentir para ser, é franco, honesto, empreendedor. Quando as qualidades de ambos se unem numa pessoa, então temos aqui o enganador, o homem violento, seja por astúcia ou engano, tenta conseguir realizar seus objetivos, ainda que seja à custa da vida dos outros.

Por isso, o *I Ching* diz: "Agressividade e malícia, competição e desejo de poder são o início de um desastre nos negócios e nas relações sociais". No entanto, desastre nos negócios e nas relações sociais também implica desastre íntimo, ódio de si mesmo e dos outros, crueldade para consigo mesmo e com os outros.

Se este hexagrama aparecer em sua vida: Acredite: quando pensamos que somos os mais espertos é porque alguém já nos conhece e está nos estudando para observar até aonde vamos e o que somos capazes de fazer. Pense que talvez você esteja agindo desta forma. E então, olhe para si mesmo, reflita sobre o mal que vai causar a si mesmo e aos outros. O sr. Buda diz: "Para se livrar da conduta errada, pense no sofrimento que vai causar à pessoa, no sofrimento que vai causar a si mesmo e no sofrimento que vai causar a todos os outros envolvidos. Examine sua conduta, estude cuidadosamente o que está certo e errado. Pratique o certo, ainda que seja à custa de sua própria vida".

Lembre: depois de morto, somente o fruto de suas ações o perseguirá como a própria sombra. Lembre: sempre haverá um momento de tomada de consciência. Trabalhe para que esse momento seja o melhor de sua vida. Se porventura você achar que tudo isto aqui que está escrito é estúpido, vá falar com presidiários, veja se há alguém feliz na cadeia. Todos eles, em algum momento de sua vida, pensaram que eram os melhores e não se importaram em fazer os outros sofrerem. Reflita sobre a conduta certa!

Conselhos Gerais: Nesta etapa de sua vida, você será colocado em dificuldades, até em situações litigiosas. Nesta semana, você será maltratado; aparecerão obstáculos que tirarão sua liberdade de ação. Momento de inquietude e temor. Ainda assim, poderá levar todas as coisas à conclusão. Mas o I Ching adverte para que não se levem os acontecimentos até as últimas consequências. Nisso poderá haver humilhação. O mais importante é colocar-se em terreno calmo e seguro. Como você está treinando meditação, este é o terreno calmo e seguro. Não deixe seus pensamentos irem além da situação em que se encontram. Em cada coisa que fizer, deverá calcular e prestar atenção aos detalhes no início, sempre para evitar problemas no futuro. Seja sincero e circunspecto – esta conduta evitará os germes da discórdia. Não se deixe arrastar pelo temor excessivo.

Negócios/Dinheiro: Administre cautelosamente o seu dinheiro. Não é momento oportuno para realizar novos negócios. Não viaje; poderá perder coisas. Estude muito atentamente os documentos que terão de levar a sua assinatura.

Estado Emocional: Evite agressões, palavras duras, por mais verdadeiras que possam parecer. Mal-entendidos levarão a complicações graves. O orgulho ferido torna as pessoas violentas e cruéis. Cuidado!

Saúde: Pulmões e rins com pequenos problemas. Tome cuidado para não se expor ao frio e com os golpes na cabeça e com as quedas, especialmente em lugares baixos e molhados.

As linhas

1ª linha: **Se não se perpetuar a questão, haverá uma pequena crítica, mas o final é auspicioso.**

Significado

Aqui a palavra chave é "se": as situações de nossa vida que nos causam muito conflito são pequenas; porém, pelo nosso hábito de manter pequenas mágoas, transformam-se em ódio e vingança. Por este motivo, o *I Ching* diz "se não se perpetuar a questão", então teremos somente um pequeno problema, mas se perseverarmos no ódio, teremos muitos problemas. Aquele que estuda o *I Ching* é chamado de "homem superior", porque se entende que ele está sempre tentando melhorar. Se seguir este conselho, ao final haverá boa fortuna. Não mantenha pequenas mágoas em seu coração.

Tome cuidado com as perdas violentas; há possibilidade de amigos irem embora; mudanças radicais estão a espreita. Cuidado com ladrões. Não beba álcool, preste atenção aos rins e à bexiga. Tente não criticar as pessoas.

2ª linha: Não se pode lutar, volta-se para casa e cede-se. As pessoas de sua cidade, trezentos lares, permanecem livres de culpa.

Significado

Há muitas situações em que realmente nossa consciência percebe o caráter complicado da situação, então "não se pode lutar": retorna-se ao lar. Lar é nosso espírito, os trezentos lares, todos os nossos sonhos e ideais que mantemos em nosso íntimo.

Momento de perdoar os incultos. A sinceridade nas suas palavras poderá lhe trazer problemas: seja suave e carinhoso, porém firme e decidido. Faça uma análise de sangue, tente não discutir com as pessoas, tente controlar a sua ansiedade. Vigie suas comidas. Evite a pimenta. Evite comer peixe ou frutos do mar.

3ª linha: Alimentar-se da antiga virtude induz à perseverança. Perigo. Ao final chega a boa fortuna. Se acaso você está a serviço de um rei, não procure encargos.

Significado

Este texto é belíssimo. "Alimentar-se da antiga virtude" fala por si: significa alimentar-se da sabedoria dos mestres da antiguidade. Porém, o *I Ching* também nos pede que, "se estivermos a serviço de um rei", que não nos ocupemos ou distraiamos com outras atividades. Algo muito comum na vida dos estudantes espirituais é que, ao não terem experiência dentro de sua própria linhagem, por falta de treino ou por preguiça, procuram ensinamentos de outras linhagens, depois misturam tudo e, cansados e frustrados, acabam abandonando todos os seus treinos, perdendo, assim, o pouco conquistado.

Tudo tem um princípio e um fim. Assim sendo, não se perturbe. Tendo consciência, os perigos se preveem antecipadamente, e assim se mantém a sua felicidade. Coma algum tipo de fruta que tenha potássio – isto lhe fará bem aos tendões. Esteja atento ao seu sistema nervoso. Não tente tomar as rédeas da situação porque isto trará animosidade contra você. Siga seu superior, seja humilde e não critique os defeitos dos outros. Conserve a sua posição de aluno.

4ª linha: **Ele não pode lutar, volta e submete-se ao destino. Modifica-se e encontra a paz na perseverança. Boa fortuna.**

Significado

"Lutar" aqui significa tentar impor uma disciplina por demais severa. Não é benéfico tentar forçar os acontecimentos; então, o tempo de espera obriga o estudante a ter de parar para rever suas atitudes e motivações, isto é, a "submeter-se ao destino". Este momento é o mais perigoso. Domine seus sentimentos de cólera; faça o mesmo com seus desejos de julgar os outros; reflita sobre qual é a sua motivação; esteja atento ao motivo de sua viagem; purifique seu coração; acalme seus sentidos; não se misture com pessoas fúteis.

5ª linha: **Lutar diante dele traz sublime boa fortuna.**

Significado

A palavra "sublime" indica lutar "em nome" de nossos mestres ou invocando a presença deles. "Sublime" indica espiritual, senão seria simplesmente boa fortuna, que indica um trabalho meramente humano. "Sublime" indica que há forças espirituais que estão nos ajudando, para que num futuro próximo enfrentemos nossos demônios interiores.

6ª linha: Mesmo que, por um acaso, alguém seja presenteado com um cinto de couro, ao final da manhã, ter-lhe-á sido arrancado três vezes.

Significado

Receber um cinturão na antiguidade era símbolo de sucesso e de realização; porém, esta realização é duvidosa e pequena demais para tanta pretensão. Então, quando realizamos um pequeno feito, mas alardeamos que foi algo muito grande, os seres espirituais que nos protegem, assim como os seres humanos, percebem que ainda não estamos preparados. Retiram-nos suas bênçãos tantas vezes quanto for necessário.

Tente descansar e não realize nenhum empreendimento. Mantenha a situação como estava. Pequenas contrariedades poderão lhe tirar o bom humor; tente não brigar com as pessoas. Entenda que fazem o que podem. Evite as críticas. Com todos os seus meios, tente se deter – há perigo de que todo o ruim volte. Esteja atento!

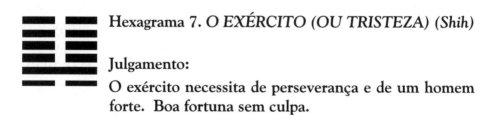

Hexagrama 7. *O EXÉRCITO (OU TRISTEZA) (Shih)*

Julgamento:
O exército necessita de perseverança e de um homem forte. Boa fortuna sem culpa.

Comentário

O homem forte é o estado da mente em perfeita equanimidade, mantendo-se inamovível em meio ao turbilhão de pensamentos e sensações aqui representados pelas linhas *yin*. O exército em nosso foro

51

íntimo é a multidão de desejos, pensamentos e emoções que constantemente nos manipulam. A ideia contida neste hexagrama é que os estados aflitivos do ser devem ser controlados pela presença de uma mente serena. Este é o símbolo do homem forte.

Imagem

> **No meio da terra está a água: a imagem do exército. Assim, o homem superior aumenta as massas com sua generosidade para com o povo.**

Sempre que o *I Ching* fala do homem superior, está se referindo àquele que, de alguma forma, está procurando um caminho de auto-aperfeiçoamento. Então, o homem superior é aquele que tem de desenvolver as qualidades dos santos e sábios da antiguidade.

Esses homens treinavam dois itens em seu contínuo viver: a atenção aos seus estados mentais para desenvolver a onisciência e a perfeita equanimidade. A prática da virtude ou das paramitas (na linguagem budista), como o desenvolvimento da perfeita compaixão.

O exército é uma multidão de pessoas que deve obedecer aos comandos dos generais. Neste caso, o general é a mente. O exército sempre obedecerá às ordens de seu general. A mente em seu estado desperto é a mente equânime de um Buda ou um *bodhisattva*. A mente atordoada pela ignorância é a mente de um general impiedoso e corrupto. A tropa do exército são os pensamentos. Quando são governados por um general impiedoso e corrupto, temos uma pessoa comum, que constantemente causa sofrimento a si mesma e aos outros.

Quando esses pensamentos estão sendo liderados pelo general da equanimidade, então temos o desenvolvimento da benevolência e da compaixão. Por isto, o santo tibetano Milarepa sempre falava: "Não se apresse em ajudar os outros: enquanto houver céu haverá seres para serem ajudados. Primeiro você deve governar sua mente; em seguida, deve desenvolver a confiança e a fé em seu mestre; depois você estará apto para os treinos superiores; por último, quando você tiver a sua mente firme e sua compaixão desenvolvida, estará habilitado a ajudar os outros".

Por esse motivo, primeiro é necessário cuidar do seu interior, ou melhor, ser mestre de si mesmo; depois disso, a pessoa poderá nutrir as massas no sentido externo. Internamente protege-se daquilo que é externo; trabalhando externamente, reforça a paz interior.

Se este hexagrama aparecer em sua vida e você não entender este recado de treinar sua mente para ser dono de si mesmo, continuará agindo dentro da linha neurótica do Hexagrama 6. Você tentará forçar os acontecimentos, cairá preso nas armadilhas dos pensamentos cheios de ódio e mágoa, alimentará sentimentos de vingança e ficará profundamente só e abandonado.

Sua mente estará cheia de multidões de soldados revoltosos, você não conseguirá manter sua disciplina interior. Isto é porque você não é sincero consigo mesmo, então agora o seu exército volta-se contra você. Triste e aprisionado no cárcere de suas próprias mentiras, ficará lembrando dos poucos momentos de alegria que teve, "carregará cadáveres na sua carroça". Os cadáveres são as lembranças de um tempo que já se foi; a carroça, você mesmo. Então peça ajuda: você sozinho não dará conta do seu trabalho.

Conselhos Gerais: Este momento representa a luta pela vida e nesta luta o melhor é ser general. Três coisas são necessárias para a luta da vida: tenacidade, conhecimento e planejamento. Este hexagrama convida-nos a usar esses três elementos básicos para conseguir uma estrondosa vitória. O mais importante: não confie em ninguém. Confie somente em suas próprias conclusões. Seja amável, porém astuto. Assim poderá dirigir a multidão de empregados sob seu comando.

Negócios/Dinheiro: O lucro depende do investimento. Não se arrisque desnecessariamente. Se você tem algum objetivo, planeje suas ações muito bem antes.

Estado Emocional: Momento de cordialidade, suavidade e inteligência. Cuidado com atitudes perigosas!

Saúde: Preste atenção ao estômago e ao fígado; os pés poderão sofrer um pouco. Atenção para as quedas em lugares escorregadios ou molhados. Não dirija ao anoitecer nas marginais e em especial quando estiver chovendo. Cuidado com ladrões ao anoitecer.

As linhas

1ª linha: **Um exército deve ser posto em movimento ordenadamente. Se não há boa ordem, o infortúnio ameaça.**

Significado

O exército são todas as nossas qualidades assim como todas as nossas capacidades e força interior de que necessitaremos para realizar um trabalho, seja em nosso dia a dia, seja em nosso íntimo. O exército tem de ser colocado em marcha de forma ordenada, senão somente o fracasso nos espera.

Evite de todas as formas agredir verbal ou fisicamente as pessoas. Não se esgote, não durma muito tarde. Evite o sal e a carne de porco. Tente descansar bastante. Se tiver pesadelos ou o sono for intranquilo, faça o mantra da Tara Verde: Om Tare Tuttare Ture Soha.

2ª linha: **No meio do exército. Boa fortuna. Nenhuma culpa. O rei concede uma tríplice condecoração.**

Significado

Se por acaso conseguimos nos unir a um homem sábio ou nos apegar a uma ideia central, teremos êxito em nossos empreendimentos. Se não confiamos na justiça e tentamos forçar os acontecimentos, traremos para nós mesmos a desgraça. Tenha muito cuidado com quedas, ladrões, e não saia à noite. Evite as marginais e, se dirigir, tenha muito cuidado à noite.

3ª linha: **Talvez o exército conduza cadáveres na carroça. Infortúnio.**

Significado

Isto indica muitas lembranças de fatos que morreram no passado mas que queremos perpetuar em nosso presente. Os cadáveres são somente lembranças de um passado longínquo. Quer tenha sido bom ou mau, já passou. A carroça é o próprio homem. O infortúnio aqui acontece porque estes cadáveres não nos deixam observar a realidade. Projetamos em nossas ações julgamentos do passado.

4ª linha: O exército retrocede. Nenhuma culpa.

Significado

"Nenhuma culpa" quer dizer que o indivíduo entendeu a impossibilidade de realizar algo conduzindo cadáveres na carroça. Por esse motivo, seja cuidadoso: é preferível renunciar, a lutar de forma desorganizada e em inferioridade de condições. Não persevere em seus pontos de vista, se não tiver certeza dos mesmos.

5ª linha: Há caça no campo. É favorável capturá-la. Sem culpa. Que o mais velho lidere o exército.

Significado

A caça no campo indica que se avista a presa a ser derrotada, ou o alvo a ser conquistado. Se a pessoa não se deixa liderar pelos mais velhos, terá infortúnio. Se não se apoiar na sabedoria dos mestres ("o mais velho") e tentar impor seu próprio ponto de vista ("o mais jovem"), terá infortúnio. A perseverança em impor os próprios pontos de vista sustentados em lembranças negativas do passado certamente traz infortúnio. Esteja preparado para delegar funções a pessoas que realmente estão preparadas para o cargo. Não coloque pessoas inexperientes para tomar decisões que depois cairão sobre suas costas. De possibilidades àqueles que realmente são dignos.

6ª linha: O grande príncipe emite ordens, funda estados, outorga feudos a famílias. Não se devem utilizar homens inferiores.

Significado

O êxito foi conquistado, a empresa foi construída, abriram-se as portas e a pessoa começará a atender o público. O estudante do caminho espiritual já conseguiu um pouco de estabilidade interna e por isso começa a organizar sua vida e a estabelecer prioridades e métodos ("outorga feudos a famílias").

No entanto, não empregue homens inferiores nem os elogie em público, pois tornar-se-ão orgulhosos e depois voltar-se-ão contra você.

Hexagrama 8. MANTER-SE UNIDO (Pi)

Julgamento:

Manter-se unido traz boa fortuna. Indague ao oráculo mais uma vez se você possui elevação, constância e perseverança; então, não há culpa. Os inseguros gradualmente aproximam-se.
Aquele que chega tarde demais encontra o infortúnio.

Comentário

Neste hexagrama há três itens de suma importância que têm de ser realizados em nosso desenvolvimento espiritual: "elevação", que nos torna realmente dignos; "constância", já que nada se consegue mudando constantemente de ensinamento e de mestre, e "perseverança", associada ao entusiasmo e à disciplina ética. Porém, como já escrevi antes, sempre aparece a palavra "se". "Se você possui", se não possui, então, sim, há culpa. A palavra "culpa" implica que o trabalho a ser realizado está sendo maculado por más intenções, por isto há culpa. "Os inseguros gradualmente aproximam-se" está relacionado a todo relacionamento humano. Por exemplo, numa sociedade de cunho comercial, as pessoas demoram muito para efetivar uma relação de confiança. No caminho espiritual, aplica-se o mesmo princípio. Até a disciplina espiritual solidificar-se e formar parte de nosso cotidiano, somos "os inseguros". "Aqueles que chegam tarde demais encontram o infortúnio", pois perder a oportunidade de se unir a um santo homem realmente é uma grande perda.

Imagem

Sobre a terra há água: a imagem do manter-se unido. Assim, os reis da antiguidade concediam direitos feudais sobre os diferentes estados e mantinham relações amistosas com os senhores feudais.

Terra e água necessitam uma da outra, por isso estão sempre em consonância uma com a outra. A terra é o elemento delimitador, aquele que dá forma às coisas; a água é o elemento psíquico. Sem o elemento terra, sem a forma, nosso ser psíquico seria um desastre. Não conseguiríamos sobreviver sequer um dia.

O mesmo acontece na disciplina espiritual, já que o elemento terra está relacionado com a disciplina que nasce da compaixão, e a água, com a consubstancialidade dos fenômenos. Necessitamos de muita disciplina interna para nos relacionarmos e estarmos de acordo com todos os seres.

Também neste hexagrama aparece a expressão "reis da antiguidade". Isso indica ser um hexagrama de governo, ou seja, o que o I *Ching* apresenta tem de ser interpretado literalmente; por isso a palavra "governo" não pode ser interpretada de forma aleatória.

A palavra "rei" inclui "o que deve ser feito", "governo" e "relacionamento com multidões de seres". No campo político-social, os seres têm de ser tratados como uma família. No campo da transformação espiritual de nossa vida, esses seres, literalmente uma multidão, estão presentes em nós na forma de pensamentos, desejos, insatisfações. Para saber tratá-los, devemos praticar as cinco virtudes transcendentais. É aqui, então, que "manter-se unido" faz sentido neste hexagrama. Manter-se unido às cinco virtudes, como a paciência, ética, entusiasmo, generosidade e sabedoria; manter-se unido à agua da sabedoria e à terra da compaixão.

Se este hexagrama aparecer em sua vida: Tente entender que a chave do seu êxito é estar unido às cinco virtudes aqui mencionadas:

paciência, ética, entusiasmo, generosidade e sabedoria. Se porventura você não puder se manter em consonância com este treino da ética e da moralidade, tente ao menos não fazer mal àqueles a quem deve amar. Procure uma pessoa capaz, em quem desenvolva uma confiança sincera, e fique a serviço dela. Assim, você poderá tornar-se cada dia melhor, eliminando de sua vida as visões e os sentimentos errados.

Conselhos Gerais: Momento de fazer um exame de consciência para rever as motivações e objetivos. Este é um momento de indulgência e de benevolência.

Negócios/Dinheiro: Tenha em mente as motivações mais puras que o êxito será seu. Prosperidade. A sua honestidade é recompensada.

Estado Emocional: Não se deixe abalar por problemas causados por pessoas femininas. Olhe os seus objetivos espirituais; não olhe para trás.

Saúde: Cuide de seus rins, estômago, baço e pâncreas.

As linhas

1ª linha: Mantenha-se em concordância com ele com sinceridade e lealdade. Não há culpa nisso. Quando há verdade preenchendo um cântaro de barro, ao final há outras bênçãos.

Significado

Nesta linha o I Ching pede-lhe que mantenha sua aliança externa sustentada na lealdade e na sinceridade. Sem estes dois sentimentos verdadeiros, que aliança poderá ser realmente benéfica? Por isso se diz "a boa fortuna vem de fora". Sendo sincero e fiel a qualquer aliança, o êxito está assegurado.

Este hexagrama significa aproximar-se, prestar assistência. E então, o mais importante é não aparentar; simplesmente devemos fazer com que todos os nossos atos estejam fundamentados na boa-fé. Qualquer tipo de aparência ou "ornamento externo" para atrair a atenção dos outros será inútil.

2ª *linha*: Mantenha-se unido a ele interiormente. A perseverança traz boa fortuna.

Significado

Esta linha inclui a possibilidade de realizar a sua aliança externa à interna também. Na realidade, hoje em dia é possível alguém ser um bom sócio ou um bom aluno, mas não um bom companheiro ou um discípulo. Para que estas duas últimas situações apareçam na vida de um ser humano, será necessário também unir-se interiormente às pessoas.

3ª *linha*: Você se une às pessoas erradas.

Significado

Este momento é o mais perigoso; tente não se comprometer com ninguém. O *I Ching* avisa que este momento é muito triste, porque você está rodeado de pessoas indignas. Então, o mais importante é precaver--se e não se manifestar. Cuidado com os ladrões.

4ª *linha*: Consonância com o sábio exterior. O correto traz boa fortuna.

Significado

Perseverar em manter-se unido ao mestre em corpo humano é motivo de muito boa fortuna. Este mestre pode ser qualquer pessoa (viva) que nos ajude, acompanhe, fortaleça; enfim, algum amigo que sempre nos ajude a cada dia ser melhor. Pode ser que você encontre uma pessoa muito honesta e correta que lhe pedirá que se junte a ele ou que lhe preste assistência. Estabelecendo relações corretas, tudo correrá bem.

5ª linha: Manifestação de concordância. Durante a caçada, o rei usa batedores somente em três lados. E renuncia à caça que foge pela frente. Os cidadãos não precisam ser avisados. Boa fortuna.

Significado

Este momento é de relaxar um pouco. Deixar "escapar a presa" é dar mais um tempo para depois, mais adiante, podermos trabalhar melhor. Muitas vezes, nos negócios, necessitamos perder algo para, num futuro próximo, ganharmos algo maior. Sendo abnegado e desinteressado, sendo sincero nas suas associações, tudo correrá bem.

6ª linha: Ele não encontra uma cabeça para manter-se unido. Infortúnio.

Significado

Aqui se perde o rumo novamente, perde-se o ideal, ou a ideia original do seu projeto. Se no quinto período (quinta linha) você não teve a oportunidade de encontrar pessoas de bem e realizar o que está escrito, então neste período o melhor é ficar tranquilo e não manifestar sua opinião a ninguém.

 Hexagrama 9. *O PODER DE DOMAR DO PEQUENO OU PEQUENA NUTRIÇÃO (Hsiao Ch'u)*

Julgamento:
O poder de domar do pequeno tem sucesso. Nuvens densas, nenhuma chuva vinda de nossa região oeste.

Comentário

As densas nuvens são as preocupações que vêm da região oeste de nosso ser (nosso inconsciente); muita preocupação, porém nenhum problema grave. Na estrutura interna temos o trigrama *li*, sol, luz, inteligência, e *tui*, nuvens. Tudo isto está acontecendo na esfera do celestial, trigrama *chien*, que está na parte inferior. Então, vemos: no céu (*chien*), densas nuvens (*tui*) cobrem a luz do sol (*li*) trazida pelo vento (*sun*).

Dentro do simbolismo budista, *chien* é a mente original, sempre clara e vasta, como um céu brilhante e sem nuvens, onde tudo pode ser observado e claramente definido. Contudo, nesta situação, no espaço deste céu, aparecem as preocupações, as angústias e as palavras que denotam angústia, que aqui estão representadas pelo trigrama *tui*. Estas nuvens aparecem pela ação do vento (trigrama *sun*), que no contexto budista é o *karma*, ou as tendências mentais adquiridas no passado.

Por este motivo é que o texto diz: "densas nuvens, porém nenhuma chuva". Aqui a chuva seria o chorar e o lamentar-se; no entanto, neste hexagrama a chuva não aparece. Então, o que temos é um momento de intensa preocupação, mas que se encerra nela mesma.

Imagem

> **O vento percorre os céus: a imagem do poder de domar do pequeno. Assim, o homem superior aperfeiçoa a forma externa de sua natureza.**

Ao mesmo tempo em que o hexagrama nos mostra uma intensa preocupação, seja ela originada pelas lembranças do passado (trigrama *sun*, vento) ou pelas situações do momento, também mostra-nos a saída deste estado mental (trigrama *chien*). A saída é justamente ocupar-se com pequenas coisas, que vão se transformar em pequenos êxitos. Esses pequenos êxitos ao mesmo tempo transformam nossos estados mentais aflitivos, que nos tornam pessoas preocupadas e sem vitalidade.

O *I Ching* também nos fala de "aperfeiçoar a forma externa de nossa natureza". Isto está associado com o estudo dos ditos da antiguidade, representado também pela comunicação (trigrama *sun*) da tradição oral (trigrama *tui*), que contém os ditos dos homens santos do passado (trigrama *chien*).

Assim, aperfeiçoando nossa natureza externa, estaremos prontos para tentar trilhar o caminho dos homens santos do passado, que está retratado no próximo hexagrama, *Conduta*.

Se este hexagrama aparecer em sua vida: Saiba que a "nutrição" está associada com nutrir as virtudes que aparecem no Hexagrama 8. Não e fácil hoje em dia nutrir a virtude; ainda assim, aqui o *I Ching* lhe diz que, para a sua vida, isto é absolutamente necessário. Mas como deve ser feita esta nutrição? Nas pequenas coisas que, quando se acumulam, transformam a derrota em vitória, a pobreza em riqueza, um caráter medíocre num caráter elevado. Contudo, se você não puder treinar estas virtudes ainda que seja em pequena medida, saiba que estará acumulando pequenos erros, já que não existe democracia na construção do caráter – ou você erra ou você acerta. Se não tem uma, tem a outra; se você se acostumar a acumular pequenos erros, certamente a derrota virá a você de forma muito suave, porém completa.

Conselhos Gerais: Para ter êxito nesta semana, o mais importante é desenvolver ao máximo a humildade e a suavidade. Momento em que deverá voltar ao curso normal dos acontecimentos de forma suave. Momento de paz e de estudos; nisso terá êxito. Evite problemas familiares ou desentendimentos que levem à separação momentânea. Recobre a confiança perdida e uma atitude positiva: isso o ajudará a eliminar qualquer problema ou confusão.

Negócios/Dinheiro: Tente não ser indulgente com o seu dinheiro, ou prudente demais; o mais importante é não se apressar a tomar decisões que depois poderá lamentar.

Estado Emocional: Momentos de muitas incertezas que aparecerão sem motivo algum; virão à mente muitos pensamentos relacionados com o passado, em especial o familiar. Evite manipular ou brincar com os seus seres queridos. Evite ataques sem nenhum motivo: coloque-se no lugar do outro para entender seus pontos de vista.

Saúde: Vias respiratórias e sistema nervoso; cuidado com as coxas, os músculos dos braços e as dores errantes.

As linhas

1ª linha: **Retorno ao caminho. Como poderia haver culpa nisso? Boa fortuna.**

Significado

Após ter perdido o rumo, reencontra seu caminho. Boa fortuna. Evite por todos os meios agredir verbal ou fisicamente as pessoas; não se esgote; não durma muito tarde.

2ª linha: **Ele se deixa conduzir ao retorno. Boa fortuna.**

Significado

"Deixar-se conduzir" significa que pouco a pouco encontra a confiança tanto no mestre, como nas pessoas. Ele vai entendendo de forma gradual que pode confiar nas pessoas e no caminho escolhido.

3ª linha: **Os raios soltam-se da roda da carroça. O homem e a mulher viram os olhos.**

Significado

Em qualquer empreendimento, sempre há momentos de quebras e brigas. Tentar forçar os acontecimentos para que reflitam nosso ego e nossa supremacia intelectual ou pessoal sobre os outros, cria desentendimentos entre as pessoas. "O homem e a mulher viram os olhos" significa desentendimentos entre a razão e o sentimento.

4ª linha: **Se você é sincero, o sangue desaparece e o medo se afasta. Nenhuma culpa.**

Significado

Novamente, a expressão "se você é sincero", todas as causas internas (sangue) dos problemas desaparecem e tudo volta à normalidade. Seja cuidadoso: é preferível renunciar a lutar de forma desorganizada e em inferioridade de condições. Não persevere em seus pontos de vista se não tiver certeza dos mesmos.

5ª linha: Se você é sincero e leal em sua aliança, será rico em seu semelhante.

Significado

Ser sincero nas alianças leva-nos a compartilhar a riqueza dos outros; eles estarão sempre prontos a nos ajudar, por isso a expressão "rico em seu semelhante". Trocando carinho, receberemos carinho. Ser gentil incentiva as pessoas a serem gentis com você.

6ª linha: A chuva vem, o repouso chega. Isso se deve ao efeito duradouro do caráter. A mulher cai em perigo devido à perseverança. A lua está quase cheia. Se o homem superior persistir, o infortúnio virá.

Significado

O efeito das bênçãos permeia nosso caráter. Contudo, também faz-se menção, "a mulher cai em perigo devido à perseverança". A mulher aqui indica os elementos femininos no caráter humano, como a dúvida e a instabilidade emocional. Os seres que querem realizar um trabalho de transformação ou construir uma empresa não podem se dar ao luxo de tal instabilidade: ao persistirem nesse tipo de ação, certamente terão problemas. "A lua está quase cheia" é uma ideia que nos ensina a não tentar sermos completos de forma tão rápida e especialmente a pensar que, após alguns treinos básicos ou alguns êxitos em nossos negócios, não devemos realizar mais nenhum esforço. No campo do aprendizado, sempre é bom deixar espaço em nossas mentes para incluir novas ideias e novos conceitos. Por isso a frase: "A lua está quase cheia. Se o homem superior persistir (neste tipo de comportamento), o infortúnio virá".

Hexagrama 10. CONDUTA (*Lu*)

Julgamento:

A conduta. Pisando na cauda do tigre, ele não morde o homem. Sucesso.

Comentário:

"Pisar na cauda do tigre." Este pisar está relacionado com o trabalho a ser feito depois que a ilusão foi governada. Uma vez realizado, o segundo passo é transformar tudo o que foi controlado, trabalhando de forma ordenada e rítmica, aplicando as leis espirituais. Lembremos que *chien* é a lei, seja ela humana ou divina. A forma é incorporando dentro de si mesmo a suavidade e a benevolência, características de *sun*. É justamente compreendendo como a suavidade interfere nessas energias que o indivíduo começa a administrar o caminho de retorno de forma consciente.

Em termos de mente contemplativa, depois de realizarmos os reajustes de caráter específicos, será necessário reconhecer claramente os estágios sucessivos para chegarmos à compreensão da aplicação real do conhecimento. O trabalho de tentar iluminar é considerado "pisar a cauda do tigre".

Também em termos budistas, a flexibilidade de *sun* e *li* dentro deste hexagrama representam usar a concentração para acordar a intuição, usar a cultura para harmonizar-se com a natureza, usar o pequeno *satori* para, com a repetição contínua, procurar a mais alta integração, o *nirvana*. E inclui-se mais um aprendizado profundo dentro de todo este espectro: aprender a ser um iluminado ao mesmo tempo em que se comporta como uma pessoa comum.

Imagem

Assim, o homem superior discrimina entre o alto e o baixo e fortalece, deste modo, a mente do povo.

As regras do caminho estão relacionadas com a disciplina interna. Esta disciplina ele terá de forjar sozinho, no íntimo de sua consciência. O ser está querendo conhecer os mistérios de *chien*, o céu. Para efetuar este trabalho, terá de realizá-lo vagarosamente (trigrama *sun*) e inteligentemente (trigrama *li*). Precisa realizar as tarefas, sejam elas humanas ou divinas, em perfeita harmonia com as leis cósmicas. As regras do ritual incluem também a forma ordenada de transformar-se pouco a pouco.

65

É difícil obter êxito se não se conhecem as leis de *yin* e *yang*, atividade e repouso.

As leis do céu seguem ciclos determinados, e o aprendiz, a fim de transformar-se, tem de conhecê-las e viver de acordo com elas. Tudo o que aprendeu terá de demonstrar entre os homens. Sua vida terá de ser impecável, e terá de usar a gentileza a fim de poder conviver dignamente com as pessoas.

Lembremos que *tui* está relacionado com a boca e as palavras; como neste caso *tui* e *chien* são trigramas correspondentes ao mesmo elemento, estão dentro do ciclo de geração; por consequência, as palavras terão de ser harmoniosas, cultas, inteligentes, cheias de criatividade, palavras que promovam a cooperação e a concórdia entre os homens. *Lu* neste caso representa a primeira tentativa consciente do discípulo rumo às esferas do ser e da realidade. O mais importante é que inicia este caminhar de forma alegre, e isto representa, em relação ao hexagrama anterior, uma mudança interna profunda, dores, e que as preocupações anteriores foram transmutadas em alegria e gozo.

Se este hexagrama aparecer em sua vida: Pode ser que você tenha treinado as pequenas virtudes que aparecem no Hexagrama 8 e que devem ser nutridas de forma persistente no Hexagrama 9. Se você faz isto em sua vida, então estará bem e sem problemas. Contudo, entenda que há que dar mais um passo adiante, e que, para que isto aconteça, você terá de se submeter a uma disciplina, seja no âmbito que for. Se quiser abrir um negócio, terá de acumular pequenas coisas e saber administrá-las correta e disciplinadamente. Se estiver trilhando um caminho espiritual, então agora tem obrigatoriamente de se ajustar a uma disciplina imposta pela sua crença. Se porventura você não fizer isto, saiba, então, que preocupações, delírios, e mal-entendidos estão à sua espreita, já que, quando um ser humano na sua arrogância ignora o momento de se corrigir, o celestial o faz sem piedade alguma. Pense a respeito.

Conselhos Gerais: Momento de estabilidade – sendo precavido, terá muito êxito. Existem possibilidades de você ser convidado para participar de uma situação elevada. Porém, o mais importante é permanecer tranquilo, para poder observar o desenrolar dos fatos. Perigo de ser envolvido em atitudes violentas. Proceda com cautela e evite riscos desnecessários.

Negócios/Dinheiro: Controle os seus gastos. Se quer realizar algum negócio, é aconselhável pedir conselhos aos mais antigos e experientes. Uma vez decidido, realize seus negócios de acordo com a decisão tomada, e seu esforço será premiado justamente.

Estado Emocional: Tente ser mais submisso; não querer demonstrar o poder é sinal de uma pessoa sábia. Se aparecerem novas amizades ou conhecidos, tente esperar antes de demonstrar o seu interior para eles. Seguramente não são o que aparentam ser.

Saúde: Cuide um pouco dos intestinos, pulmões e sistema nervoso. Não abuse das comidas picantes ou dos guisados. Cuidado com espinhas de peixes ou ossos finos.

As linhas

1ª linha: **Conduta simples. Progresso sem culpa.**

Significado

Com simplicidade, continuamente ele se esforça por compreender e discernir os diferentes tipos de pensamentos e sentimentos que o assaltam. Terá de evitar o orgulho e as paixões (o que está representado pela linha *yang* num trigrama feminino. A linha *yang* é o orgulho e a fortaleza; mas o trigrama *tui* representa a paixão e o prazer). Evitando ambos e avançando apenas alegremente, agindo somente para o bem, não se apegando ao benefício que a meditação e a concentração produzem.

2ª linha: **Trilhando sobre um caminho plano e simples. A perseverança de um homem obscuro traz boa fortuna.**

Significado

"Trilhando sobre um caminho plano e simples." Sem dificuldades, continua o seu trilhar na sua procura; a ideia que se apresenta é que conserve a calma e a frieza. Que seja calmo e silencioso. "Assim como um homem escuro", ele ainda não logrou nenhum triunfo real. Não convém que fale, que descreva suas incursões ao seu interior. Que sempre procure se analisar, questionar-se profundamente. Que procure a verdade interior. O que será colocado com palavras suaves e carinhosas será aceito; seja silencioso.

3ª linha: Um homem com uma só vista pode enxergar; um aleijado pode pisar. Ele pisa na cauda do tigre. O tigre morde o homem. Infortúnio. Um guerreiro age assim em favor de seu grande príncipe.

Significado

Não aprendeu a lição. Assemelha-se a um homem com um só olho: ainda que possa enxergar, não o faz claramente. Quer ir demasiado longe, confiando em si mesmo e em suas poucas forças; o seu caráter ainda não está fortalecido, quer correr onde os outros caminham. Certamente cairá, por isso o infortúnio. Ele pensa que sabe, porque, ao estudar um pouco, repete o que os grandes sábios da humanidade deixaram para a posterioridade. Este vício sustentado no orgulho intelectual leva o homem a separar-se dos outros, porque não pode comprovar em sua vida diária o que fala.

4ª linha: Ele pisa na cauda do tigre. Cautela e circunspecção conduzem, ao final, à boa fortuna.

Significado

Depois de ter sofrido as consequências de seu agir desconsiderado, aprende a lição. Então, "cautela e circunspeção" o conduzem, ao final, à boa fortuna. A paciência é a melhor amiga do sucesso; acabe com os ataques de ciúme ou raiva.

5ª linha: Conduta decidida. Perseverança com consciência do perigo.

Significado

Ele é muito indisciplinado, então ataca com decisão o fundamento de seus defeitos; torna-se perseverante, tem consciência do perigo que corre. Esquecer o conforto pessoal é o passo seguinte a ser trabalhado, assim como escutar os mais velhos (*chien*) e seus conselhos. Que não procure se apoiar muito nos outros. Que arrisque sua própria vida para ajudar os outros. Evite os momentos em que poderá se magoar muito. Tente não discutir nem criticar, porque isso voltar-se-á contra você.

6ª linha: **Contemple sua conduta e examine os sinais favoráveis. Quando tudo estiver completo, virá a suprema boa fortuna.**

Significado

Volta a examinar todo o trabalho realizado anteriormente. Dentro dos sistemas reais de meditação existe a chamada recapitulação, onde cada momento de nossa vida ou de nosso estudo é detidamente analisado para considerarmos os possíveis erros cometidos e não percebidos até então. O presságio é feliz. Momento de analisar o seu comportamento e a sua motivação em tudo o que fizer. A futura desgraça ou felicidade dependerá deste julgamento, e atenha-se a ser correto e tranquilo. Procure artes manuais, como cerâmica e pintura em cerâmica: isto trará grandes benefícios ao seu ser espiritual.

Hexagrama 11. PAZ (*T'ai*)

Julgamento:
Paz. O pequeno parte, o grande se aproxima. Boa fortuna. Sucesso.

Comentário

Tranquilidade significa sucesso. Tranquilidade significa apoiar-se nas cinco virtudes. Não se prejudicam mutuamente. Elas são: benevolência, justiça, cortesia, conhecimento e sinceridade. Administrando estas cinco virtudes no dia, o homem superior leva todos os seus afazeres à conclusão. Esta é a imagem da tranquilidade.

Imagem

> **Céu e terra se unem: a imagem da paz. Assim, o governante divide e completa o curso do céu e da terra, favorece e regula os dons do céu e da terra e, desta forma, ajuda o povo.**

"Dividir e completar" está associado a estar ciente dos problemas que temos de resolver em nosso foro íntimo. "O curso do céu" está associado com os ensinamentos da linhagem espiritual a qual a pessoa pertence. Por exemplo, se for cristã, seria como imprimir em sua vida os ensinamentos de Jesus Cristo, etc. "Terra" significa disciplina e sustentação; assim, os ensinamentos do céu deverão ser aplicados com disciplina para que cresçam na terra fecunda da compaixão. "Regular os dons do céu e da terra" está associado com as bênçãos que recebe, que devem ser transmitidas aos seus alunos, familiares ou todos os seres sencientes. Lembremos que, para o ser humano realmente estar em paz, deve emular a conduta do céu (por meio da sabedoria) e oferecer a todos os seres a compaixão que abençoa.

Se este hexagrama aparecer em sua vida: Ótimo! Agora você está certo. Porém, não descanse: lembre que a paz pode facilmente ser confundida com preguiça e apatia. Não fique muito contente – estar em paz é transitório.

Conselhos Gerais: Este é um momento de paz – tente aproveitá-lo enquanto dura. Contudo, lembre que tudo o que é material perece; não se prenda tanto a isso. Acumular fortunas de forma errada: pouco a pouco elas lhe serão tiradas de diferentes formas. O mais importante é desfrutar o que se conseguiu de forma honesta e verdadeira. Tente não ajudar os outros para obter lucro depois; desta forma, nunca se atinge o que se quer.

Negócios/Dinheiro: Pratique a generosidade com aqueles que estão perto; tente deixar a avareza de lado. As ações miseráveis destroem o prazer que a prosperidade traz. Não seja agressivo nos negócios; a serenidade e a estabilidade trarão bons resultados.

Estado Emocional: Momento de calma e de realizações interiores. Neste momento, parece que tudo o que nos rodeia pertence à bondade fundamental. Sendo carinhoso especialmente com os mais necessitados, sejam eles doentes, pessoas com problemas ou crianças, terá momentos muito felizes.

Saúde: Momento de muita energia. Tente não abusar das comidas, especialmente dos enlatados ou comidas picantes. Muito cuidado com ossos finos ou espinhas de peixes, assim como com comidas que estragam facilmente.

As linhas

1ª linha: **Quando se arranca uma folha de grama, junto vem o torrão. Cada qual de acordo com sua espécie. Empreendimentos trazem boa fortuna.**

Significado

Quando realizamos o trabalho de autodescoberta e tentamos arrancar de nós um vício, descobrimos que ele está muito mais arraigado do que imaginamos. E, então, junto com este vício, aparecem outros que, num primeiro momento, nos dão a sensação de que nada está acontecendo conosco e que, em vez de progredirmos, estamos fazendo tudo errado. A realidade é que não compreendemos que o trabalho é profundo demais. Sempre pensamos que o trabalho é fácil. Agora, estamos começando a tomar consciência de nossa verdadeira situação. Tome cuidado com as perdas violentas; há possibilidade de amigos irem embora; mudanças radicais estão à espreita.

2ª linha: **Suportar gentilmente os incultos, atravessar o rio com decisão, não negligenciar o longínquo, não privilegiar os companheiros. Assim se poderá trilhar o caminho do meio.**

Significado

O caminho do meio é o Óctuplo Nobre Caminho de Buda. Suportar os incultos, suportar a si mesmo e ao mesmo tempo suportar os outros, esta é a virtude da paciência, que inclui em si mesma todas as virtudes. "Não negligenciar o longínquo" é pensar em todos os seres como nossas mães. "Não privilegiar os companheiros" é não ajudar somente os nossos. Na realidade, o caminho da paz é abençoar e incluir em nossas preces todos os seres, sem exceção. Momento de perdoar os incultos; a sinceridade nas suas palavras poderá trazer problemas; seja suave e carinhoso, porém firme e decidido.

3ª linha: **Não há planície que não seja seguida por uma escarpa. Não há partida que não seja seguida por um retorno. Aquele que se mantém perseverante quando em perigo permanece sem culpa. Não lamente esta verdade: usufrua a boa fortuna que ainda possui.**

Significado

Nesta linha estão muito claras a ação do karma e a presença dos obstáculos. Conhecendo esta lei infalível, o discípulo não se preocupa e realmente usufrui a sorte que tem, já que, se estiver passando por um momento infeliz, sabe que é uma purificação e, se estiver num momento feliz, sabe que é passageiro. Então, não se lamenta. Tudo tem um princípio e um fim; assim sendo, não se perturbe. Tendo consciência dos perigos que se preveem, você mantém sua felicidade.

4ª linha: **Ele desce voando sem vangloriar-se de sua riqueza. Junto a seu próximo, sincero e sem malícia.**

Significado

O homem verdadeiramente rico por dentro é profundamente humilde; por isso, ele não se vangloria. Sabe que tudo o que tem é porque todos conspiraram para que ele conseguisse; então, é sincero e não tem maldade. Confie mais em si mesmo; chegam amigos. Se falar com eles com o coração aberto, responderão da mesma forma.

5ª linha: O soberano concede sua filha em casamento. Isso traz bênçãos e suprema boa fortuna.

Significado

A filha é a compaixão, o soberano é o céu e os mestres de sua linhagem. Aceitam-no em seu círculo santo; por este motivo, traz bênçãos para todos e tem suprema boa fortuna. A "suprema" boa fortuna inclui bênçãos espirituais, mas ainda não é a "sublime" boa fortuna. Falta um pouco mais.

Momento de boa sorte: usando a serenidade e a docilidade, as portas do sucesso se abrirão para você. Os seus desejos poderão ser atingidos se usar a serenidade e a docilidade.

6ª linha: A muralha cai novamente no fosso. Não use o exército agora. Proclame suas ordens em sua própria cidade. A perseverança traz humilhação.

Significado

"A muralha" são nossas conquistas espirituais. Contudo, ela ainda é fraca e está construída num terreno fraco; por isso "cai", ou seja, suas virtudes ainda são fracas. "Proclame suas ordens em sua própria cidade" indica que ele ainda tem de se trabalhar no íntimo e não fazer nada no aspecto exterior.

Momento de desordem parcial: tente descansar e não realize nenhum empreendimento. Mantenha a situação como estava. Pequenas contrariedades poderão tirar-lhe o bom humor; tente não brigar com as pessoas. Entenda que elas fazem o que podem. Evite as críticas.

 Hexagrama 12. ESTAGNAÇÃO (OBSTRUÇÃO) (Pi)

Julgamento:

Estagnação. Homens maus não favorecem a perseverança do homem superior. O grande parte; o pequeno aproxima-se.

Comentário

Momento de perplexidade: parece que todo o conquistado foi perdido. Contudo, na realidade é somente um momento de descanso, já que até o desenvolvimento espiritual ou material segue leis imutáveis, que fazem com que aquilo que vai ser edificado tenha de passar por um momento de repouso. Isso faz parecer que tudo o que até então foi edificado não consegue mais se desenvolver. Na verdade, estagnação é somente uma pequena parada no caminho para podermos respirar e depois continuar. Também nos faz refletir sobre os atos do passado e nos obriga a mudar.

Imagem

Céu e terra não se unem: a imagem da estagnação. Assim, o homem superior recolhe-se a seu valor interno de modo a evitar dificuldades. Não permite que o honrem com recompensas.

Nos momentos de estagnação, o homem superior fica tranquilo em sua posição e não se permite ser elogiado pelas pessoas, não permite que o adulem, nem se fia nos sorrisos das pessoas. O pequeno chega, os medíocres estão por perto fingindo-se de grandes. O grande parte; recolhe-se ao seu valor interno.

Se este hexagrama aparecer em sua vida: No hexagrama anterior, ofereci uma dica: você confunde paz com apatia, então nessa apatia nada acontece. O pior é que começam a aparecer pensamentos errantes, pessoas estranhas, condutas inconsequentes, hábitos negativos. Preste atenção e faça como Jesus, o Cristo, pediu: vigie e ore!

Conselhos Gerais: Momento de ter de suportar os insensatos e evitar as pessoas que são movidas somente para se satisfazer de forma egoísta. Evite ter de mostrar os seus pensamentos mais íntimos às pessoas que não compartilham seus ideais. Fale pouco, defenda-se com o silêncio.

Negócios/Dinheiro: Preste atenção aos sócios (se os tiver), controle o livro de contas, observe o comportamento dos seus colaboradores. Não é o momento oportuno para investir ou realizar qualquer negócio. Não compre nada, nem sequer a prazo. Evite crediários.

Estado Emocional: Momento de muita preocupação e vontade de viajar para longe. Isto se deve a um momento de muito cansaço e tensão. Ainda assim, não poderá viajar externamente sem sofrer desilusões. O mais apropriado é refugiar-se em seu íntimo, na música, na literatura e em qualquer coisa que o ajude a distrair-se.

Saúde: Problemas causados pelo cansaço; possíveis dores errantes pelo corpo sem causa aparente; resfriados ou problemas causados por vírus, especialmente nos ossos e nos pulmões.

As linhas

1ª linha: **Quando se arranca uma folha de grama, junto vem o torrão. Cada qual de acordo com sua espécie. A perseverança traz boa fortuna e sucesso.**

Significado

Ele começa a descobrir o que o mestre Doguen Zenji afirmou: "um passo nada tem a ver com o outro passo; um bosque pegou fogo". Ele não diz "eu peguei fogo"; as cinzas não dizem "eu fui um bosque ontem". Compreende que, na verdade, cada pensamento em si mesmo não tem realidade nenhuma.

Aproveite para colocar toda a sua casa em ordem, pintar, reformar, estudar bastante, treinar e deixar que a vida siga o seu curso.

2ª linha: **Eles suportam e toleram. Isso significa boa fortuna para os homens inferiores. A estagnação ajuda o grande homem a obter sucesso.**

Significado

A estagnação que torna o homem medíocre mais medíocre ainda faz com que o homem superior aproveite este momento para recolher-se e nutrir-se espiritualmente no silêncio e na quietude.

Não empreenda nada novo: simplesmente curta os momentos de efêmera tranquilidade. Tente relaxar, descansar e nutrir-se com qualidade.

3ª linha: Eles sentem vergonha.

Significado

Os homens medíocres sempre sentem vergonha de tudo o que falam e fazem; por isso, estão sempre pedindo desculpas. Não são capazes de assumir nada do que fazem em suas vidas.

Esteja atento para evitar problemas. Momentos de erros e vergonha e também de sofrer alguma injustiça. Então, mantenha-se na conduta adequada.

4ª linha: Aquele que age segundo a ordem do mais alto permanece sem culpa. Os que compartilham de seu ideal participam das bênçãos.

Significado

Mantendo-se em contínua meditação, o homem superior encontra refúgio na fonte de sua linhagem espiritual; então, é abençoado e, assim, compartilha com os seus deste benefício.

Tente se unir com pessoas mais dignas; evite os inferiores. Não exponha seu íntimo para pessoas indecentes.

5ª linha: A estagnação aproxima-se do fim. Boa fortuna para grande homem. "E se fracassasse, e se fracassasse?" Deste modo ele a amarra a um feixe de brotos de amoreira.

Significado

Ainda assim, ao ser abençoado, teme perder este contato; por isso, sempre se pergunta: "E se fracassasse, e se fracassasse!" Esta é a conduta adequada. Não esqueça o perigo: existe a possibilidade de perder algo ou de sofrer algum tipo de injustiça. Tente continuar treinando a meditação silenciosa. Evite realizar coisas que o levem ao esgotamento físico e mental.

6ª *linha:* A estagnação termina. Primeiro, estagnação; depois, boa fortuna.

Significado

Já está pronto para realizar a união com seus amigos espirituais. Momento de prosperidade e de alegria. Isto surge do acúmulo de boas obras e de seu treino espiritual. Mantenha sempre a vigilância e não permita se relacionar com pessoas inferiores.

 Hexagrama 13. COMUNIDADE COM OS HOMENS. (IGUALDADE COM OS OUTROS) *(Tung Jên)*

Julgamento:
Comunidade com os homens em espaço aberto. Sucesso. É favorável atravessar a grande água. É favorável a perseverança do homem superior.

Comentário

O espaço aberto é a mente lúcida, a ética predominando nos relacionamentos, a sinceridade de coração e a transparência nas atividades, em especial quando iniciamos qualquer relacionamento humano.

Imagem

> O céu junto com o fogo: a imagem da comunidade com os homens. Assim, o homem superior estrutura os clãs e estabelece distinções entre as coisas.

As pessoas superiores distinguem as coisas em termos de categorias e grupos. Nos textos litúrgicos tibetanos (*sadhanas*), sempre se pede aos *bodhisattvas* que ensinem os seres cada um de acordo com suas tendências especiais. Os seres humanos são tão diferentes um do outro que qualquer tipo de ensinamento massificado somente leva à desordem e às falsas interpretações.

Ao relacionar-se com seus amigos, o homem superior deverá tentar conhecer profundamente seu caráter para estabelecer uma categoria natural e oferecer a cada um trabalhos condizentes com suas próprias capacidades. Não podemos pedir a um pedreiro que faça um trabalho de tricô e bordado. Cada um de acordo com sua natureza.

No campo do treinamento mental, é importante também distinguir o certo do errado, treinar a equanimidade que surge da correta observação. Estabelecer distinções também é usar a visão penetrante (*lhag ton*), para saber descartar o que deve ser descartado e manter o que deve ser mantido.

No início, o que deve ser descartado é todo preconceito e pré-julgamento. O que deve ser mantido é a mente em seu estado natural (trigrama *chien*, o céu) e sua clareza e luminosidade (trigrama *li*). Mantendo estas duas características da mente, o ser humano superior torna-se imparcial e, assim, deixa fluir sua sabedoria e amor para todos, sem parcialidades.

Se este hexagrama aparecer em sua vida: Como a apatia é muito chata, você deve ter saído para a vida com o intuito de encontrar amigos com quem realizar algum tipo de associação. Preste atenção: até agora, você estava sempre contando consigo mesmo. Agora, você entendeu que sozinho não conseguirá muita coisa, porém ainda não escolheu bem seus amigos, então o que predomina é a desconfiança. O que fazer? Fique tranquilo; organize sua vida nos pequenos detalhes; esteja prevenido; não diga que sim antes do tempo; estude antes de se expor. Se seguir este conselho, então não terá do que se arrepender.

Conselhos Gerais: O sentido deste hexagrama é o da união dos homens em forma harmônica, reunindo suas forças com o intuito de atravessar o momento difícil. Esta reunião inclui interesses particulares e públicos. O conselho é demonstrar e incentivar os companheiros a serem desinteressados ao máximo. A personalidade tem de se encontrar no "deserto". Isto, levado ao âmbito das reuniões comerciais, deve ser interpretado como "nada deve ser escondido nem mascarado". Ou seja, interesses pessoais devem ser deixados de lado, senão poderá haver até agressão física. Apesar das complicações, o resultado será satisfatório.

Negócios/Dinheiro: Não empreste dinheiro para parentes. Permaneça na defensiva. Este momento é de desequilíbrio. As forças negativas têm vantagens a seu favor. Podem aparecer muitas oportunidades; ainda assim, aplique todo o seu conhecimento sobre administração para evitar perdas futuras ou dilapidação do patrimônio.

Estado Emocional: Momento de muita consciência – consciência do tempo, da impermanência, da mutação. Muitos pensamentos que poderão avivar antigas mágoas ou desejos insuspeitos. Evite julgar a si mesmo e aos outros de forma severa.

Saúde: Problemas de estresse. Dores de cabeça ou enxaqueca. Pulmões com problemas. Beba com moderação.

As linhas

1ª linha: Comunidade com os homens no portão. Nenhuma culpa.

Significado

Numa associação comum entre os homens, o portão indica que ainda não há uma confiança entre as partes. Então é uma forma de manter as pessoas à distância para serem conhecidas. Terá motivos para ficar alegre; ainda assim, fique sempre na espreita para evitar brigas ou maus entendidos.

2ª linha: Comunidade com os homens no clã. Humilhação.

Significado

A humilhação se deve a que, nesta posição, o homem tem preconceitos e deixa que a crítica tome conte de seu ser. Esteja atento às pessoas que têm interesses particulares e que são fingidas.

3ª linha: **Ele esconde armas entre os arbustos, escala a alta colina que está adiante. Não se ergue durante três anos.**

Significado

Esta crítica torna-se pesada, aumentando, assim, a desconfiança entre as partes. Esta desconfiança no campo espiritual faz com que o ser humano perca por três anos o contato espiritual com o seu mestre.

Tente não se irritar e oculte seus sentimentos de raiva e agressão. Aqui se aconselha esperar, e não alimentar temores nem pensamentos de ódio.

4ª linha: **Ele sobe em seu muro e não pode atacar. Boa fortuna.**

Significado

Ele supera os estados negativos, porém nada pode fazer. A boa fortuna aqui está associada à superação dos estados internos negativos.

Seja cuidadoso: se der livre curso aos seus desejos, atrairá para si a desgraça. Esteja atento, não durma; tente corrigir-se constantemente para evitar as calamidades. O *I Ching* diz: "Que se arrependa e que retorne aos momentos de calma e felicidade".

5ª linha: **Homens ligados por um sentido de comunidade primeiro choram e lamentam-se, mas depois riem. Após grandes lutas, conseguem encontrar-se.**

Significado

No campo exterior, os homens de uma comunidade estão se encontrando em seus pontos de vista comuns; após muitas discussões, entram em harmonia. Do ponto de vista espiritual, o ser humano compreendeu todas as suas falhas internas, arrepende-se profundamente disto e chora. Contudo, depois entende que tudo isto forma parte do processo de crescimento espiritual; então, relaxa e ri.

Evite as críticas e as palavras ofensivas.

6ª linha: Comunidade com os homens no prado. Nenhum arrependimento.

Significado

Tempo de descanso e de momentos de convívio com seus companheiros do coração. Momento de alianças e de retornar aos momentos de calma. Não haverá ocasião para arrependimentos.

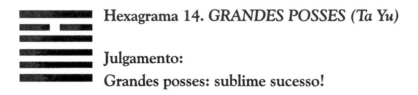

Hexagrama 14. GRANDES POSSES (Ta Yu)

Julgamento:
Grandes posses: sublime sucesso!

Comentário

O sublime sucesso deve-se a que, superando todos os problemas entre as partes, sua mente já está estável e sua forma de expressar é alegre e luminosa. "A grande posse" ou, melhor dito, "em posse do que é grande" é porque interiormente o ser humano já realizou uma grande transformação de suas neuroses em conhecimento espiritual. No homem comum esta transformação traduz-se em certeza interna e falta de medo.

Imagem

Fogo ao alto, no céu: a imagem de grandes posses. Assim, o homem superior reprime o mal e promove o bem em obediência à benevolente vontade do céu.

Em seu íntimo, ele reprime o mal; sente a necessidade de apoiar-se na conduta correta. Sente-se à vontade treinando o caminho espiritual. Nada é forçado para ele. Em termos do ser humano que não treina alguma disciplina espiritual, esta certeza e falta de temor devem-se a que, depois de muito esforço para entender seus problemas, encontrou a forma de resolvê-los, o que lhe confere um poder interno especial.

Quando um ser humano se entrega à disciplina espiritual, a posse do que é grande implica que sabe sufocar ou extinguir seus pensamentos negativos e promover seus pensamentos positivos sem desviar-se. Ele treina constantemente o que Jesus, o Cristo, pediu a seus discípulos: "Vigiai e orai".

No entanto, se a pessoa em questão não consegue se manter nesta disciplina, naturalmente será vencida pelo lado negativo da crítica impiedosa e pela mágoa, que o deixarão profundamente negativo e de coração duro. Então, quando sair este hexagrama, a pessoa deve, por todos os meios, tentar manter-se alegre, seguindo o exemplo dos seus mestres espirituais. Se não tiver mestre, que ao menos siga as pessoas de bem e que este seguir seja alegre e confiante. Assim, ele estará em posse do que é realmente grande.

Um mestre taoísta disse: "A vida humana no mundo tem uma missão, que sozinha é importante; com isto, há vida, sem isto, há morte." Se a pessoa não consegue achar felicidade nesta missão, nesta direção, nesta ordem, tudo o mais é vazio e falso. "Aquilo para o qual o céu dirige a humanidade é somente bom; se a pessoa puder achar a felicidade nesta direção, então isto significa 'obedecer ao céu'".

Se este hexagrama aparecer em sua vida: Parabéns! Indica que seus amigos são boas pessoas. Amigos no íntimo do ser humano são os pensamentos virtuosos; no exterior, são pessoas em quem você poderá confiar. Quando estiverem bem, compartilharão com você, e eles esperam que você retribua na mesma medida. Não seja avaro: pratique profundamente a generosidade, sempre quando estiver rodeado de pessoas de bem.

Conselhos Gerais: Momento de se libertar dos erros da personalidade; não ameace e não desafie. O importante é trilhar o seu caminho com as suas convicções. Isto trará uma conduta que manifestará dignidade. O seu êxito dependerá de pequenos esforços na direção correta. Tente não entrar em conflitos, especialmente motivados por críticas.

Negócios/Dinheiro: Não tome decisões apressadas, porque lhe espera algo muito melhor. Não seja nem demasiado indulgente nem demasiado severo. Tome o caminho do meio. Não corra riscos, pois o êxito já está definido. Preste atenção aos documentos. Tente não cair em negócios especulativos. Seja sincero e transmita confiança; quando abordar um cliente, vá para resolver o problema dele. Você é a solução para ele.

Estado Emocional: Evite desgastes proporcionados por brigas ou críticas; o mais importante é enfatizar a alegria. Época muito boa para viajar e realizar grandes negócios.

Saúde: Preste atenção a inflamações, especialmente pulmões e sistema nervoso. Possíveis dores de cabeça, alguns problemas de visão.

As linhas

1ª linha: **Nenhuma relação com o que é prejudicial. Não há culpa nisso. Aquele que se mantém consciente da dificuldade permanecerá livre de culpa.**

Significado

Interiormente seus impulsos o convidam a ser violento. Estar consciente desses impulsos fará com que você não cometa erros. "Nenhuma culpa" implica que esta situação ainda está em seu princípio e não tem força para se manifestar. O mais importante é evitar o orgulho e a vaidade, especialmente se tiver a possibilidade de obter algum lucro considerado.

2ª linha: **Uma grande carroça a ser carregada. Pode-se empreender algo. Nenhuma culpa.**

Significado

A grande carroça é a própria pessoa: ela terá de suportar muitas pressões internas e externas. "Nenhuma culpa" se deve a que ele é consciente da situação e não faz nada errado. Porém, é consciente do fardo a ser carregado. Possui a justiça, é amável e, ao mesmo tempo, humilde; então, nada de mal poderá acontecer-lhe.

3ª linha: **Um príncipe o oferece ao Filho do Céu. Um homem mesquinho não poderia fazê-lo.**

Significado

Aqui há uma dualidade: se for uma pessoa mesquinha, ele não conseguirá compartilhar nada com ninguém, menos ainda com os seres espirituais. Compartilhar com os seres espirituais é agradecer pela existência e oferecer todos os nossos logros ao mestre. Na tradição do budismo dos Himalaias, existe uma prática chamada Oferenda da Mandala, em que o discípulo oferece tudo de melhor que sua mente pode conceber. Isto é oferecido a todos os mestres da linhagem e a todos os protetores espirituais. Certamente uma pessoa mesquinha não conseguirá fazer isto.

Preste atenção àquela pessoa que apenas gosta de aparecer: ela se encontra num lugar que pode causar muito dano. Então, o melhor a ser feito é limitá-la pela amabilidade; não deixe que ela se expresse nem que se exiba.

4ª linha: **Ele estabelece uma diferença entre ele mesmo e seu próximo. Nenhuma culpa.**

Significado

Ele sabe como distribuir riquezas internas e externas. Esteja muito atento ao ciúme que sua conduta poderá provocar. Tente apenas restringir-se um pouco; não chame muito a atenção.

5ª linha: Aquele cuja verdade é acessível porém digna terá boa fortuna.

Significado

A verdade não pode ser complicada, então deve ser acessível a todos e por todos compreendida. Se ainda assim o consulente consegue manter a sua dignidade e presença de espírito na situação em que se encontra, tudo será muito benéfico, seja para o homem em sua vida regular como para o discípulo. Quando alguém apresenta uma verdade sem dignidade, ofende as pessoas a quem deve servir. Diz o *I Ching* "que imponha severidade e demonstre a sua autoridade"; se não houver seriedade, severidade e autoridade, aparece, então, a falta de respeito.

6ª linha: Ele é abençoado pelo céu. Boa fortuna. Nada que não seja favorável.

Significado

"Ser abençoado pelo céu" é ser abençoado pela linhagem de mestres espirituais ou, ao menos, ser abençoado por seus ancestrais. Não importa o que queira empreender, o céu está a seu favor. Grande momento!

 Hexagrama 15. MODÉSTIA (Ch'ien)

Julgamento:
A modéstia cria sucesso. O homem superior conduz as coisas à conclusão.

Comentário

No Hexagrama 14, o indivíduo entende que, a fim de se relacionar e assim crescer, é absolutamente necessário compartilhar com os outros. Porém, no ato de compartilharmos e nos expressarmos, envolvemo-nos em disputas vãs que nossa personalidade sempre apresenta aos outros. Com que aspecto de nosso ser nos relacionamos com nossos semelhantes? Temos consciência de como estamos agindo e nos expressando? Claro que não; por este motivo é que em qualquer relacionamento humano acarretamos inúmeros problemas a nós mesmos e aos outros.

Qual é a causa desses problemas? A interpretação errada que fazemos das situações em que nos envolvemos. Esta interpretação errada faz com que apresentemos a qualquer influência uma resposta basicamente neurótica. Esta resposta está matizada pela inveja, ciúme, desejo ou pela competição, e neste livro não seria possível definir todas as formas neuróticas com que nos expressamos.

Quem basicamente é o condicionador dessas respostas? Essencialmente o medo. No entanto, neste hexagrama o *I Ching* nos fala da modéstia, algo que hoje em dia praticamente desapareceu no Ocidente. Por quê? Porque a modéstia é sinônimo de acomodação, fraqueza de caráter, etc. Numa sociedade altamente competitiva, o modesto sempre leva a pior parte.

Porém, o *I Ching* foi criado justamente para nos oferecer um caminho de sabedoria para enfrentarmos estes tempos degenerados, em que o filho mente para os pais e até os mata, em que os pais maltratam e vendem suas crianças por uns trocados.

A modéstia é a maior virtude que a terra tem para nos emprestar. A modéstia é o sentimento que todo mundo nota e imediatamente faz com que a pessoa realmente modesta ganhe o coração das pessoas.

O céu castiga o orgulhoso quebrando-lhe os ossos na fadiga, e a terra castiga o orgulhoso quebrando-lhe todos os empreendimentos. Abram os olhos, vejam realmente como é a vida da pessoa arrogante e orgulhosa, sempre perdendo, sempre tendo que se ajoelhar e pedir desculpas.

Então, qual é a via natural que a terra ensina aos homens? É a vastidão e a mente aberta para suportar todos sem julgamentos parciais, e a calma das montanhas, tão majestosas e firmes. A calma é uma qualidade da estabilidade da mente; nasce da percepção de que tudo tem seu tempo e de que a cada ser humano neste mundo a vida confere um momento de esplendor e beleza. Sabe no seu íntimo que a natureza é sábia, e que tanto poupa aquele que quer entender seus desígnios como aniquila aqueles que lutam de forma ignorante contra ela. Sabe que lutar contra a natureza externa (rios, matas, oceanos, etc.) é lutar também contra si próprio; por consequência, ao compreender estas verdades, muda o curso de sua vida, tentando se tornar "um" com a vida que anima este planeta. A humildade confere-lhe o poder de retirar-se e deixar que os outros se adiantem. Não se vangloria, porém é exaltado pelos outros e, justamente por este motivo, as pessoas notam sua contribuição e aderem ao seu caminhar.

Assim é um homem modesto. Quando sopra um vendaval em sua vida, curva-se. Muitas vezes, parece que o céu está exigindo muito dele; porém, passado o sufoco, retorna com mais experiência que antes, dando graças ao céu por tê-lo colocado nessa prova. Quantos homens podem realizar isso? A maioria está procurando a fama, a fortuna, o prazer fácil. Crescem, roubam, tornam-se hipócritas, querem ser donos de multinacionais, de grandes grupos financeiros. Eles aparecem e logo o celestial derruba-os de forma inexorável.

No *I Ching* está escrito: "O céu rebaixa a vaidade, e os gênios e espíritos fazem mal àqueles cheios de si". O destino dos homens segue leis imutáveis que têm de ser cumpridas. Mas o homem tem o poder de moldar seu destino, na medida em que sua conduta o expõe à influência de forças benéficas ou destrutivas. "Quando um homem é modesto, brilha com a luz da sabedoria. Quando está numa posição inferior e é modesto, não pode ser ignorado."

Ser imparcial e respeitoso com todas as pessoas. Ainda que o discípulo perceba os erros e debilidades nos outros, terá de tratá-los com a mesma cordialidade com que trata aqueles que estão no caminho de Buda. Buda deu a todos os seus discípulos uma regra de comportamento – que cada um devia observar os seres desta forma: olhar as mulheres mais velhas como se fossem nossas mães; as mulheres mais jovens, como se fossem nossas irmãs; os homens mais velhos, como se fossem nossos pais, e os mais jovens, como se fossem nossos irmãos. Quem pratica isso, tendo ao mesmo tempo consciência das debilidades alheias, pode ser considerado modesto.

Imagem

A montanha no interior da terra: a imagem da modéstia. Assim, o homem superior diminui o que é demasiado e aumenta o que é insuficiente. Ele pesa as coisas, igualando-as.

Modéstia significa ter dons, mas não mostrá-los. Acima está a terra; abaixo, a montanha. O trigrama *kun* (terra) está acima, quer dizer que, no seu trato com o povo, o homem superior manifesta um sentimento maternal, é suave, tranquilo, vasto, imperturbável. No íntimo está à montanha, símbolo da calma extrema, da quietude e também da solidez de caráter que manifesta a paciência que o indivíduo adquiriu com a compreensão da verdadeira compaixão.

No entanto, se o ser humano se deixar levar pela arrogância e pela frieza no trato com os outros, então nada lhe será favorável. O homem modesto, ao trabalhar com o povo, avalia a importância que cada um tem e adjudica-lhe um trabalho que o ensine a nutrir suas virtudes e diminuir seus defeitos.

Kun é o símbolo da mãe e da vastidão. Assim, o homem superior é maternal com os outros e sua mente é vasta, abrangendo todos os seres sem exceção. *Ken* no íntimo é a montanha, que representa a solidez do caráter e as virtudes que já formam parte de seu íntimo. Assim, o homem superior protege os seres sencientes com sua mente vasta, sua compaixão amorosa e suas virtudes solidificadas.

O homem superior capaz e modesto tem talento, mas não se vangloria disso; tem o dom da virtude, mas não se apoia nisso. Todo o orgulho e a arrogância desaparecem dele, e sua mente é sempre equânime. Quando a mente é equânime, a pessoa torna-se naturalmente imparcial em suas condutas. Internamente equânime, externamente imparcial. Numa pessoa assim, o dom da virtude cresce diariamente de uma forma mais sublime, o coração cresce diariamente de uma forma mais humilde.

Muitos são os benefícios da *Modéstia*.

Se este hexagrama aparecer em sua vida: É um bom momento dela, se você puder entender os benefícios da modéstia e não se vangloriar disto! É bom, se puder entender que de nada serve ser arrogante e sentir desprezo pelos menos favorecidos; se você observar que critica espontaneamente quando observa o defeito de alguém e parar com esse comportamento; se você puder aprender com as crianças sem afastá-los com as suas neuroses, sob o disfarce hipócrita de que o que está fazendo é para educá-los, então estará no caminho da modéstia. Depois, deixe o sabor do triunfo aos outros – isto é a grande modéstia. Também pense consigo: "E se eu morrer enquanto estou lendo este livro? Como vou empreender esta viagem, já que vou completamente só?" O único meio de não se apavorar nesse momento é deixar todos os julgamentos de lado, oferecer de todo coração seus logros para os outros e ser profundamente humilde em seu coração. Esta humildade o levará, então, ao próximo hexagrama, *Entusiasmo*.

Conselhos Gerais: Trabalhando pelo bem de todos, você perpetuará a sabedoria e a humildade. Somente a pessoa humilde que possui uma grande força interior ganha o respeito de seus companheiros e é capaz de levar adiante o seu destino espiritual. Momento de muita liberdade. Preste atenção! O celestial castiga o orgulhoso; a terra lhe faz fracassar em suas empresas.

Negócios/Dinheiro: Momento de encontro de grandes possibilidades. Ainda não é o momento de anunciar quais são as suas intenções. Ainda que tenha poucos recursos, o êxito em seus negócios está assegurado.

Estado Emocional: Momento de demonstrar a modéstia. Não se deixe perturbar por pequenos êxitos: quanto mais modesto, suave e gentil for, mais conquistas terá.

Saúde: Preste atenção ao estômago e ao fígado; os pés poderão sofrer um pouco. Atenção às quedas em lugares escorregadios ou molhados. Não dirija ao anoitecer nas marginais, especialmente quando estiver chovendo.

As linhas

1ª linha: **Um homem superior modesto em sua modéstia pode atravessar a grande água. Boa fortuna.**

Significado

A primeira linha, *yin*, numa posição inferior: "Modesto na sua modéstia", reza o texto. Esta é a vida do homem superior. "O verdadeiro governante é aquele que não chama a atenção": assim diz Lao Tzu, para representar o homem modesto, que se coloca sempre na posição inferior, e assim os homens lhe são simpáticos e gostam dele. Expondo-se aos perigos, pode atravessar momentos de extremo perigo – o que, no texto, relaciona-se com "atravessar a grande água" – e ainda sai vitorioso. A sinceridade e a compaixão são o melhor canal para levar seus trabalhos à conclusão.

2ª linha: **Modéstia manifesta. A perseverança traz boa fortuna.**

Significado

Renuncia o status social; a modéstia manifestada está intimamente relacionada a um trabalho desinteressado em benefício dos outros, e isso é muito bom, porque nasce de seu interior.

3ª linha: **Um homem superior, de mérito e modesto leva tudo à conclusão. Boa fortuna.**

Significado

Aqui ele obtém o sucesso, mas não se abala; grande manifestação da humildade. Diz o I Ching: "Se é meritório e modesto, então o presságio é feliz". Evite sentir-se superior ou, ao menos, não manifeste isso em público, porque isso poderá causar muita inveja e ódio. Estando seguro interiormente de sua bondade e treinando suas lições espirituais, tudo correrá muito bem. Evite a falsa modéstia.

4ª linha: **Nada que não seja favorável para a modéstia no movimento.**

Significado

Ele é flexível e agradável, beneficia os outros, está sempre contente; no entanto, no que diz respeito à sua posição, há muito a temer, pois lhe caberá uma responsabilidade muito superior.

Seja cuidadoso no avançar e no retroceder; você deve manifestar sua modéstia de forma absoluta. Há uma grande responsabilidade a enfrentar; porém, não ouse tomar a iniciativa; peça conselhos e não se vanglorie.

5ª linha: **Não se vanglorie de sua riqueza diante do próximo. É favorável atacar com violência. Nada que não seja propício.**

Significado

Você tem de se disciplinar. É interessante que a modéstia é uma virtude que conquistou; contudo, muitas vezes a própria modéstia se transforma em covardia e autocomiseração, assim como também o caráter pode amolecer. Por esse motivo, você tem de se disciplinar e, ainda assim, não poderá fazer alarde de sua superioridade. Tem de atacar com energia os próprios defeitos. A causa da indisciplina é a humildade em excesso. Esteja preparado: se você treinar constantemente algum sistema de meditação e esse treinamento permitir-lhe observar algum tipo de alienação em si mesmo, ataque a neurose decididamente; então, o êxito estará assegurado. Seja gentil e firme; não deixem que a sua modéstia seja mal interpretada.

6ª linha: **Modéstia que se exterioriza. É favorável colocar os exércitos em marcha para castigar a própria cidade e o próprio país.**

Significado

A modéstia transforma-se num defeito, um excesso. "Colocar os exércitos em marcha" significa valer-se de todas as suas possibilidades e de tudo o que estudou a fim de superar e conquistar o próprio país, ou seja, sua personalidade; sua própria cidade é sua mente, que, neste momento, está sendo governada pelos instintos. A modéstia tem de se tornar contínua na vida do discípulo, com um hábito. Ele tem de praticá-la sem pensar e, para isso, não basta somente saber que tem de ser modesto, e sim viver na modéstia; desta forma, o caráter torna-se estável e duradouro.

A modéstia tem de ser um sentimento interno de desapego tanto para com a sua vida comum como para com a sua vida espiritual.

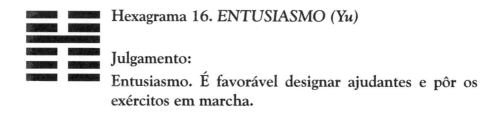

Hexagrama 16. ENTUSIASMO (Yu)

Julgamento:

Entusiasmo. É favorável designar ajudantes e pôr os exércitos em marcha.

Comentário

"Designar ajudantes" é cercar-se de ensinamentos e mestres que colaborem com a nossa tarefa de iluminação. Os ajudantes podem ser pessoas que, de alguma forma, seja por seu exemplo ou sua análise erudita, tenham a capacidade de nos ensinar ou de nos comunicar aquilo de que necessitamos.

"Ajudantes" também pode ser qualquer texto, desde um simples manual técnico até um texto sagrado. Dependendo de sua situação na vida regular, um ajudante também pode ser qualquer elemento que o ajude a encontrar a solução para os seus problemas.

"Pôr os exércitos em marcha" significa que, uma vez que tenhamos compreendido a necessidade de nos transformarmos ou que tenhamos estudado e encontrado uma linha de ação para cumprir nossa tarefa, qualquer que seja, sustentados ou amparados pela *Humildade* (Hexagrama 15), devemos iniciar nossas ações de forma entusiasta.

Entusiasmo inclui um elemento mental, um emocional, um físico e um divino:

- o item mental é pensar cuidadosamente a ação a ser realizada;
- o item emocional é a alegria;
- o item físico é a energia; e
- o item divino é a motivação correta de ajudar, com o seu trabalho, a maioria de seres a seu redor.

Na palavra "seres" incluo qualquer tipo de ser, já que todos sem exceção, desde a formiga até o ser humano, estão, cada um de sua forma, procurando a sua própria felicidade.

Então, com o entusiasmo, um ser humano comum planeja e executa decidida e alegremente seus trabalhos para conseguir trazer sustento a si mesmo e à sua família. O homem superior faz exatamente o mesmo, porém motivado pela grande compaixão (trigrama *kun* na base), com a ideia de beneficiar a todos.

Imagem

O trovão surge ressoando do interior da terra: a imagem do entusiasmo. Assim, os reis da antiguidade tocavam música para honrar os homens de mérito e a ofereciam com magnificência à Divindade Suprema, convidando seus antepassados a presenciá-lo.

Entusiasmo é divertimento, é oferecer música e virtude a Deus e aos ancestrais. O mais importante é criar divertimentos, tendo em mente o agradecimento a Deus pelos êxitos e lembrar que, sem nossos pais e os pais deles, não estaríamos aqui para desfrutar tudo o que possuímos. Por isso, o mais importante é oferecer a Deus e aos nossos ancestrais nossos agradecimentos por nossa existência. Tocar música está associado com os ritos. Aqui o divertimento não é fazer algo banal e sem sentido, e sim manter uma alegria serena em forma de agradecimento.

Se este hexagrama aparecer em sua vida: Sustentado na humildade, lembre que você não seria nada sem a ajuda de todos os seus amigos, parentes, professores de escola, sem sua mãe e sem seu pai. Entusiasmo é também gratidão. Os tristes de coração, os deprimidos sofrem porque, em seu profundo egoísmo, pensam que são os únicos que existem no mundo. Lembre que o que este hexagrama traz à sua vida é o agradecimento. Ainda que sua vida tenha sido muito dura, agradeça, porque você passou por tudo isto para aprender muitas coisas. Se nada aprendeu, aí sim terá motivos para arrepender-se.

Conselhos Gerais: Nesta etapa de sua vida, há contentamento e satisfação, dignidade e estabilidade. Movimentos com simpatia. Há triunfo porque haverá concórdia. Alegria compartilhada com todos os seus. Fundamente seus atos na estabilidade mental e na compaixão. Permita que o sentimento de carinho expanda-se para todos os seres. Pense em seus familiares e amigos e envie-lhes luz.

Negócios/Dinheiro: Não é momento de investir dinheiro algum nem de entrar em negócio algum. Investigue antes de entregar sua confiança. Cuidado com estranhos propondo-lhe negócios.

Estado Emocional: Reflita muito antes de falar: você poderá perder alguém muito querido por usar palavras inadequadas. Que seus atos e palavras sejam precedidos pela calma e pela reflexão.

Saúde: Preste atenção ao fígado; evite comer muitas massas, pães, doces e alimentos industrializados. Época de cansaço físico. Possíveis dores errantes ou nas articulações.

As linhas

1ª linha: **Entusiasmo que se expressa traz infortúnio.**

Significado

O verdadeiro entusiasmo não deve ser expresso muito efusivamente: por estar muito no começo, faz parecer aos outros que você não é sincero consigo mesmo. Seu entusiasmo não convence ninguém. Não se expresse de forma muito expansiva.

2ª linha: Firme como uma rocha. Nem um dia inteiro. A perseverança traz boa fortuna.

Significado

Esta é a melhor forma de se relacionar com os outros: a pessoa é internamente sólida, calma e compreensiva. Isto faz com que os outros confiem completamente nela. Por isso a expressão "firme como uma rocha": interiormente, estável e sólido; exteriormente, compreensivo. Isto desperta a energia do entusiasmo em todos ao seu redor. Ao conhecer as intenções das pessoas, tente não se irritar e oculte seus sentimentos de frustração. Aqui aconselha-se esperar, não alimentar temores, nem pensamentos de tristeza. O mais importante é simplesmente esperar que a semana transcorra normalmente, apenas trabalhando de forma silenciosa. As pessoas que terão de acompanhá-lo o farão de forma espontânea. Simplesmente aja com energia, delicadeza e inteligência.

3ª linha: O entusiasmo que ergue o olhar traz arrependimento. Hesitação traz arrependimento.

Significado

Esta posição é correta: não se deixa levar pelos falsos entusiasmos; escuta a todos, mas não perde tempo com palavras fúteis. Momento de concórdia; ainda assim, aparecerão pessoas muito egoístas que tentarão roubar-lhe a felicidade. Esteja atento às pessoas que têm interesses particulares e que são fingidas. Não se deixe iludir, por mais bonita que seja a aparência.

4ª linha: A fonte do entusiasmo. Ele alcança grandes coisas. Não duvide. Os amigos juntam-se à sua volta, assim como o grampo junta-se ao cabelo.

Significado

Aqui faz-se sentir o fruto de seus esforços. Momento de descanso e alegria compartilhada com seus amigos. Seja cuidadoso, treine um pouco de meditação e deixe passar este momento de bem-estar.

5ª linha: Persistentemente doente, mas ainda assim não morre.

Significado

É interessante observar os ritmos da vida: em alguns momentos, é fácil mostrar o entusiasmo; noutros, o mais importante é refrear-se para evitar que o próprio entusiasmo crie inúmeros problemas, sejam eles de relacionamento ou até de saúde. Este é o momento de refrear qualquer tipo de entusiasmo; ainda assim, você tem de continuar a trabalhar.

6ª linha: Entusiasmo ofuscado. Mas, se depois da conclusão o homem se modifica, não há culpa.

Significado

"Entusiasmo ofuscado" quer dizer que há um pouco de desilusão. As coisas não saíram como tínhamos planejado; porém, não há nada perdido. O mais importante agora é descansar, já que em breve você deverá continuar com a sua obra. Não se deixe iludir por falsos entusiasmos ou falsas promessas que venham do meio em que você vive.

 Hexagrama 17. SEGUIR (*Sui*)

Julgamento:

Seguir tem sublime sucesso. A perseverança é favorável. Nenhuma culpa.

Comentário

O sublime sucesso deve-se a que, amparado pela modéstia (Hexagrama 15) e motivado pela energia entusiasta (Hexagrama 16), o ser progride de forma alegre (trigrama *tui*) no seu caminho de autossuperação. Este hexagrama contém quatro ideias muito importantes, que podem ser aplicadas em qualquer atividade humana:

1) trigrama superior tui: falar alegremente, alegria;

2) trigrama nuclear sun: pensar com alegria;

3) trigrama nuclear inferior ken: ser ponderado e calmo;

4) trigrama primário chen: realizar as coisas ou andar em direção a alguma meta.

Quando estes quatro itens estão em harmonia, temos "sublime sucesso". Então, ser "perseverante" é favorável e, sem dúvida alguma, não há culpa nisto. Seguir o tempo é conhecer o momento correto de fazer nossas atividades.

Imagem

O trovão no meio do lago: a imagem do seguir. Assim, o homem superior recolhe-se ao anoitecer para descansar e recuperar suas forças.

O que está dito na imagem é exatamente o que deve ser feito: trabalhar pelo bem dos outros requer continuidade. Para ser contínuo no trabalho, é necessário combinar a ação enérgica com o repouso. Hoje em dia, vemos pessoas de 35 anos sofrendo ataques cardíacos fulminantes. Isto deve-se ao fato de terem negligenciado o período do repouso. Pensam – na sua profunda ignorância – que seu corpo e sua vitalidade são eternos e que não se desgastam; então, em pouco tempo, quando teriam de começar realmente a viver – morrem, vítimas de sua violência e agitação interna. Morrem vítimas do esgotamento prematuro de sua força vital, que é perdida em inúmeras relações sexuais sem amor, em inúmeras festas sem sentido, onde somente se encontram drogas e álcool. Então, a vida que eles mesmos expulsaram de seu corpo é completamente perdida. Por esse motivo, aqui o I Ching faz menção a repousar para viver dignamente e com muita alegria.

Em termos sociais, este hexagrama mostra-nos o momento em que os grandes líderes retiram-se a seus aposentos para descansar e repor-se das fadigas de sua vida. O trovão é a energia da elevação ou da iluminação. "No meio do lago" quer nos mostrar que esta energia tem de ser "guardada", manifestando-se entre os homens de forma graciosa: força interna "não percebida de fora", encoberta pela energia e pelo silêncio.

Se este hexagrama aparecer em sua vida: Não desperdice aquilo que não é seu: a vida que anima seu corpo é um dom divino; não lhe pertence, não é sua. A vida está em você, para que você lhe dê um sentido mais nobre. Então, descubra este sentido, viva o sentido o dia todo, permanentemente. Utilize o descanso para amanhã novamente persistir na sua empresa. Assim, e somente assim, encontrará realmente a sua realização.

Conselhos Gerais: Basicamente, continue aberto a todas as modificações que a vida lhe apresenta; não se aferre a nenhum passado, por mais belo que tenha sido. O ponto crucial de seguir é adaptar-se às condições vigentes do momento. O mais importante é procurar, em todos os lugares, aqueles a quem você pode oferecer seus serviços.

Negócios/Dinheiro: Semana de programar todos os passos a serem dados. Seja cauteloso e programe mudanças inesperadas. Demonstre mais autoridade.

Estado Emocional: Procure entender as diferenças; tente relacionar-se mais pelo diálogo; escute música. Tente manifestar exteriormente mais compreensão.

Saúde: Preste atenção ao fígado, ao estômago e aos intestinos. Descanse um pouco à tarde.

As linhas

1ª linha: **O padrão está se modificando. A perseverança traz boa fortuna. Sair acompanhado pela porta afora leva a realizações.**

Significado

Você está correto, mas está em posição inferior. Por esse motivo, não tem desejo de ajudar as pessoas; então, você tem de mudar. Ou seja, se sair esta linha para aquele que quer se reencontrar e ajudar os outros, ele deve mudar sua postura perante aqueles que quer ajudar, sem desprezo, sem orgulho: tem simplesmente de compreender a vias dos Budas. Não se deixe arrastar pelas impulsividades. Mantenha o curso da meditação e tente não se misturar muito com atividades por demais comuns.

2ª *linha*: Ligando-se ao menininho, perde-se o homem forte.

Significado

Flexibilidade e obediência, sendo equilibrado e correto. Se na sua consulta sair esta linha de natureza yin, lembre-se de que tudo o que é manifestado é passageiro e nada mais é que o reflexo de algo maior. Por consequência, não aja desse modo. Lembre-se de que o *I Ching* mostra as suas tendências, que você poderá melhorar se quiser. Você tem a força espiritual, mas não compreende a vacuidade dos objetos que nos rodeiam. Medite sobre isto.

O *I Ching* adverte: não se deixe arrastar por sentimentos que são característica dos jovens irresponsáveis (menininho). Mantenha-se atento, siga os conselhos dos homens experientes e mais velhos. Apegue-se à conduta correta e não cometa abusos.

3ª *linha*: Ligando-se ao homem forte, perde-se o menininho. Pelo seguir, encontra-se o que se busca. É favorável permanecer perseverante.

Significado

Sem equilíbrio nem correção, mas ainda tem uma oportunidade de manter a mente serena e dirigir sua vida e suas ações para aquilo que é correto. Neste momento, poderá abrir mão do que é realmente inferior. Apegue-se aos exemplos que vêm dos santos e sábios que tudo correrá muito bem.

4ª linha: **O seguir cria sucesso. A perseverança traz infortúnio. Trilhar seu caminho com sinceridade traz esclarecimento. Como poderia haver culpa nisso?**

Significado

Parece que a ambição pessoal está envolvida; assim, há ganho. Dependendo do contexto, esta motivação incorreta pode fazer-lhes muito mal. As pessoas pensam que podem falar corretamente, mas negligenciam sua motivação. Por isso se diz que "a perseverança traz infortúnio". Lembremos que a "vida real" está sempre fora do mundano e, na esfera do mundano, o ódio e a maldade são o padrão. A necessidade de ser reconhecido pelos outros ou de ser o centro das atenções mancharia todo e qualquer esforço em direção à budeidade.

5ª linha: **Sincero no bem. Boa fortuna.**

Significado

Esta linha *yang* representa a força e o equilíbrio na correção. Ajudando-se a si mesmo e aos outros, existe veracidade na sua forma de manifestar o bem. Boa sorte: tenha confiança no que faz e tudo será uma grande benção. Não modifique seu curso procurando falsas sensações. Continue treinando muita meditação.

6ª linha: **Ele encontra uma sólida fidelidade e o leva a ligar-se ainda mais. O rei o apresenta à Montanha do Oeste.**

Significado

Não se iluda usando os sistemas de meditação, tomando-os com passatempo. Esta é uma via que inevitavelmente levará a um impasse.

Apenas pelo poder da fé sincera que nos vem do Oeste (a Terra Pura do Buda Amitabha), poderemos ajudar os outros a sair do oceano da vida e da morte.

Depois de compreender a forma interna de se comportar seguindo os legados dos grandes mestres e patriarcas, o discípulo compreende a necessidade de realizar um trabalho ainda mais profundo e de acúmulo de energia interior.

 Hexagrama 18. *TRABALHO SOBRE O QUE SE DETERIOROU (Ku)*

Julgamento:
Trabalho sobre o que se deteriorou tem sublime sucesso. É favorável atravessar a grande água. Antes do ponto de partida, três dias; depois do ponto de partida, três dias.

Comentário

Quando uma pessoa é indulgente e festeja por longo tempo, fica doente. Quando por muito tempo usufruímos da vida fácil, sem compromissos, sem sacrifícios, tornamo-nos fracos e dependentes. Certamente as causas disso estão no passado, na educação que recebemos de nossos pais, familiares e amigos, por isso aparece, depois de todo o trabalho de autoelevação, o hexagrama *Trabalho Sobre o Que se Deteriorou*.

O que realmente foi deteriorado foram os nossos hábitos, que corrompem o nosso caráter, especialmente os hábitos relacionados ao sentimento de superioridade e arrogância. Quando somos arrogantes, não medimos as consequências de nossos atos. Esta falta de perspectiva faz com que a maioria de nossos empreendimentos não se realizem ou, se porventura realizam-se, eles em si mesmo já estão corrompidos. Levamos os hábitos corruptos a todo o novo que tentamos realizar. Diríamos que queremos colocar vinho envenenado em taças de ouro.

O conselho do *I Ching*, "antes do ponto de partida, três dias", nos faz refletir sobre o nosso passado; "depois do ponto de partida" nos faz refletir sobre as consequências de nossos atos. Também nos pede que eliminemos de nossa mente a esperança e o medo. Se você meditar sobre estes dois itens – esperança e medo –, poderá observar que tudo o que realizamos está permeado por estes sentimentos, que já prenunciam nosso fracasso.

De onde surgem estes dois sentimentos? Basicamente dos hábitos corruptos herdados de nossos pais, sendo eles os principais agentes de nossa mais profunda educação. Lembremos: as escolas não educam, elas informam; os pais educam. Seja bem ou mal, eles são os responsáveis por manter a vasta neurose que nos cerca. Contudo, jogar as culpas nos ombros deles também não é algo que o *I Ching* recomende. Ao contrário: observamos nas linhas que ele sempre diz que temos de corrigir os erros herdados de nosso pai e de nossa mãe.

É muito fácil e cômodo perpetuar a cultura de vítima, dizendo que a culpa de nosso fracasso é de nossos pais. Ao não nos comprometermos em corrigir nossos hábitos mesquinhos e insolentes, somos, na realidade, os únicos culpáveis por nosso destino.

Imagem

> **O vento sopra na base da montanha: a imagem da deterioração. Assim, o homem superior agita os homens e lhes fortalece o espírito.**

"Agitar os homens e fortalecer o espírito" está associado à tarefa de comunicar aos outros as virtudes e qualidades excelentes que recebemos de nossa família, cultura e crenças espirituais. "Fortalecer o espírito" também quer dizer que primeiro o indivíduo deve ter a responsabilidade de fortalecer-se e viver de acordo com a sua convicção. Tendo em mente que o *I Ching* é o livro da sabedoria, então a convicção à que alude é a de manifestar na nossa vida diária uma disciplina ética e moral excelente. Despertar as pessoas é como o vento; nutrir as virtudes é como as montanhas. Você não pode acordar os outros sem antes ter nutrido suas virtudes, e as virtudes não podem ser nutridas sem o despertar das outras pessoas – isto significa a dupla ação da compaixão e da sabedoria. Procurar atingir o mais alto enquanto se educa aqueles que são inferiores.

Se este hexagrama aparecer em sua vida: Conforme já está contido nele, o que você deve fazer primeiro é rever todos os hábitos nocivos. Temos três tipos de hábitos, sendo um a causa do outro. O primeiro hábito é o mental: pensamos errado. Por exemplo, o racismo é um hábito mental errado: você o aprende em sua família desde criança e, depois, sua comunidade o reforça no convívio social. Então, num primeiro momento, remova seus hábitos mentais errados.

O segundo hábito é emocional: as ideias racistas inculcam em sua mente ódio para com as pessoas de cor ou etnia diferente da sua. Então, você deverá remover de seu espírito a emocionalidade relacionada com os preconceitos.

O terceiro habito é físico: o ódio, por exemplo, exaure a energia dos rins e da bexiga, também o incita a brigar e a machucar os outros e a si mesmo. Então, treine os hábitos da paciência e da cordialidade.

Por último, não se trate como vítima. Autocomiseração não é digno de um ser humano verdadeiro.

Conselhos Gerais: Momento de corrigir aquilo que foi estragado pelos erros dos ancestrais. Corrigir os defeitos, hábitos, estados do ser que nunca questionamos e que nos acompanham desde nosso nascimento, mas que são as causas de nossos maiores problemas. Durante quatrocentos e cinquenta anos, acreditou-se na Europa que a terra era chata, não porque alguém tinha demonstrado essa teoria, e sim porque ninguém ousou questioná-la. Então, todo mundo se acomodou e, durante esse tempo, milhões de pessoas perderam milhares de chances de aprender coisas novas. Por isso, este momento é de tentar falar com os nossos avós, pais e todo parente idoso que tivermos em nossa família para corrigir velhos problemas e nos libertarmos de suas consequências. Colocar em prática tudo o que foi aprendido no passado é muito benéfico.

Negócios/Dinheiro: Se você age, terá prosperidade. Contudo, seja precavido: não se precipite, atue de forma planejada; realize todas as transformações que são necessárias. Escute os mais novos.

Estado Emocional: Fim de antigas amizades, início de novas. Alguém vai, alguém chega. Modifique seus valores morais e intelectuais; ideias que pertencem a um passado remoto têm de ser transformadas.

Saúde: Treine bastante Tai Chi Chuan. Cuidado com os intestinos e os pulmões. Se fuma, tente abandonar o vício (nada de drogas).

As linhas

1ª linha: **Corrigindo o que foi deteriorado pelo pai. Se há um filho, nenhuma culpa permanecerá sobre o pai que partiu. Perigo. Ao final, boa fortuna.**

Significado

Ainda que seu pai tenha pecado, você conscientemente poderá corrigir as tendências herdadas dele. Este hexagrama nos fala de corrigirmos os problemas causados pela educação de nosso pai e de nossa mãe. Muitos pensamentos associados à educação recebida de seu pai poderão aparecer; então, analise o que está errado ou o que já foi superado e descarte-o de sua vida. É isso que quer dizer "corrigindo os erros causados pelo pai".

2ª linha: **Corrigindo o que foi deteriorado pela mãe. Não se deve ser demasiado perseverante.**

Significado

Sem rudeza, porém forte: corrija os erros cometidos pela mãe num passado, sem ferir o amor dela, nem a justiça. Forte, porém flexível.

O *I Ching* adverte que é necessário conservar a humildade e prestar atenção ao que sua mãe deixou em seu inconsciente: algum ponto de vista, algum tipo de sentimento, algum tipo de atitude que é causa de muitos problemas. Então, estando atento, poderá remediar essas pequenas influências que acabam por prejudicar-lhe tanto.

3ª linha: Corrigindo o que foi deteriorado pelo pai. Haverá um pouco de remorso. Nenhuma grande culpa.

Significado

A qualidade representada por esta linha é idêntica à da segunda linha, só que aqui não se sabe como usar a qualidade. A segunda usa a flexibilidade; esta linha usa a inflexibilidade. Assim, há motivo para um pequeno arrependimento, mas não há, na realidade, uma grande culpa.

4ª linha: Tolerante para com o que foi deteriorado pelo pai. Continuando, encontrar-se-á humilhação.

Significado

Esta linha representa a fraqueza e a perda da virtude. Tente manter sua docilidade: não agrida, não ataque com palavras que ofendem ou que fazem doer o coração das pessoas que você tem de amar. Sendo dócil, gentil e amável, tudo correrá muito bem.

5ª linha: Corrigindo o que foi deteriorado pelo pai. Encontram-se elogios.

Significado

Aqui a flexibilidade está em equilíbrio e pode-se tratar com a degeneração de forma tranquila. Isto é fazer reviver as virtudes de nossos predecessores.

6ª linha: Ele não está a serviço de reis e príncipes. Propõe para si objetivos mais elevados.

Significado

Ele não que se misturar mais com os objetos do mundo externo. Após ter passado uma época de prosperidade, compreende que, ainda assim, tem muito que fazer; por isso vem a Supervisão (Hexagrama 19). A Supervisão indica o que tem de ser melhorado tanto interna como externamente, nos mínimos detalhes.

 Hexagrama 19. APROXIMAÇÃO – SUPERVISÃO (TORNAR-SE GRANDE) (Lin)

Julgamento:
Aproximação tem sublime sucesso. A perseverança é favorável. Ao chegar o oitavo mês, haverá infortúnio.

Comentário

A supervisão aplica-se a todos os estágios da vida humana, em especial na mente daqueles que querem se nutrir dentro dos ensinamentos espirituais, qualquer que seja o caminho. A supervisão se estabelece depois da degeneração. Existem inúmeros momentos em que meditamos ou nos concentramos em objetos que não constituem a verdadeira realidade, e então nascem os estados mentais como o orgulho, a crença na infalibilidade de nossos conceitos, etc. Este processo chama-se de "meditação enfermiça" ou "meditação irreal", sendo justamente aqui que se faz necessária uma supervisão em detalhes, a fim de reencontrarmos o caminho do qual nos desviamos.

Tanto em termos políticos quanto em termos espirituais, é necessário que o método seja correto desde o principio até o fim, de modo que possamos colher os benefícios que a própria meditação nos propõe. Se você persiste no erro e depois já não sabe como voltar atrás, chegará a um ponto em que, por mais que queira, não poderá se estabelecer numa conduta e meditação adequadas, e com certeza haverá infortúnio.

Também, quando a força espiritual cresce gradualmente, a supervisão inclui em si mesma dois trigramas muitos sugestivos para o nosso estudo: *tui*, a alegria, e *kun*, a suavidade, a benevolência e a fé ou confiança. As duas agindo em equilíbrio fazem com que as forças espirituais que guiam os passos dos homens estejam em harmonia com sua vida. No entanto, se você deixa as coisas erradas seguirem por muito tempo e não previne o retrocesso no início, com certeza haverá infortúnio, porque tudo o que cresce deve diminuir naturalmente.

Apenas aqueles que se cultivam em conformidade com a essência espiritual, quando este cultivo interior segue as diretrizes de alguma linhagem verdadeira, recolhem um fruto verdadeiro e duradouro, a única defesa contra a insanidade mental.

Imagem

A terra acima do lago: a imagem da aproximação. Assim, o homem é inesgotável em sua disposição de ensinar e ilimitado em sua tolerância e proteção ao povo.

Para ensinar, primeiro é necessário aprender corretamente de uma fonte verdadeira. "Verdadeira" quer dizer que é fiel ao começo e que não aceita interpretações vulgares de pessoas medíocres que se intitulam "mestres".

Para aprender corretamente, o primeiro passo é manter a mente estável. A mente estável tem a característica da terra: ao mesmo tempo em que é estável, exerce os limites. Limita o quê? O fluxo emocional de que os seres são vítimas, aqui representado pelo trigrama *tui* (água).

A água representa as sensações e a instabilidade emocional que é manipulada pelos objetos dos sentidos. Ao mesmo tempo, em seu sentido humano corriqueiro, representa as palavras e o ensino das ciências humanas comuns. No campo mais elevado, *tui* representa as palavras espirituais ou os mantras. Lembrem que mantra quer dizer "proteger a mente". Então, quando o *I Ching* diz "o homem superior é inesgotável na sua disposição de ensinar", está emulando a característica da água, que é inesgotável em sua disposição de nutrir todos os seres sem distinção, protegendo-os pelo enunciado dos ensinamentos espirituais.

Quando diz "é ilimitado na sua tolerância e proteção ao povo", o ser humano superior está emulando as características da terra, que limita os seres nas suas condutas perversas e os protege de suas próprias maldades. Por este motivo, usando as características mais elevadas de *tui* e *kun*, o homem superior exerce sua função de proteger todos os seres.

Se este hexagrama aparecer em sua vida: Saiba que você terá de purificar ainda mais seus relacionamentos familiares para que, depois de haver entendido que a causa de todos os sofrimentos humanos é a ignorância, consiga perdoar os seus próprios erros e os erros dos outros. Assim, pouco a pouco, em sua própria esfera de atuação, você se tornará um protetor de todos os seres. Este realmente é um verdadeiro trabalho, digno de um ser humano. Algo que trará um significado verdadeiro à sua vida.

Conselhos Gerais: Nesta etapa de sua vida terá de cuidar de sua família, seja a família sanguínea, seus funcionários, ou seus alunos, velando ou vigiando com um olhar protetor, mas sem coagir ninguém. Semana para fortalecer-se interiormente por meio das práticas espirituais. Momento de guardar silêncio. Esteja atento a imprevistos; reflita sobre o fato de que a paz e a boa fortuna não duram para sempre. Os momentos bons duram pouco. Preste atenção às pequenas discórdias e desentendimentos. Num futuro próximo, poderão trazer-lhe muitos inconvenientes. A erva daninha começa com um broto; o porco selvagem pode ser castrado quando pequeno. Os grandes problemas podem ser evitados em seu princípio.

Negócios/Dinheiro: Momento de prosperidade; porém, guarde as economias para a primavera. Se oferecerem-lhe negócios estranhos, tome cuidado. Preste atenção às conversas mansas propondo negócios em que predomine o elemento terra, comida, campos e outros relacionados.

Estado Emocional: A sua sinceridade e suas ações determinarão a sua felicidade e a durabilidade do seu relacionamento. Reserve tempo para ficarem a sós. Escute especialmente canto gregoriano.

Saúde: Nos primeiros três dias, tente evitar comidas que tenham muita gordura. Inclua em sua alimentação batatas doces, cenouras, beterrabas e massas. Inclua gengibre nos ensopados. Cuide dos pés.

As linhas

1ª linha: Aproximação em conjunto. A perseverança traz boa fortuna.

Significado

A forma budista de guiar as pessoas é incentivá-las a abandonar seus estados degenerados por meio da prática da compaixão e mostrar, de forma amável, o bom que é modificar o próprio caráter. Para isso, é necessário ensiná-las a usar o poder da concentração a fim de penetrar na essência. Usando o poder da concentração, o indivíduo perceberá por si mesmo os males que cometeu, gerando, assim, as sementes do arrependimento, que lhe servirão de base para uma futura renúncia à prática do mal.

2ª linha: **Aproximação conjunta. Boa fortuna! Tudo é favorável.**

Significado

Esta linha mostra-nos um momento de aumento gradual da força, mas ainda está num ponto em que é melhor ficar quieto e não tentar forçar o avanço. Se você compreende que deve ficar no seu lugar, sem tentar forçar a situação, você beneficiará a todos. Tentar avançar quando o momento nos pede para ficarmos quietos, e ir contra as leis da natureza, é estar contra a harmonia universal.

3ª linha: **Aproximação confortável. Nada que seja favorável. Se o homem chegar a se entristecer por este motivo, ficará livre de culpa.**

Significado

Se você está fraco, mas sua vontade é inflexível, você tentará avançar ansiosamente, tornando-se presunçoso na supervisão, sem perceber que não há benefícios nisso. Assim, se for flexível e inteligente, será capaz de fazer uma avaliação de si mesmo e mudar – assim não haverá culpa.

Tentar impor seus pontos de vista de uma forma agressiva somente atrairá para você a desgraça. Então, simplesmente fique tranquilo, seja cordial, controle a sua ansiedade, seja alegre e nada de mal poderá ocorrer-lhe.

4ª linha: Aproximação total. Nenhuma culpa.

Significado

Na sua supervisão, ele usa a concentração correta, gerando, assim, a intuição correta: percebe as coisas como são, sem obstruções. Por isso se diz "aproximação total; nenhuma culpa": está de acordo com as leis universais.

5ª linha: **Sábia aproximação. Isto é correto para um grande príncipe. Boa fortuna.**

Significado

Compreende como tudo o que lhe rodeia está em perfeito equilíbrio: a concentração correta e a intuição correta iluminam seu pensamento. Em termos budistas, quando compreendemos que, em sua origem, tudo está em perfeita ordem, isso é chamado "samadhi supremo", e por isso que se diz que esta via é "apropriada para um grande líder".

6ª linha: **Aproximação magnânima. Boa fortuna. Nenhuma culpa.**

Significado

"Aproximação magnânima": Em termos budistas, uma vez que a concentração sutil é profunda, naturalmente desperta a intuição genuína. E o discípulo toma consciência de que não existem objetos fora da mente. Assim, não procura nada fora da mente. Tudo o que é percebido fora da forma de um deus até a infinita forma de um átomo está sendo compreendido pela mente que observa. Por isso se diz: "ela acorda a intuição genuína", gerada pela concentração que penetra as aparências, percebendo diretamente a natureza real das coisas.

Hexagrama 20. A CONTEMPLAÇÃO (*Kuan*)

Julgamento:

Contemplação. A ablução já foi realizada, mas a oferenda ainda não. Confiantes, erguem o olhar para ele.

Comentário

Contemplação em termos políticos significa supervisionar o povo de forma benevolente e, ao mesmo tempo, o povo retribui com a admiração pelo governante. Em termos de meditação, significa entender as inúmeras situações que se apresentam a nós (isto é, ao povo), assim como compreender a raiz de nossos pensamentos, oferecendo a cada um a atenção necessária. Isto é chamado "meditação com objeto".

Também representa alguém que, ajudando a si mesmo, também ajuda os outros por intermédio da sinceridade; por isso, é merecedor de respeito e, por isso, se diz: "Confiantes, eles erguem o olhar para ele". Com a força positiva, auxiliado pelo poder celestial (manifestado pelo trigrama *sun*, vento) de forma harmoniosa e agradável, demonstra a sinceridade construída em seu interior. O povo compreende isto sem que se diga uma palavra.

Esta atitude representa a ação silenciosa e permanente da vida espiritual, que não necessita de nenhum alarde, nem de técnicas elaboradas de controle da respiração nem dos movimentos complicados do corpo. As pessoas, em sua ignorância, pensam que o caminho e a transformação espiritual passam por técnicas complexas de nosso corpo, controle da respiração, etc. Treinando todas elas, começam a desenvolver uma arrogância desmedida e, por este motivo, acabam se separando dos seus. Começam a desprezar aqueles que têm de amar, vivem solitários, presos ao seu orgulho, treinando até a exaustão para, depois, no final da vida, observarem que ficaram de mãos vazias, que perderam muito tempo e que criaram inúmeros problemas para si e para os outros.

Uns tentam a ioga indiana ou a chinesa e, quando conseguem colocar o pé na orelha ou mover conscientemente o esfíncter, já pensam que são deuses e que têm de ser tratados como tal. Quando aparece uma pessoa que lhes pede um pouco de carinho, sentem tanto medo da ternura que se isolam na arrogância da autossatisfação e desprezam os mais simples.

Mas existe algo chamado "tempo". O tempo passa, envelhecemos e, quando chegamos perto do fim da vida, acontece algo maravilhoso: o Juízo Final. Não acredito que o Juízo Final seja um final de uma era cósmica, e sim o final de nosso tempo individual de vida.

Um pouco antes dele, o poder celestial, retratado no hexagrama *Contemplação*, vem nos visitar e nos faz lembrar, queiramos ou não, de todos os nossos atos, um a um, com os mínimos detalhes, e, perante o espelho de nossa consciência ou os olhos de nosso espírito, vamos nos julgando de forma severa e profundamente precisa. Uma vez que isto acontece de forma devastadora, vamos observando e revivendo todos os erros que cometemos em nossa vida que já está findando. Desesperados por saber que não poderemos consertar nada, tornamo-nos um simples e triste espectador de nossa própria neurose. Esperando que a morte nos leve, cada dia e cada noite tornam-se insuportavelmente longos.

Isto tem seu objetivo: que possamos realmente e com profunda sinceridade arrepender-se de todos os nossos erros. Se isto acontece, então poderemos morrer em paz com o nosso espírito, e então o poder da contemplação estará sendo consumado. Por isso se diz: "A ablução já foi realizada, mais a oferenda ainda não". A ablução é observar e compreender; a oferenda é arrepender-se profundamente e oferecer a todos os seres o melhor que há de nós. Isto deve ser feito em silêncio e no mais profundo de nosso ser (trigramas nucleares *kun* e *ken*).

Imagem

O vento sopra sobre a terra: a imagem da contemplação. Assim, os reis da antiguidade visitavam as regiões do mundo, contemplavam o povo e o instruíam.

Em termos de meditação ou de auto-observação, "as regiões do mundo" está associado com os itens descritos anteriormente: cada ato vivido é uma região, é um ambiente; inclui pessoas, fatos, lugares, sentimentos, situações, etc. Para um mestre ou um professor, visitar as regiões é ir até uma terra pura e receber ensinamentos como muitos grandes mestres do passado, que tinham encontros com os Budas e *bodhisattvas*. Ou, por exemplo, para um professor, visitar uma região é realizar uma pesquisa, seja histórica ou qualquer outra. Ao extrair dessa pesquisa o conhecimento de que necessita, num segundo momento transmite para os seus seguidores os ensinamentos necessários.

Se este hexagrama aparecer em sua vida: Num primeiro momento, aproveite ao máximo, já que, queira ou não, você será forçado a lembrar acontecimentos do passado (trigrama *sun*). Use esta lembrança para colocar sua vida em ordem e acertar suas diferenças com as pessoas, remediar alguns atos errados, ou ao menos agradecer aos outros por terem colaborado de alguma forma com a sua existência.

Isto trará para a sua vida um acréscimo em energia vital, já que, quando temos muitos problemas, eles nos roubam a vitalidade, o que nos faz envelhecer e morrer antes do tempo. Lembre: você pode envelhecer e adoecer simplesmente estando sentado na sua poltrona pensando com intensa preocupação. Então, quando lhe sair este hexagrama, use esse tempo para colocar todas as suas lembranças em ordem; aprenda com os erros e acertos do passado.

As linhas

1ª linha: **Contemplação pueril. Para um homem inferior, nenhuma culpa. Para um homem superior, humilhação.**

Significado

Aqueles que são fracos e inferiores não estão capacitados para enxergar longe, ou além de seu próprio nariz. Se a pessoa não é desenvolvida e comporta-se como uma criança, nisso não há mal algum; contudo, quando a pessoa está procurando se conhecer, não pode tratar os ditos dos antigos mestres de forma ingênua e simplista. Em termos espirituais, esta linha mostra-nos uma pessoa que sustenta o ideal da autossuperação, mas que ainda não sabe como extirpar seus próprios defeitos menores.

2ª linha: Contemplação por uma brecha na porta. Favorável à perseverança de uma mulher.

Significado

"Contemplação por uma brecha na porta" não é adequada para um homem que quer se conhecer, porque isto representa pontos de vista distorcidos pelas emoções infantis. Em termos budistas, este tipo de contemplação corresponde àqueles que, não querendo se corrigir e possuindo pontos de vista distorcidos, teimam em sustentar as interpretações erradas. Em termos de mente contemplativa, isto significa iluminação sustentada em teorias extraídas de livros.

3ª linha: A contemplação de minha vida decide entre progresso ou retrocesso.

Significado

"Progresso" é levar adiante a disciplina espiritual; "regresso" é transformar as conquistas em nossos hábitos diários. Se você pode observar seu crescimento pessoal, saberá qual é o momento para procurar mais ensinamentos – "progresso" – e qual é o momento de aplicá-los em seu dia a dia – "regresso". Em termos de meditação, "progresso" significa aplicar toda a capacidade da mente em observar os próprios pensamentos e "regresso" significa manter a mente em seu estado natural, livre da conceitualização.

4ª linha: Contemplação da luz do reino. É favorável exercer influência como o convidado de um rei.

Significado

O reino aqui é a nossa própria vida. A pessoa, ou o discípulo não tem o poder interno de transformar-se por completo, então procura os mestres mais elevados. Tem a facilidade para tal, e neste momento de sua vida tem de fazer isso, e não há nenhum problema em ser assim. Por esse motivo se diz: "É favorável exercer influência como o convidado de um rei". Ter a completa liberdade para procurar e aprender da forma que for melhor para ele é a mesma liberdade que tem o convidado de um rei.

5ª linha: Contemplação de minha vida. O homem superior está livre de culpas.

Significado

"Contemplação de minha vida", a via que segue a pessoa desenvolvida: ela contempla a vida dos outros e a própria, a fim de observar os seus próprios erros e os dos outros. Neste momento, o indivíduo está preparado para receber o ensinamento completo, porque na sua própria mente, compreende que não há diferença entre 'eu' e 'outro'. Assim, compreende que ajudar a si mesmo é ajudar os outros. Continuando com o que foi dito anteriormente, diz o *I Ching*: "Não é errado ser curioso a respeito dos outros se estamos apenas querendo ajudá-los."

6ª linha: Contemplação da sua vida. O homem superior está livre de culpas.

Significado

"Contemplando a sua própria vida, o homem superior está livre de culpa." Este é o estado de impecabilidade: é observado por qualquer um e, ainda assim, ensina de forma particularizada o caminho do meio. Compreende que o particular e a essência são as mesmas em todos os fenômenos. Em termos de mente contemplativa, representa a suprema compreensão, aquela que não se apega ao *nirvana* e, observando todos os seres, manifesta a compaixão e a inocência.

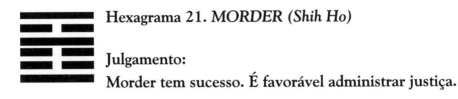

Hexagrama 21. MORDER *(Shih Ho)*

Julgamento:
Morder tem sucesso. É favorável administrar justiça.

115

Comentário

Em termos budistas, isto significa corrigir o que é imoral. Em termos de treinamento espiritual, significa usar a profunda atenção para compreender a raiz da ilusão e das emoções conflituosas, dos hábitos compulsivos, das doenças, das ilusões, do orgulho na meditação e das visões dogmáticas conforme surgirem na mente. Em todos esses tipos de acontecimento é benéfico aplicar a justiça.

"Justiça" aqui é o conhecimento completo e correto que nos vem de uma linhagem de mestres verdadeiros. Também é comparar se realmente o que estamos realizando é benéfico para nós mesmos e para os outros, com a profunda convicção, além da certeza de que não poderemos nos arrepender no dia de amanhã. O arrependimento, no entanto, também é uma forma de aplicar justiça, já que é fruto do remorso, e o remorso é fruto da descoberta do erro somada à consciência do mal realizado.

Em termos sociais, neste hexagrama apresenta-se a ideia da educação correta que nutre a comunidade. Esta educação correta está intimamente associada a engendrar no indivíduo um tipo de concentração especialmente analítica que lhe permita sobrepor-se a qualquer tipo de preocupação oriunda da observação do transcorrer dos acontecimentos. A educação correta é a mãe de todos os estágios éticos, morais e espirituais do homem.

Morder aplica-se a qualquer tipo de acontecimento. Quando, por exemplo, nos encontramos com pessoas que observam o mundo de uma forma completamente errada e que necessitam ser corrigidas. Quando o imoral é confundido com o moral, quando o profano supera o sagrado, as pessoas têm de ser corrigidas. Assim acontece com os discípulos de Buda que sustentam seus pontos de vista e disciplina errados: eles também necessitam ser corrigidos.

"Atividade sustentada na clareza", "trovão e raio unem-se e protegem-se". O trovão é a ação contínua apoiada na clareza do fogo; mas, neste contexto, o trigrama *li* (fogo) também tem a ver com a luz muito rápida e clara que o próprio raio (trigrama *chen* raio; trovão) emite. Neste hexagrama, então, está indicado que nossa ação em aplicar justiça deve ser clara, decidida, rápida e certeira e, ao mesmo tempo, deve ser comovente, como é o som do trovão.

Imagem

Trovão e relâmpago: a imagem do morder. Assim os reis da antiguidade consolidavam as leis por meio de penalidades claramente definidas.

"Assim os reis consolidavam as leis por meio de penalidades claramente definidas." Trovão e fogo, impulso e iluminação: quando queremos realmente extirpar os elementos perturbadores, seja na sociedade, em nossa mente ou em nossas vidas (como os amigos que somente nos convidam a fazer coisas erradas), o único modo correto de realizar este trabalho é de forma decidida e esclarecida, assim como faz um soldado que cumpre uma ordem. A ação terá de ser rápida e certeira, ainda que isto nos cause pesar e aflição (trigrama nuclear *kan*) e que as dúvidas nos pareçam obstáculos instransponíveis (trigrama nuclear *ken*). Apesar de todos esses itens, administrar justiça está associado a descobrir, em nosso foro íntimo, o causador de todos os nossos problemas e literalmente destruí-lo pelo exercício da concentração e da ação clara.

Se este hexagrama aparecer em sua vida: Chegou-lhe o momento de decidir se você quer ser o mesmo de sempre, com todas as suas dúvidas e incertezas, ou se você quer realmente dar um pulo quântico em sua vida. Para melhorar o mundo ao nosso redor, primeiro devemos nos melhorar.

Em 2004, participei de um evento onde estavam as lideranças budistas de São Paulo, criado para fazer um apelo pela paz no Brasil e no mundo. O irônico foi que os líderes que se apresentaram não se davam bem uns com os outros, e tornou-se um grande evento de fofocas e caras amarradas. Prometi a mim mesmo nunca mais participar desse tipo de eventos. Na realidade, foi um encontro de hipócritas e corruptos dando sermões sobre a paz, que não treinavam nem sequer com os de sua mesma escola.

Então, se realmente você quer mudar, olhe para o seu próprio interior, tente encontrar aquele que somente lhe cria problemas, o ser que critica, que duvida, que tem raiva, apatia, desprezo, enfim, o demônio que está em cada um de nós e que, quando contrariado, aparece com força total. Pegue-o e destrua-o pelo poder da atenção e da visão clara.

A energia que este demônio estava usando será revertida em felicidade e boa saúde.

Tente; o mais bonito da vida não é chegar à meta, é tentar alcançá-la. E, se porventura morrer antes, então fique contente. Esta é a melhor forma de morrer.

Conselhos Gerais: Este é o momento de procurar a liberdade de pensamento e de expressão. Existe um sentido de eliminar os sentimentos e pensamentos indesejáveis. Treinamento com o intelecto para eliminar todo tipo de dúvidas que possam fazer aparecer momentos perigosos.

Negócios/Dinheiro: Momentos desagradáveis podem aparecer e farão com que tenha de se ocupar deles. Evite situações de litígio, evite os tribunais, entre em acordo; tente ser o mais claro possível, especialmente no que concerne a impostos e taxas.

Estado Emocional: Momento de eliminar as dúvidas e as suspeitas – elas poderão envenenar os seus relacionamentos. Esteja aberto a novos encontros, que poderão trazer muita beleza à sua vida. Elimine as causas de antigos ódios ou traumas por meio de uma reflexão profunda – isto libertará seus sentimentos. Perdoe e será perdoado.

Saúde: Problemas nos pés, dificuldade em andar. Cuide de seu fígado, bexiga, rins, sangue e coração. Não dirija à noite e evite ultrapassagens perigosas, especialmente de caminhões. Evite ingerir álcool.

As linhas

1ª linha: **Seus pés estão presos no cepo, de modo que os dedos desaparecem. Nenhuma culpa.**

Significado

Tanto em assuntos mundanos como nos assuntos budistas, "morder" significa morder a si mesmo. Na realidade, quando encontrar problemas, terá de saber se são leves ou sérios. Não deixar que eles extrapolem e assumam o controle de nossa vida é também tido como morder. O julgamento prévio para que não nos transtornem está intimamente ligado ao trigrama *li*, que significa o estudo e a disciplina. Tenhamos presente que "estudar", em termos budistas, é estudar a si mesmo e aos estados mentais e emocionais quando aparecerem no percurso da meditação, assim como no transcorrer da vida inteira. A primeira linha *yang* representa uma condição em que os erros ainda não são sérios. Também significa observar o erro e corrigi-lo imediatamente, assim ele não é culpável.

2ª linha: **Mordendo através da carne macia, de modo que o nariz desaparece. Nenhuma culpa.**

Significado

Por estar sustentada pela primeira linha *yang*, e mantendo sua posição submissa e maleável, aqui também os erros são fáceis de corrigir. Isto assemelha-se a morder carne macia. "Destruir o nariz" significa eliminar os preconceitos que se sustentam em doutrinas erradas.

Quando, por exemplo, estudamos textos místicos, os antigos muitas vezes usavam termos como "matar animais". Quando não conhecemos o contexto ou recebemos ensinamentos confusos sobre o sentido desta expressão, podemos interpretar erradamente que devemos matar os pequenos animais. O nariz representa aquele que nos orienta. Quando estamos na frente de uma pessoa curiosa que se mete em problemas, o primeiro que lhe dizemos é "não meta o seu nariz neste assunto". No mundo animal, é o sentido do olfato que guia a espécie na procura de sustento, e na raça humana isto transforma-se em nosso senso de direção e de escolha. Porém, quando temos pensamentos preconceituosos, nossas escolhas e julgamentos são errados. Nesta linha, ainda é possível corrigir os erros cometidos pelos pensamentos preconceituosos sem muitos sofrimentos.

3ª linha: **Mordendo uma velha carne ressecada, encontra-se algo venenoso. Pequena humilhação. Nenhuma culpa.**

Significado

O intelecto aqui predomina, mas este intelecto está sustentado num conhecimento vergonhoso. Esta combinação assemelha-se ao veneno e à carne velha e ressecada. Isso está intimamente relacionado a como as pessoas se comportam ao receber um ensinamento, seja ele místico ou não.

O primeiro assemelha-se a um copo virado: por mais que você tente colocar água nele, é praticamente impossível, já que está completamente fechado. Este é similar ao tipo de pessoa que, logo após ter escutado algum ensinamento, já esqueceu tudo e nem sequer sabe do que se estava falando.

O segundo assemelha-se a um copo virado, pronto para receber água, mas está rachado. Pouco a pouco, a água vertida nele esvai-se por completo. Este é similar à pessoa que escuta o ensinamento, mas que aos poucos esquece tudo.

O terceiro assemelha-se a um copo virado em que se pode verter algum líquido, que contém veneno. Qualquer líquido, por mais puro que seja, transforma-se em veneno imediatamente. Este é similar ao tipo de pessoa que, quando estuda algo, subverte todos os valores mais dignos e transforma o conhecimento em algo completamente corrupto. Por exemplo: todo ser humano e até os animais intuem que matar está errado; no entanto, encontramos inúmeras justificativas para matar os outros. Estas justificativas são conhecidas como "veneno", ou conhecimento vergonhoso e corrupto.

4ª linha: **Mordendo a carne seca cartilaginosa. Recebendo flechas de metal. É favorável estar atento ao perigo a ser perseverante. Boa fortuna.**

Significado

"Mordendo carne seca e encontrando osso" significa que as faltas foram longamente acumuladas e estão profundamente enraizadas no inconsciente, mas, ainda assim, sendo forte, sem cometer excessos, ele poderá se corrigir; por isso, há boa fortuna. "Encontrando osso" quer dizer que os obstáculos estão no interior, e não no exterior. O osso representa a primeira coisa que se forma; é o elemento mais duro. Então temos aqui faltas acumuladas e cristalizadas com o tempo, que, com consciência, poderão ser erradicadas da mente.

5ª linha: **Mordendo a carne seca musculosa. Recebendo ouro amarelo. Perseverantemente consciente do perigo. Nenhuma culpa.**

Significado

"Carne musculosa" é o mesmo que as faltas acumuladas e duradouras. "Recebendo ouro amarelo" é estar consciente e centralizado, sabendo com que elementos se está lidando. Também significa estar consciente do perigo e da solução. O amarelo é a cor do centro e da mente estabilizada, assim também como corresponde a possuir os meios hábeis para realizar as tarefas atribuídas. Sendo diligente e cuidadoso, pode-se retornar à conduta correta.

A quinta *yin* dentro do trigrama *li* (fogo, luz e claridade) representa o puro e o desenvolvimento dos bons estados; assim, o benefício obtido pelo ensinamento também é grande. "Perseverantemente consciente do perigo" indica uma atenção profunda aos estados mentais e emocionais que poderão surgir. "Nenhuma culpa" resulta dessa atitude interna, que nos previne sobre futuros erros que poderíamos cometer. Encontrar o que é adequado, ser justo e impecável.

6ª linha: **O pescoço preso à canga de madeira de modo que as orelhas desapareçam. Infortúnio.**

Significado

Quando as faltas se desenvolvem a ponto de serem irremediáveis, é como usar uma canga de madeira no pescoço, o que destrói as orelhas. Geralmente chega-se a isso por não ter escutado claramente e não saber como arrepender-se das faltas e fazer o bem. A sexta linha *yang* representa uma situação de extrema confusão. Toma o falso por sagrado e não escuta os sábios conselhos: por isso se diz: "O pescoço preso à canga de madeira". Está preso a hábitos antigos e extravagantes, "de modo que as orelhas desapareçam"; não escuta mais ninguém. Infortúnio.

Hexagrama 22. GRACIOSIDADE E BELEZA (Pi)

Julgamento:
A graciosidade tem sucesso. É favorável empreender algo em assuntos menores.

Comentário

A expressão "graciosidade e beleza" significa estabelecer mais regulamentos após terem sido aplicadas as penalidades aos praticantes corruptos. Anteriormente, estabeleceram-se leis a fim de corrigir os abusos que se instalaram nas profundezas do inconsciente dos alunos. Agora, leis menores são necessárias para complementar o que já foi realizado anteriormente. Isto pode ser aplicado tanto ao homem quanto a um Estado. Diríamos que "embelezamento" na política seria definido como uma lei complementar ou adendos a leis primeiras.

A diferença neste momento é que não se devem realizar muitas coisas, e sim praticar vias menores que não exijam muitos esforços. Tentemos compreender que o trigrama inferior está relacionado com a inteligência iluminada e as decisões. Porém, ao contrário do hexagrama anterior, agora está sendo impedido até de elevar-se por encontrar-se no sopé de uma montanha. Por consequência, o céu está longe, e a calma da montanha, unida à sua majestade, impede o fogo de elevar-se às alturas por ele almejadas. Então, a calma da montanha deixa-nos a imagem de um fogo pequeno; por isso se diz "empreender algo em assuntos menores".

Também o fogo no sopé de uma montanha mostra-nos a imagem de estar desperto (trigrama *li*) e, ao mesmo tempo, calmo (trigrama *ken*). A isto poderíamos chamar, em termos de mente contemplativa, de "atenção sem tensão"; também de "controle" ou "usar a cultura para se unir à natureza". As qualidades inerentes criam todos os campos de experiência possíveis e, assim, observando-as, podem-se ver as mudanças do tempo. Em termos de qualidades cultivadas, todos os campos de experiência possíveis basicamente repousam na mente; assim, observando-os, pode-se transformar e completar o mundo.

Imagem

O fogo na base da montanha: a imagem da graciosidade. Assim procede o homem superior, esclarecendo assuntos correntes. Mas ele não ousa decidir questões controvertidas desta maneira.

O hexagrama *Graciosidade e Beleza* indica como esclarecer assuntos menores, não como julgá-los. Esclarecendo os assuntos menores, as leis serão muito mais bem acatadas; quanto mais claros forem os assuntos governamentais, observaremos, então, que o povo não terá queixas. Porém, em termos budistas, o fogo abaixo da montanha representa calma externa, silêncio externo com iluminação interna, sendo justamente este o motivo pelo qual "o homem superior esclarece todos os assuntos menores".

Isto pode ser aplicado também no mundo da mente. Quando empreendemos a "viagem de retorno", inúmeros elementos, aparentemente sem importância, começam a aparecer em nossa vida. Esses elementos têm a capacidade de distrair a mente do discípulo que tenta conhecer a si mesmo e aos outros – elementos insignificantes, pequenos hábitos, nada que ao simples olhar pareça importante. Compreender o que é correto e o que é errado sobre todas as coisas faz com que o discípulo não crie opiniões superficiais, emocionais, ambíguas.

Se este hexagrama aparecer em sua vida: Estude muito os ditos da antiguidade e esteja profundamente atento a seus impulsos e desejos. Domine-os pela calma exterior; não fale, não critique; esteja sempre treinando a serenidade, unida à clareza de pensamentos. Aqui aplica-se muito o dito: "Aquele que sabe, não fala".

Conselhos Gerais: Momento de investir em sua própria cultura: faça cursos que ampliem o seu currículo, ou ao menos informe-se sobre a sua área de atuação. Invista ainda mais no seu futuro. Seja muito sincero que assim terá êxito em todas as suas ações. Existe oportunidade de seus esforços serem reconhecidos. Êxito!

Negócios/Dinheiro: Momento de realizar investimento no mercado de futuros. Se não tiver dinheiro para investir, o mais importante é, então, realizar algum tipo de poupança ou comprar dólares, ou realizar algum tipo de pequeno investimento pensando num futuro próximo. Procure o êxito por meios legais. Administre pessoalmente todos os seus negócios.

Estado Emocional: Este é o momento de investir um pouco na sua própria aparência e modificar os seus hábitos de relacionamento, em especial os afetivos – seja mais romântico.

Saúde: Preste atenção especialmente à inflamação nos rins e na bexiga, assim como a problemas com o sangue. Faça um exame de rotina de coração. Não fique acordado após as 23 horas, porque isto afetará muito o seu fígado e lhe trará muito cansaço, obrigando-o a ter de deitar ou ficar em repouso. Tenha cuidado com os ladrões, especialmente no período da manhã.

As linhas

1ª linha: **Ele embeleza os dedos dos pés, abandona a carruagem e caminha.**

Significado
"Embelezar os dedos dos pés" está intimamente relacionado à simplicidade e a retirar-se à obscuridade a fim de não se vangloriar de sua sabedoria. Com justiça, virtude e honestidade, trabalha no silêncio, tentando compreender os mais altos ideais. "Andar a pé", "abandonar a

carruagem", isto é, praticar a via da justiça. Momento de muita humildade. Diz o *I Ching*: "O homem deve abandonar a carruagem e andar a pé". "Embelezar os dedos dos pés" simboliza também que está atento aos seus impulsos mais primários e transforma-os pelo poder de sua atenção.

2ª linha: **Ele embeleza a barba em seu queixo.**

Significado

Equilibrado e correto, "embeleza a barba em seu queixo". "Embelezar a barba" tem a ver com a demonstração de nossas qualidades mais aparentes, mais visíveis. No caminho do discipulado, quer dizer adornar a si mesmo por meio de professores e companheiros. Em comunhão com eles, nossas próprias virtudes manifestar-se-ão até na nossa forma aparente. Em termos budistas, representa adornar-se com disciplina e compreensão intelectual, vinda da determinação de progredir para um desenvolvimento superior.

3ª linha: **Gracioso e úmido. A perseverança constante traz boa fortuna.**

Significado

"Gracioso e úmido": aqui também está implícita a paciência e a capacidade de transformar as situações desagradáveis em situações harmônicas. Aquele que tem a capacidade de transformar o seu entorno o faz porque se conhece e conhece o tempo em que deve atuar. Conhece os seres e suas disposições e, como sua mente está dirigida para aquilo que é bom (representada pela palavra "perseverança"), torna-se "gracioso" e, assim, nutre os outros, como a umidade o faz com as montanhas, tornando-as cada vez mais belas.

4ª linha: **Graça ou simplicidade. Um cavalo branco chega como que voando. Ele não é um salteador, deseja cortejar no momento devido.**

Significado

"Graça ou simplicidade" quando se é flexível e correto; sabe-se que estudar, praticar e procurar os sábios sem descanso é o fundamental. Se a isto agregarmos a simplicidade, então teremos uma atitude realmente valiosa. Estando em companhia de amigos e companheiros que lhe auxiliam em sua procura interna, tentando imitar os sábios pensando em ser como eles; olhando os não sábios e refletindo sobre sua própria pessoa. Encontra os seus mestres em todos os homens sábios. Não pensa que somente os vínculos religiosos têm a ver com o caminho espiritual; na realidade, não se vincula a ninguém. Simplesmente reflete sobre si próprio. Embeleza-se a si mesmo e em conformidade com a sabedoria.

5ª linha: **Graciosidade nas colinas e nos jardins. O embrulho de seda é pobre e pequeno. Humilhação, mas, ao final, boa fortuna.**

Significado

Quando é flexível e equilibrado e tem força de vontade positiva, ele é capaz de conhecer a alegria da virtude iluminada e não há orgulho decorrente do poder ou posição. Esta é a imagem de arrependimento: do "rolo de seda sendo pequeno", mas realmente a pessoa não tem queixas e chega a um final auspicioso. Isto é adornar-se com virtudes abundantes. Em termos de treinamento espiritual, percebe que sua realização ainda é parcial, mas não se esquece da verdade absoluta nem da verdade dos homens comuns: está em equilíbrio, e isto é o que importa.

6ª linha: **Graciosidade simples. Nenhuma culpa.**

Significado

A sexta linha *yang* sempre representa os sábios que abandonam o mundo. Neste caso, o mais importante é que, neste hexagrama, esta linha está no máximo do controle e, à medida que o discípulo vai ficando mais velho, controla mais ainda sua própria iluminação, tornando-a pura e impecável. Isto o leva a descobrir a bondade e a retornar à natureza essencial, que não tem a menor falha.

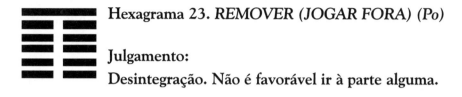 **Hexagrama 23. REMOVER (JOGAR FORA) (Po)**

Julgamento:
Desintegração. Não é favorável ir à parte alguma.

Comentário

Neste hexagrama, a dualidade inerente é refletida em profundidade da seguinte forma:
- em termos políticos, quando uma nação atingiu o auge de seu desenvolvimento, as pessoas tornaram-se indulgentes e desregradas, perdendo, assim, a energia vital por excessos na comida, na bebida e nos costumes como um todo;
- em termos familiares, quando o pai torna-se indulgente demais, as crianças comportam-se de forma atrevida e sem responsabilidade, tornando-se, depois, adultos violentos e desrespeitosos para com as leis da nação;
- em termos de disciplina monástica, quando há excesso de regulamentos, as pessoas tomam o regulamento em si como uma prática da religião, malogrando, por isso, a prática real da espiritualidade, jogando fora sua energia básica primordial que está além dos regulamentos impostos por mentes muitas vezes zelosas demais em preservar formas mortas de comportamento.

Contudo, em termos de discipulado, este hexagrama adquire outra dimensão: é jogar fora a pele do antigo ego, do eu inferior, daquele ser que foi formado por conceitos vulgares de educação.

"Jogar fora" é o que faz Don Juan nos livros de Castañeda, quando lhe apresenta o mundo do Tonal e o mundo do Nagual. Mostra que qualquer ser humano guia-se por conceitos preestabelecidos por outros, criando, assim, comportamentos completamente falsos e sem sentido. É por isso que nas minhas aulas sempre afirmo que, na realidade, estamos todos loucos – não há um que se salve desta loucura social. Vivemos e nos movemos dentro de um universo altamente conceitual e, temos de admitir, numa análise sincera dos objetivos, que não sabemos verdadeiramente o que expressam. Por mais conceitos que existam a respeito das coisas que nos rodeiam, quando nos perguntamos mais profundamente o que é que são, não encontramos resposta legítima, a não ser mais e mais conceitos.

Falando em termos de treinamento mental, há um elemento positivo e outro negativo: o elemento positivo é que o discípulo conseguiu desenvolver a intuição com relação à verdadeira natureza das coisas. Ele joga fora a "pele do ego", ou seja, todo o conhecimento conceitual. Dentro da iconografia tântrica do budismo tibetano, esta ação está representada pelas divindades que cobrem seu corpo com uma pele humana. O elemento negativo é que, se a pessoa não tomar cuidado, todo o conhecimento adquirido poderá ser utilizado para manipular os seres.

No julgamento se diz: "Não e favorável ir a parte alguma". Isto está relacionado aos aspectos negativos, seja em termos de conselhos gerais mundanos ou transcendentais. Não é possível combinar a preguiça com o caminho de desenvolvimento interior.

Imagem

A montanha repousa sobre a terra: a imagem da desintegração. Assim, os superiores só podem garantir suas posições mediante dádivas aos inferiores.

Em termos de mente contemplativa, esta imagem representa que, para iniciar algum trabalho positivo, primeiro você tem de saber onde se encontra. Certa vez, um professor amigo meu comentou que muitas pessoas o procuravam para que lhes ensinasse a meditar; porém, a maioria das pessoas que o procuravam abandonava sua companhia quando fazia a seguinte pergunta: "Por que quer meditar?" Na maioria dos casos, o aluno só falava das ilusões que tinha sobre a meditação e, quando o professor lhes comentava que a meditação não era nada do que pensavam, imediatamente abandonavam-no, tecendo infinitos comentários também fantasiosos a seu respeito.

Quando o ser humano quer realmente iniciar algum trabalho espiritual, primeiro tem de compreender como está a sua própria "casa". Como diria o próprio Don Juan nos livros de Castañeda, "no verdadeiro caminho não se aceitam voluntários". Quando Castañeda lhe perguntou porquê, ele disse que o voluntário tem uma ilusão sobre o que é o caminho, mas não sabe realmente nada do que lhe espera. Quando você o contraria em sua ilusão, imediatamente abandona-o. Isto é o que acontece com a maioria dos "esotéricos". Sendo assim, somente o homem sábio ou a própria alma do indivíduo está fora deste processo.

Se este hexagrama aparecer em sua vida: Pense – até agora você fez de tudo para se sobressair em seu meio ambiente. Do ponto de vista da nossa vida comum, este hexagrama mostra-lhe que, se você quer crescer mais, terá de abandonar todos os velhos hábitos e começar novamente com o mesmo espírito de antes. Na realidade, você já acumulou bastante sabedoria; no entanto, ainda é pequena em face a tudo o que necessita aprender. Esta sabedoria acumulada é a base, e não o topo. Jogue fora toda forma preconceituosa de agir e de pensar e retorne aos seus ideais mais antigos. Você verá como a sua vida adquire um brilho especial. Também neste hexagrama está tudo conspirando para que você inicie uma vida espiritual verdadeira; não jogue fora este momento.

Conselhos Gerais: Este hexagrama representa esperar o momento justo para agir. O homem sábio estará momentaneamente inativo, esperando o momento para iniciar seus empreendimentos. Neste momento, nada se pode ganhar; então, fique tranquilo e não apresse o infortúnio.

Negócios/Dinheiro: Não crie novas dívidas; pague as que puder. Seja muito cuidadoso e prático. Faça inventários e liberte-se de técnicas antiquadas e obsoletas. Não corra riscos porque poderá perder tudo o ganhou que até agora.

Estado Emocional: Momento de não procurar os defeitos dos outros. Fique tranquilo; evite situações em que o medo possa tomar conta de sua rotina de vida. Momento para se dedicar a estar dentro do lar.

Saúde: Possíveis dores errantes no corpo todo. Momento para descansar bastante, dormir cedo, comer muitos legumes e tomar banhos de sol. Evite os doces e os farináceos.

As linhas

1ª linha: A perna da cama desintegra-se. Os perseverantes são destruídos. Infortúnio.

Significado

No campo do discipulado, as pernas correspondem à própria sustentação física do ser humano. Neste momento, ele joga fora a disciplina, mas também percebe os estados miseráveis do próprio ser. O infortúnio advém de estar completamente confuso e não saber o que fazer. Não é disciplinado e, por isso, sofre. O mais importante será treinar a atenção para que as coisas ruins da vida não tomem conta do dia a dia. Este hexagrama fala do desgaste das condições favoráveis e da ruína do homem inferior. O problema aqui é que você terá de decidir quem deve morrer: o homem superior ou o homem inferior. Por isso este hexagrama chama-se *Remover*.

2ª linha: O canto da cama desintegra-se. Os perseverantes são destruídos. Infortúnio.

Significado

Ele perde a concentração; já não pode meditar. A mente dele não descansa em paz. Já não há nada com que trabalhar; não encontra a verdade. Volta-se a repetir o conselho a ser seguido: cuidado para não perder o sentido da justiça, honra e verticalidade. Nesta perda radica o maior dos infortúnios. O *I Ching* adverte de que perderá seus aliados.

3ª linha: Rompendo sua ligação com eles, nenhuma culpa.

Significado

Aqui é o único momento em que ele compreende o que está acontecendo consigo mesmo e seus estados emocionais. Por breves momentos, compreende que deve seguir os homens santos, ficando longe das pessoas ignorantes que até há pouco tempo eram seus melhores amigos. Joga o seu conhecimento dualista e originador de dúvidas fora e tenta seguir os ensinamentos dos antigos mestres; por isso não há culpa neste momento.

4ª linha: **A cama desintegra-se até a pele. Infortúnio.**

Significado

Novamente cai numa completa confusão. Neste momento, desiste de procurar e nega tudo o que estudou até aqui, incluindo os exercícios e treinamentos espirituais. Joga fora o meio pelo qual as pessoas entram na realidade para a libertação individual.

Basicamente, este momento sempre acontece na vida de uma pessoa que quer se autoconhecer-se. Primeiro, tenta desesperadamente obter resultados rápidos e, como não encontra nada, imediatamente abandona o caminho, convencendo-se de que o que viveu até agora nada mais era do que "sonhos da juventude"; por isso, traz para si novamente o infortúnio. Continuar nesse tipo de pensamento é ir diretamente ao desastre e é uma das piores provas pelas quais o aluno passa. Se retroceder e entregar-se à vida que levava antes, aos antigos ritmos, antigas paixões, etc., perde todo o contato estabelecido anteriormente com o mundo das causas. *Você corre risco de acidentes.*

5ª linha: **Um cardume. Favores vêm pelas damas do palácio. Tudo é favorável.**

Significado

Neste momento, compreende o que é verdadeiramente mau, e o que é realizado de forma má. Tenta retomar todo tipo de práticas abandonadas, para absorver o máximo possível o conhecimento e, ao mesmo tempo, praticar as virtudes inerentes. Por esse motivo, tudo é favorável. Joga fora os extremos. De forma suave, começa novamente, deixando de lado as dúvidas e a preguiça. O êxito está perto.

Poderá gozar da ajuda de seus familiares, e esta ajuda lhe trará benefícios. Poderá colocar as coisas em ordem; ainda assim, terá de estar bem atento ao seu redor para evitar desgraças.

6ª linha: Um grande fruto ainda não foi comido. O homem superior recebe uma carruagem. A casa do homem inferior desintegra-se.

Significado

Isto começará a partir do Hexagrama 24, porque o bem inerente, ao nunca ser destruído, sempre retorna ao ser. Aparentemente, pode ter deixado os ensinamentos; porém, quando tocam o coração do homem, seu triunfo é somente uma questão de tempo.

"O homem superior recebe uma carruagem." A carruagem significa que possui os meios hábeis para iniciar uma nova fase de autoaperfeiçoamento. Ele dirige sua atenção à obtenção de uma verdadeira disciplina.

"A casa do homem inferior desintegra-se." Como sempre, o mal é vítima de si mesmo: as falas ociosas e sem sentido, a companhia de pessoas depravadas e a perda de tempo nos bares da vida, sem nenhum proveito, chegam ao fim. O homem inferior dentro do próprio discípulo chega ao fim. Com os exercícios de calma mental, poderá receber bênçãos. O homem inferior destruiu sua casa; o homem superior encontra novos métodos para resolver seus problemas.

 Hexagrama 24. *RETORNO ÀS ANTIGAS CONDIÇÕES (PRIMAVERA) (Fu)*

Julgamento:
Retorno. Sucesso. Saída e entrada sem erro. Amigos chegam sem culpa. Para adiante e para trás segue o caminho. Ao sétimo dia vem o retorno. É favorável ter aonde ir.

Comentário:

Em termos de autodesenvolvimento espiritual, este hexagrama indica que a pessoa já está sentindo o "profundo incômodo". Tudo ao seu redor parece conspirar contra ela. Não entende que, na realidade, tudo dá errado porque semeou interiormente para que desse errado. As linhas quebradas indicam os inúmeros erros acumulados desde tempos sem princípio. Todos esses erros ou falsas visões sufocam-nos e impedem que nossa consciência ou espírito (única linha *yang* embaixo) possa desenvolver-se naturalmente. Também o próprio hexagrama sempre dá a dica de como desenvolver-se, "apesar" de todo este acúmulo de negatividades. As linhas quebradas indicam, no seu aspecto positivo, a docilidade e a benevolência, e, no seu trato com os seres, aplique a compaixão. Também indicam um profundo silêncio exterior e interior. Por esse motivo o *I Ching* diz "fechar os portões", ou seja, não se comunicar mais com o exterior, isolar-se dentro de si mesmo como um forma de preservar-se, até que possamos descobrir em nós mesmos a fonte da verdadeira consciência espiritual e a calma interior.

Também as linhas quebradas ou os trigramas *kun* (são três: trigramas nucleares inferior e superior e trigrama primário superior) estão relacionados com a essência e o maternal. No seu aspecto neurótico, representa o espírito recoberto há muito tempo pela mais profunda ignorância. Então, maior será o trabalho para reconquistar a natureza pura de Buda. O oceano de sofrimento (caracterizado pelas linhas quebradas) é ilimitado, porém a linha *yang* é a representação de que, no seu tempo, poderemos chegar à costa do oceano da iluminação. Neste caso, um simples pensamento, um momento de inspiração, uma vontade desesperada de libertar-se do sofrimento e das limitações pode mover o infinito oceano do samsara. Por este motivo os mestres interessam-se por aqueles que estão desencantados com a vida comum que a maioria dos seres humanos leva. Neste caso, as limitações são tantas, o peso é tão profundo que o indivíduo não encontra paz e repouso. Neste momento, se o discípulo puder suscitar dentro dele um pensamento de elevação, seu êxito estará assegurado e em nenhum momento de sua vida se esquecerá desta experiência.

Fu representa o início modesto e silencioso que se manifesta em nossa consciência como uma tendência nova, completamente inusitada, que aos poucos modificará nosso caráter; um momento em que o indivíduo em questão possa entender muito bem o que realmente está acontecendo com a sua vida. Contudo, é importante saber que já não será a mesma pessoa. As linhas quebradas representam no seu conjunto as inúmeras tendências que lhe impediram, num princípio, de manifestar perante seus achegados o que verdadeiramente pensa sobre a própria vida.

Entretanto, sente no fundo de seu coração uma necessidade imperiosa de modificar-se radicalmente. Tendo presente este evento na vida da pessoa, *Fu* transforma-se no primeiro toque da alma, fato que o cérebro registra conscientemente como "um profundo sentido de incômodo". Ora, na realidade ninguém pode se modificar, sequer um pouquinho, se não se sentir profundamente incomodado com a vida que leva. Quem gosta de viver como vive, não se importando com a miséria física, moral e mental dos seres que o rodeiam, então para que procurar algum caminho espiritual? Difícil concluir que deve mudar o ritmo de sua vida para atingir algum outro estágio de consciência.

Dizem que o inferno existe realmente para aqueles que não acreditam que o céu exista, e basicamente é isso. Porém, existem "os momentos" para todos, e quando essa hora chega, a vida comum perde seu "brilho" – já nada mais os atrai. A pessoa experimenta, assim, o impulso incontrolável por estudar ou, ao menos, escutar palavras que a inspirem a trilhar a senda dos antigos. Sua vida até agora sem sentido gerou hábitos poderosos que se transformaram em seus próprios carcereiros, e são eles que a levam a exclamar que não tem tempo, ou que se conforma com a vida medíocre que leva, ou que ser um ser humano comum é o melhor que há, etc. Não percebe que a vida vai embora, que a velhice chega cedo e que, quando tentar se arrepender, já não terá as forças necessárias para lograr a autotransformação. Nessa dicotomia do ser, às vezes nega seu passado. Imediatamente quer incluir novos horizontes, o novo a atrai, o velho a desgosta, o hábito a aprisiona, a vontade da liberdade a angustia (trigrama *chen*) e, neste processo, passa seus dias solitária, perdida nas suas ilusões. Por isso, este hexagrama significa o "começo humilde".

É sempre assim: aquele que quer compreender os mistérios do universo sem antes compreender um pouquinho a si mesmo e a seu irmão, está fadado ao fracasso. O êxito, porém, está assegurado porque a linha *yang*, que é traduzida como energia espiritual, já está se fazendo sentir, e é difícil que, a partir deste momento, o indivíduo possa mudar o seu destino – iluminar-se.

Junto com o incômodo, acontece uma outra experiência marcante na vida do indivíduo; algo que até então não acontecia: é como se seus olhos se abrissem para uma nova realidade, onde surgem dúvidas e conflitos de toda ordem, e então aparece um grande problema, desta vez bem real – "a contradição". De acordo com as experiências místicas dos grandes mestres, sejam eles cristãos ou budistas, a contradição sempre nos acompanha, assim como, por exemplo, ocorreu a São Paulo, quando afirmava que o que seu coração queria não era o que sua carne queria. Essa dualidade interior deixa o ser humano em questão completamente estressado, sem vitalidade, profundamente nervoso; tira-lhe a fome, submete seu sistema nervoso a modificações profundas e, justamente por intermédio dessa guerra interna, consegue consolidar sua transmutação pouco a pouco.

Seria ridículo dizer que uma descoberta real nunca é antecedida pela profunda angústia, que está presente em *Fu*. Por isso é que se pede ao próprio aluno que, neste momento de sua vida, recolha-se em silêncio, que não fale de si próprio, que não tente explicar, porque, na realidade, por mais que queira, será difícil que expresse com clareza a confusão interna pela qual está passando.

Imagem

O trovão no interior da terra: a imagem do ponto de transição. Assim, os reis da antiguidade fechavam as passagens na época do solstício. Comerciantes e forasteiros não transitavam, e o governante não viajava pelas províncias.

Em termos de mente contemplativa, mesmo pensando que há impulso no crescimento e na força, trigrama *chen*, é benéfico temos um lugar para ir; é benéfico termos uma direção e um objetivo, porque a consciência do que se tem de fazer será o motor que vai dirigir nossas forças para este fim específico.

Na maioria dos casos, no início do caminho de "retorno", o aspirante perde-se em vãs conjecturas e em sonhos de grandeza; torna-se lírico, ou seja, produz realmente pouco na vida diária, sua transformação na maioria das vezes é obstaculizada por fantasias e ilusões. De qualquer forma, é necessário nutrir o potencial com serenidade. Assim, por intermédio das práticas contemplativas, os "reis antigos" despertavam para o "solstício de inverno". Este "despertar" é uma alusão ao que acontece com a vida mundana do discípulo. O solstício de inverno é a morte de tudo o que é seguro. *Fu*, na realidade, é o "início do fim do período da morte", seja ela espiritual ou natural (como no caso do inverno). O inverno é caracterizado como a estação em que a vida se esconde, em que tudo morre para novamente germinar na primavera; neste caso, o despertar do solstício de inverno é a semente acordando de seu sono letárgico. É matar a própria morte.

"Fechar os portões" está relacionado com os sentidos. Agora, a sua consciência já não está dirigida ao exterior e, quando no I *Ching* se fala de comerciantes e forasteiros que não transitam, isto está relacionado a todas as impressões captadas pelos sentidos, quando são dirigidos às atividades conscientes. Por este processo, "domina-se a si mesmo e temporariamente separa as caravanas das impressões mentais", apenas observando a mente sem "inspecionar as regiões" ou "sem viajar pelas províncias" dos elementos físicos e mentais, ou seja, sem estar atento às suas reações internas ou externas.

Se este hexagrama aparecer em sua vida: Chegou o momento de parar de ter um comportamento inconsequente, de acreditar que você é eterno, de pensar que a morte não virá nunca. Este hexagrama lhe mostrará que, muitas vezes, por mais dinheiro ou posses que tenha, na realidade você ainda é nada. Então, pare com seu comportamento de criança mimada e comece a inspecionar-se e a modificar-se internamente. Pense: a morte é certa, o momento é incerto; você nada levará para o outro lado, a não ser o fruto de sua vida. Escolha conscientemente ser bom.

Conselhos Gerais: Semana em que as circunstâncias melhoram e tudo volta ao normal. Na China, as famílias tradicionais retornam ao lar para celebrar festas religiosas. A palavra "retorno" em chinês quer dizer "ação apropriada ou correta". No âmbito empresarial ou familiar, "ação apropriada" também significa "disciplina que corrige os pequenos erros". Na vida de um líder, ao compreender as causas de seus próprios erros, "retorno" quer dizer "voltar à antiga condição, em que o erro não prevalecia". Isto também significa "andar sozinho", ou "decidir sozinho".

Negócios/Dinheiro: As complicações financeiras começam a diminuir. Não corra riscos desnecessários – faça somente o que for imprescindível.

Estado Emocional: Evite a ansiedade. Muitos pensamentos relacionados com o seu passado podem voltar com muita força e desequilibrar seu estado anímico. Tente não gritar ou alterar-se; compreenda os erros e os medos dos outros. Possivelmente velhos amigos queiram retomar a amizade que em algum momento foi comprometida por desacordos. Esta semana é muito boa para ficar em casa desfrutando o silêncio.

Saúde: Cuidado com os problemas de fígado. Descanse o máximo possível.

As linhas

1ª linha: **Retorno de uma curta distância. Não é necessário remorso. Grande boa fortuna!**

Significado

O primeiro passo do ensinamento é completado. "Ele escuta os sutras ou os ensinamentos": reflete, medita, percebe intelectualmente a saída, arrepende-se das pequenas faltas, volta ao bem, ao caminho feliz.

2ª linha: **Retorno tranquilo. Boa fortuna.**

Significado

A segunda linha *yin* está intimamente ligada à primeira *yang*; isto representa uma pessoa que deixa de lado seu orgulho a fim de seguir o caminho da verdade. Em termos de autodesenvolvimento, os processos de meditação estão corretamente orientados. Se você mantém a serenidade e a alegria, tudo em sua vida correrá muito bem.

3ª linha: **Retorno repetido. Perigo. Nenhuma culpa.**

Significado

Retorno repetido. Ele já possui a correta meditação, mas não possui o equilíbrio e retorna à humildade que lhe proporcionará o conhecimento adequado para caminhar. Ele ainda "não passou da porta". O perigo, neste caso, é estar consubstanciado com suas debilidades e problemas pessoais. Esses problemas tornam-se muito complicados, aumentados pelo poder da mente analítica que os observa. Ainda não conseguiu desvencilhar-se do autojulgamento.

Quando estamos muito bem, também temos de estar preparados para alguma recaída. Se tiver alguma, aplique imediatamente o antídoto de fazer justamente o oposto àquilo que o levou a cair novamente. Se foram pensamentos ruins, saia, caminhe, distraia-se um pouco. Estude livros dos grandes mestres do passado, como Jesus, Buda, os filósofos gregos – isto organizará sua mente e suas ideias e o conduzirá novamente ao estado de paz e alegria em que se encontrava.

4ª linha: **Andando no meio dos outros, retorna-se sozinho.**

Significado

"Andando no meio dos outros" significa a prática da tolerância e da paciência com as pessoas. Ele pratica o que estudou; contudo, ainda seu meio ambiente representa o que "tem de abandonar", ou seja, está no meio de homens inferiores, mas ligado interiormente a seu mestre, que, neste caso, é a voz de seu eu interior. Por consequência, está sozinho; quando olha para trás, encontra o que quer abandonar, quando olha para frente, vê o que ainda tem de trabalhar. Difícil de ser entendido pelos seres inferiores, é então que usa a cautela, torna-se tolerante e, assim, aprende a conhecer o ser humano. Guarde silêncio; seja carinhoso.

5ª *linha:* **Retorno digno. Nenhum arrependimento.**

Significado

Retorno digno, nenhum arrependimento. Aqui ele dirige seu olhar para dentro de si próprio, analisa seus pensamentos, palavras e atos. Reconhece seus erros, pede desculpas, é suave e aprende a lição da humildade. Esteja preparado: ainda que tenha todas as condições para delegar funções, não encontrará pessoas dignas. E então, o mais apropriado será limitar-se a aperfeiçoar-se ainda mais, esperando o momento oportuno para agir.

6ª *linha:* **Perde-se o retorno. Infortúnio. Infortúnio interno e externo. Se os exércitos forem postos em marcha desta forma, sofrer-se-á ao final uma grande derrota, desastrosa para o governante do país. Durante dez anos não se estará em condições de atacar.**

Significado

A sexta linha é *yin*, e está muito afastada da única linha *yang*. Perde-se o retorno; irritado e desequilibrado, confunde o mundano com o verdadeiro. Ainda está indo contra o verdadeiro caminho. Está sendo atacado pelas formas, desejos e sensações. Neste caso, o inconsciente está dominando o consciente, sendo mais instintivo do que racional. Por isso está escrito "infortúnio externo e interno". Momento de cegueira: esteja atento à bondade. O céu envia calamidades para aquele que não corrige a si mesmo. Se tentar fazer o que quiser, sem importar-se com os outros, terá grandes calamidades e desgraças. Esteja atento. Medite muito, treine muito Tai Chi.

Hexagrama 25. INOCÊNCIA (O INESPERADO) (Wu Wang)

Julgamento:

Inocência. Supremo sucesso. A perseverança é favorável. Se o homem não é correto, terá infortúnio, e não será favorável empreender coisa alguma.

Comentário

Neste hexagrama, encontramos dois elementos que, à luz do conhecimento búdico, tornam-se por demais importantes e dignos de estudo. Como trigrama básico primário, encontramos o trovão (*chen*), que, na esfera do desenvolvimento anterior, manifesta-se como o impulso ao alto, assim como a potência que nutre o íntimo daquele que quer se conhecer a qualquer custo. *Chen* é a elevação e também o momento em que o Deus interior começa a manifestar-se. No trigrama superior, temos *chen*, a criatividade, que é o princípio espiritual no ser humano. Analisada de forma simples, a imagem mostra-nos alguém que, depois de ter se disciplinado e sofrido por causa de sua própria ignorância, põe-se a caminhar (*chen*) vigorosamente (*chien*) ao alto (*chen* indo ao encontro de *chien*).

Chen é o trovão, aquilo que eclode; porém, entre ele e o céu, temos dois elementos a mais que nos mostram a forma em que o indivíduo fará o trabalho. Primeiro encontramos *ken* (trigrama nuclear superior), a montanha que nos mostra a imagem da calma interior, assim como ainda os obstáculos que o indivíduo terá de transpor. Depois, o *sun* (trigrama nuclear superior), que nos mostra de que forma esses obstáculos terão de ser eliminados. *Sun* é a suavidade e a penetração vagarosa. E então, na sua forma acabada, poderemos entender por que este hexagrama se chama Inocência.

Chien é o elemento celestial a ser atingido dentro de cada ser humano. *Chen* é a força propulsora que sustenta a base individual de todo praticante sincero. *Ken* é o silêncio e a calma interna, assim como o portal que separa dois planos diferentes de consciência. *Sun* já nos mostra a forma em que a raiz trabalha: suavemente, adaptando-se aos empecilhos e aos infortúnios que porventura encontrar-se-ão na vida. A inocência é o elemento indispensável para trilhar este caminho, porque o egoísmo individualista, assim como os elementos negativos que são produtos de uma personalidade separatista, foram deixados para trás no Hexagrama 24, *Fu, O Retorno às Antigas Condições*.

Ainda assim, no *I Ching* faz-se menção à ideia de que "se o homem não é correto, terá infortúnio e não será favorável empreender coisa alguma". Perceberam que o *I Ching* diz "se o homem não é correto"? Não diz que o homem inferior terá infortúnio. Já deixa a entender que possivelmente até o homem comum tenha experimentado alguma tomada de consciência. Como neste caso estamos tratando da vida do discípulo consagrado, os possíveis infortúnios estarão relacionados à tentativa que o discípulo esteja realizando em seu aprendizado de "como servir os outros", e não como servir a si mesmo. Isto é digno de reflexão profunda.

Ainda assim, é importante que, mesmo ajudando os outros e, por consequência, a si próprio, estejamos certos de que nossa colaboração é correta. Isto se consegue pela prática da observação direta de pensamentos e palavras, para constatarmos que eles não estejam errados. Mas aqui também encontramos um alerta: preste atenção para que internamente seu pensamento esteja dirigido ao correto; se não for assim, "não será favorável empreender coisa alguma". Por consequência, ao compreendermos isso, descobriremos que nossas virtudes nos são inerentes e que nunca nos abandonaram.

Imagem

> **Embaixo do céu está o trovão: todas as coisas alcançam o estado natural da inocência. Assim, os reis da antiguidade, ricos em virtude e em harmonia com o tempo, cultivavam e alimentavam todos os seres.**

"Trovão embaixo do céu" em termos budistas significa que a iluminação e os ensinamentos búdicos beneficiam os povos em todos os tempos: isto se chama "promover o florescimento apropriado ao tempo". "Nutrir as miríades de seres" está intimamente relacionado com o alimento do conhecimento búdico nas consciências, amadurecendo e promovendo o florescimento da liberação em todos os tipos de seres e pessoas, que culmina na realidade única.

Novamente aqui o *I Ching* refere-se a controlar e trabalhar com o tempo. Recolher-se e descansar, para depois agir de forma enérgica. Neste hexagrama temos a imagem do sol convertendo-se em pura energia celestial, ou seja, clara, ativa, alegre, iluminada, oferecendo bênçãos e nutrindo todos os seres. Isto é a natureza do celestial. Por outro lado, mover os seres, incentivá-los a agir da forma correta – associando os dois, temos um trabalho perfeito.

O trovão aparece e desaparece, mas ao mesmo tempo é eterno, porque sempre esteve e sempre estará. O céu é eterno; está sempre, claro e tranquilo. No budismo, o céu limpo reflete a clara luz da mente, onde não pode existir o erro. O trovão está relacionado com a ação potente e amedrontadora que incita todos os seres a procurar o caminho espiritual e, por outro lado, também representa a paciência, retratada pelo momento em que se retira. Este trabalho é profundamente espiritual; é praticamente a própria atividade de um Buda, que age incansavelmente e estimula os outros a agir de forma correta.

Se este hexagrama aparecer em sua vida: Neste momento você já está pronto para iniciar um serviço de ajuda ao próximo. O que mais terá de aprender é que você não pode ser fingido nem hipócrita, já que os espíritos celestiais farão com que você perca todos os seus investimentos. Então, a dica aqui é importante: seja profundamente honesto; tenha medo do retorno das más ações. Reflita profundamente sobre o que Jesus Cristo disse: "Com a mesma vara que medirdes, sereis medido". Reflita muito sobre o karma. Tudo o que você fizer de bom voltará como sucesso e felicidade; tudo o que fizer de errado voltará como doenças, desânimo e até acidentes.

Conselhos Gerais: Este é o momento de exercer a mais ampla sinceridade em todos os seus afazeres. Nos seus relacionamentos, utilize somente a sinceridade; fale francamente sem ferir as pessoas. Tente estar com crianças de um ou dois anos; veja como se comportam, como se relacionam. Tente ser uma pessoa simples e livre de preconceitos. Encontre prazer em trabalhar e descubra que o mais importante é gostar do que se faz. Não premedite as coisas, não calcule, não barganhe. Confie em seu coração, seja sincero.

Negócios/Dinheiro: Momento de preservar o que se tem; o mais importante é não planejar demasiado, visando lucros excessivos. Se o planejamento vem antes da sensibilidade, podem perder dinheiro. Preste atenção àquilo que os outros desprezam.

Estado Emocional: Evite a ansiedade; vários pensamentos relacionados com o seu passado podem voltar com muita força e desequilibrar seu estado anímico. Muita consciência da impermanência da vida poderá trazer um pouco de depressão. Preste atenção!

Tente não gritar ou se alterar; compreenda os erros e os medos dos outros. Pode ser que velhos amigos queiram retomar a amizade que nalgum momento foi comprometida por desacordos. Esta semana é muito boa para ficar em casa desfrutando o silêncio.

Saúde: Cuidado com os problemas de pulmão e do sistema nervoso. Se gosta de comer carne, que seja feita nas brasas e que, dentro do possível, seja de frango. Descanse bastante.

As linhas

1ª linha: **Conduta inocente traz boa fortuna!**

Significado

Verdadeira ausência de erros. Espiritualidade fundamentada na "inocência". Assim, chega-se aos bons resultados causados pelo apelo que vem do coração. Ele atinge a própria aspiração. Nota-se que a consciência provinda de um coração puro leva diretamente ao êxito. Observe-se que até então a palavra "coração" não era usada.

2ª linha: Se não pensamos na colheita enquanto aramos, nem no uso do campo quando o preparamos, então será favorável empreender algo.

Significado

Ele aspira à iluminação sem motivação egoísta, não pensa em riquezas, ou posição social; por esse motivo "é benéfico ir a algum lugar". Usa a concentração para sobrepujar os hábitos adquiridos no passado. Usa os métodos de meditação como uma via para voltar à origem, não como realização final. Momento de estar atento às suas palavras; o mais importante agora será guardar silêncio.

3ª linha: Infortúnio não merecido: a vaca que foi amarrada por alguém é o lucro do viajante e a perda do cidadão.

Significado

Ele volta a perder o que tinha logrado. Esta linha tem o sentido de aquisição e perda súbita. Depois que obteve de forma legítima, perde. Ainda assim perceberá e não agirá de forma injusta. Há a advertência de que algum tipo de calamidade sem aparente motivo chegará a ele. Prestar atenção: na próxima linha, novamente reencontra seu caminho.

4ª linha: Aquele que é capaz de perseverar permanece sem culpa.

Significado

É intuitivo e sabe concentrar-se; não age arbitrariamente e percebe que não necessita de práticas secundárias para sustentar a si mesmo. Com esta concentração despertando a intuição, sustenta a si mesmo, por isso o *I Ching* diz: "Se ele é capaz de perseverar, permanece sem culpa".

5ª linha: Não utilize medicamento algum, caso tenha contraído uma doença sem ter culpa nisso. Ela passará por si mesma.

Significado

"Não use remédios", "haverá alegria": se você tenta ordenar outras pessoas baseado em seus próprios padrões, quem no mundo poderá segui-lo? Contudo, agindo de forma compassiva, em benefício dos outros, não é mais necessário utilizar quaisquer remédios para curar-se de si mesmo. Ele percebe que, pela prática da contemplação, todos os obstáculos mentais são eliminados e transforma-os em virtudes, compreendendo, então, que nada mais tem a curar. Ainda que aconteça alguma coisa, sabe que isso passará sozinho, sem aplicação de nenhum tipo de medidas ou remédios.

6ª linha: Ação inocente traz infortúnio. Nada é favorável.

Significado

Apega-se demasiado às ações anteriores e fala orgulhosamente sobre as transcendências. Possui as virtudes inerentes, mas não trabalha as virtudes que se desenvolvem pelo trabalho cotidiano. Por isso, se diz: "Ação inocente traz o infortúnio". Na realidade, somos todos Budas; no entanto, poucos são os que trabalham conscientemente para realizar este Buda interno de forma humilde. Como pode levar algo adiante quem não trabalha de forma consciente?

 Hexagrama 26. *O PODER DE DOMAR DO GRANDE ou GRANDE ACÚMULO (Ta Ch'u)*

Julgamento:
O poder de domar do grande. A perseverança é favorável. Fazer as refeições fora de casa traz boa fortuna. É favorável cruzar a grande água.

Comentário

Depois que experimentou a *Inocência*, inicia-se a construção de uma via sem erros, que o ajudará a nutrir todas as pessoas. Neste hexagrama também existe a ideia de retorno, como se um grande rei retornasse ao seu reino depois de uma longa ausência. Neste retorno ao verdadeiro caminho, inclui mais um elemento: já pensa em ajudar e nutrir também os sábios homens desenvolvendo adeptos ao caminho. Pensando em termos de cultivo da mente, experimenta a iluminação e retorna à essência sem cometer nenhum erro, construindo elementos que ajudem na iluminação dos outros, pensando em longos espaços de tempo.

Ainda assim, continua refinando sua mente, porque atingir a iluminação não é um fim, e sim um meio para elevar-se. Ele realiza isso nas "experiências da vida" entre os homens comuns, e por este motivo diz-se "fazer as refeições fora de casa traz boa fortuna" e "é benéfico cruzar a grande água". Embora neste hexagrama o trigrama que indica perigo não exista, a ideia de atravessar a grande água mostra-nos que a tarefa é carregada de responsabilidade e, se analisarmos os trigramas que o compõem, perceberemos o quão importante ele é em nosso desenvolvimento interior.

Ken, a montanha e o filho do céu na Terra, ou seja, é a "solidez espiritual" ou a "certeza inabalável que todo discípulo consegue com o tempo". Depois, sustentando a montanha, encontramos os poderes espirituais caracterizados pelo céu. Os dois combinados oferecem-nos a ideia de calma externa, poder interno. "Internamente brilhante, externamente sereno e reflexivo": usando estes dois elementos combinados no dia a dia, temos o *Grande Desenvolvimento*.

Agora observemos que a qualidade da força do céu vai para o topo da montanha, ou seja, um homem iluminado acumulando qualidades morais perfeitas (*ken*). O homem superior vai ao encontro da quinta linha *yin*, isto é, um homem flexível que tem a capacidade de honrá-lo e estimá-lo. A quinta linha *yin* também representa um ser que, além de flexível, está profundamente equilibrado, ajudando, assim, a outros professores que, por sua vez, nutrem os cidadãos comuns que servem a nação.

Imagem

O céu no interior da montanha: a imagem do poder de domar do grande. O homem superior põe-se a par dos muitos ditos da antiguidade e dos fatos do passado, fortalecendo, assim, seu caráter.

É interessante observar que a montanha neste hexagrama representa as qualidades espirituais acordadas, trabalhando ativamente por intermédio da personalidade. Se levarmos este símbolo à psicologia, ela se torna a representante da mente calma, que, de forma consciente, inclui passado, presente e futuro. Em outras palavras, diríamos que representa a onisciência, a claridade que pode observar todas as coisas manifestadas, assim como um homem o faz quando está em cima da montanha: mesmo que seja noite, se algum desconhecido acender uma luz tênue no meio de um vale, de longe a perceberá.

Assim acontece quando a nossa mente se torna tranquila e segura como uma montanha: os poderes primordiais tornam-se nossos e, apesar da escuridão, poderemos observar o desenvolvimento de todos os seres. Mesmo com esses poderes, no entanto, é importante continuar a desenvolver a mente, estudando profundamente e praticando as "palavras dos antepassados", a fim de cultivar ainda mais nossas virtudes essenciais. Se, com o poder da calma e a clara visão, estudamos os ditos da antiguidade, praticamos e desenvolvemos nosso caráter, tornando-o forte e puro como o céu e sólido como a montanha. Isto na terminologia budista chama-se "acumular méritos e sabedoria".

Se este hexagrama aparecer em sua vida: Neste período você terá de suportar toda a pressão interna de ter muito poder e não poder manifestá-lo. Terá de segurar suas palavras e sua ação. Então, não fale muito, nem se exponha muito. Ainda assim, as pessoas olharão para você e serão abençoadas. Isto, claro, se você entendeu o recado do Hexagrama 25. Se porventura você não o entendeu, poderá agora sofrer problemas com a sua pressão arterial e correrá sérios riscos de saúde. Então, tente de todas as formas não se alterar e não se irritar com as pessoas. Mantenha a calma que tudo se conserta!

Conselhos Gerais: Este é mais um momento em que deverá se conter um pouco para obter êxito. O mais importante nesta semana é não agir de forma impulsiva ou irracional de jeito nenhum. A melhor ação neste momento é esperar e acumular os recursos. Tome bastantes medidas de precaução.

Negócios/Dinheiro: Economize todos os recursos possíveis porque você precisará deles mais tarde para atingir o êxito. Se tiver guardados na gaveta velhos planos e ideias, dê uma olhada neles que poderá encontrar coisas muito boas.

Estado Emocional: Não critique as pessoas que tem de amar.

Saúde: Preste atenção aos intestinos, ao fígado e às articulações. Não coma comidas picantes e cuidado com espinhas de peixe e ossos finos. Tente descansar.

As linhas

Esclarecimento: Neste hexagrama todas as seis linhas têm a característica da força e do brilho, da honestidade e da calma. Porém, lembre-se que representam o indivíduo que está aprendendo o caminho dos iluminados, assim como aquele que está aprendendo a ajudar e iluminar os outros. Por este motivo, os problemas tornam-se nossos próprios professores.

1ª linha: **O perigo ameaça. É favorável desistir.**

Significado
Estando em uma posição inferior, esta primeira linha *yang* mostra que não será benéfico expor-se ainda. Por consequência, o mais apropriado para o indivíduo é ocultar-se, até que o tempo o ajude em sua grande tarefa. Existe a ideia de tornar-se cauteloso, por ainda não ter completado o trabalho sobre si próprio. Não tente avançar em seus empreendimentos utilizando somente a força, passando por cima da justiça. Se agir desta forma, trará problemas para a sua vida.

2ª linha: **Os eixos da carroça foram retirados.**

Significado

Quando se retiram os eixos de uma carroça, ela não pode se mover mais. Nesta linha, o mais indicado é ajustar-se ao momento e não tentar realizar nenhum tipo de atividade externa. Também está implícita a ideia de guardar silêncio, já que o trigrama nuclear superior é *tui* (palavra, falar). Então, para que tudo corra bem, o mais importante é guardar silêncio e não agir. Nisso está a boa fortuna.

3ª linha: **Um bom cavalo que se segue a outros. É favorável ter consciência do perigo e perseverança. Pratique diariamente a condução da carroça e a defesa armada. É favorável ter aonde ir.**

Significado

Sua orientação é correta, o que está representado pelo dito: "Um bom cavalo que se segue a outros". Ele não está preocupado, agora, em não ser capaz de libertar as pessoas, mas em avançar rapidamente para sanar ainda mais seus defeitos. Por isso, é importante "praticar diariamente a condução da carroça e a defesa armada". Como acima tem as boas companhias, "é benéfico ter aonde ir". As suas boas companhias estão representadas pela quarta linha; os líderes sábios, pela quinta; e os homens iluminados, pela sexta. Unindo-se a eles, atingirá seu objetivo.

4ª linha: **A tábua protetora de um novilho. Grande boa fortuna.**

Significado

Isto representa flexibilidade que é corretamente orientada, correspondendo abaixo com força, justiça, boas companhias, representadas pela primeira *yang*, associado com força e justiça, representadas pela terceira *yang*, e líderes equilibrados e flexíveis, representados pela quinta *yin*. As faltas ainda não começaram a aparecer e, na verdade, aquelas que acaso surjam, serão dominadas assim como um fazendeiro faz com um novilho jovem, colocando uma madeira à sua frente. Por isso diz-se "a tábua de um novilho, grande boa fortuna".

5ª linha: As presas de um javali castrado. Boa fortuna!

Significado

Um javali castrado não é violento, mas seus caninos ainda assim são duros e afiados. Aqui ele quer dominar as paixões (representadas pelo javali): castra-o, ou seja, tira-lhe o poder de reprodução. Contudo, essas paixões inerentes (representadas pelos caninos afiados) ainda são duras e estão aí, muitas vezes incomodando. Mas para dominá-las não usa a força, e sim novamente o coração. Castra o javali, e isso aumenta sua potência, mas a violência da paixão é transformada em amor para com todos os outros seres. Portanto, que esgote a fonte original de onde provém todo o mal, e este cessará por si. Lembremos que tal trabalho nunca é fácil no início. É preciso que use a justiça e a doçura, assim atingirá seu objetivo. Utilizando a serenidade e a docilidade, encontrará ajuda e suas preocupações cessam. O presságio é feliz. Quanto mais pensar nas pessoas ao seu redor, mais felicidade encontrará.

6ª linha: O caminho do céu é alcançado. Sucesso.

Significado

Suportando a responsabilidade de um líder e guiado com força e flexibilidade em equilíbrio, o objetivo que se procurou na vida particular agora é levado adiante em grande escala, sem obstruções.

Evite ser arrastado pela pressa excessiva: isto traz muito mal-estar ao seu ambiente, pode causar problemas, e as pessoas falarão mal do líder.

Hexagrama 27. AS BORDAS DA BOCA ou PROVER ALIMENTO (I)

Julgamento:
As bordas da boca. A perseverança traz boa fortuna. Preste atenção à nutrição e àquilo que o homem procura para encher sua própria boca.

Comentário

No hexagrama anterior o celestial treina o espírito do indivíduo na virtude da paciência e da serenidade mental, ou equanimidade. Neste hexagrama, após compreender a importância da Inocência, o indivíduo em desenvolvimento espiritual entende que deve procurar alimento pela prática da serenidade e da compaixão. Este alimento vem das bênçãos da linhagem espiritual à qual o indivíduo está filiado. Estas bênçãos incluem maior capacidade espiritual para poder também alimentar os outros sem esforço.

Neste hexagrama ele terá de "saber o que extrair" e "assimilar intimamente" todos os ensinamentos. A nutrição é dupla: significa nutrir-se das experiências dos grandes mestres do passado e colocá-las em prática na vida diária. Uma vez colocadas à prova no seu dia a dia, compreenderá o que é realmente digno de ser aproveitado e o que estará de acordo com a sua época e seu momento em especial. Um lama tibetano dizia sempre que as palavras que o Buda proferiu há 2.500 anos eram muito proveitosas para as pessoas daquela época, mas, se não forem adaptadas para o homem do século XXI, aquele alimento que uma vez iluminou a muitos hoje poderia transformar-se em causa de problemas.

Hoje vemos muito isso, especialmente no Ocidente: muitos falsos lamas usam os ensinamentos do Buda, mas não possuem a ética e a moralidade corretas. Um ensinamento que antes era um manjar hoje transformou-se num veneno. Não por causa do ensinamento, e sim porque o indivíduo em questão não tem preparo nenhum para ajudar os outros e, assim, mistura suas próprias neuroses com o ensinamento precioso. Colocou um vinho novo num copo cheio de veneno. Contudo, uma vez que experimentou em si próprio o alimento e aproveitou o que lhe corresponde, terá de nutrir os que estão esperando por sua vez. Esta nutrição terá de ser nova, ainda que esteja sustentada em elementos muitos antigos. "Ele terá de estar atento à nutrição de seu irmão" lembra-me muito o célebre dito bíblico "não dar pérolas aos porcos".

Em termos de treinamento de meditação, a sabedoria do Buda está sempre nos acompanhando, mas tem de ser nutrida corretamente, a fim de que a iluminação seja desenvolvida. Esta nutrição correta tem de estar acompanhada da prática das virtudes que se manifestam diariamente no caráter do indivíduo. Se não souber como realizar isto, então que observe como os sábios da antiguidade o fizeram, para seguir seus passos. Se você não observar o que os sábios nutrem, não terá meios de encontrar um exemplo que queira emular.

Os santos sábios nutrem os professores que o assistem; eles, por sua vez, ajudam a população. Assim, a ética e a moralidade, os bons costumes e o amor compassivo podem distribuir-se entre todos os seres.

Imagem

O trovão na base da montanha: A imagem de prover alimento. Assim, o homem superior é cuidadoso em suas palavras e moderado no comer e beber.

As palavras e o tipo de alimentação são duas manifestações da consciência: esteja atento ao que sai de sua boca; lembre aquilo que Jesus, o Cristo, disse: "Não é aquilo que entra na boca, e sim aquilo que sai dela que torna o homem justo ou não". Esta ideia é de vital importância para o caminhante, porque existe um elemento a ser preenchido, que é o saber falar e o saber calar. Para aquele que tem a responsabilidade de ajudar os outros no caminho da descoberta interior, a palavra torna-se o melhor instrumento, que o ajudará ou não, na sua tentativa de prestar serviços aos outros. Diz um mestre tibetano que "quem domina a palavra está perto da iniciação". Não só a palavra, mas também o silêncio que existe entre elas; por isso pede-se moderação ao falar.

Lembremos que o *I Ching* é o livro da sabedoria. Então, quando nos pede para que sejamos moderados ao falar, está nos pedindo que estudemos profundamente os *Oito Nobres Caminhos de Buda*, em especial a "palavra correta". A moderação aqui refere-se àqueles que estão aprendendo a servir os outros por meio da linguagem e que têm de ser moderados para não confundir, ferir ou serem enganados por ela, ainda que tenha a melhor das boas intenções.

Muitas vezes queremos falar o que pensamos, mas não sabemos se a pessoa à nossa frente está ou não preparada para nos escutar. Muitos erros de interpretação geraram discórdias, intrigas, ciúme e até mortes. Quando os inquisidores interpretaram as palavras de Cristo, mataram muitas pessoas. Ora, Cristo não veio para que alguém morresse em seu nome; no entanto, os homens pegaram suas palavras, que estão sustentadas no amor e na compaixão, e usaram-nas para semear o terror. O mesmo aconteceu no Oriente: taoístas perseguiram budistas, budistas perseguiram confucionistas. Sidarta Gautama, o Buda, sempre foi perseguido pelos brâmanes, não só pelo que falava, mas também pelo conteúdo, por suas intenções.

Então, no caminho do autodesenvolvimento, o discípulo tem de aprender a falar verdadeiramente. Se falar verdadeiramente, terá de pensar na verdade, e isto é o mais importante. Assim, também terá de não só falar corretamente como também alimentar os homens corretos com a finalidade de que eles, por sua vez, alimentem os outros e possam atingir o povo inteiro. Por isso o *I Ching* diz "o santo sábio alimenta os homens de valor e abrange, assim, o povo inteiro".

Se este hexagrama aparecer em sua vida: Após ter sido contido pelo poder espiritual no Hexagrama 26, você agora tem de estar atento ao que ingere como alimento. Este alimento não é somente pão, "não é somente de pão que o homem vive". Aqui o alimento é espiritual, mas observe que o trigrama superior que está relacionado com o exterior pede-lhe quietude, calma, introspecção, silêncio. Então, fica claro aqui que as bordas da boca devem estar fechadas, as palavras devem ser profundas, poucas, serenas, benevolentes. Em poucas palavras, este hexagrama lhe diz: "fale quando suas palavras forem mais valiosas que o silêncio".

Conselhos Gerais: Momento de procurar estudar e nutrir-se ao máximo sobre o tema de sua preferência. Procure o alimento apropriado que o capacitará a ajudar os outros depois. Este é o momento de procurar um bom mestre de alguma tradição espiritual para guiá-lo.

Negócios/Dinheiro: Momento de compartilhar a sua riqueza. Escute os homens mais experientes. Não se fie em sua própria sabedoria, que não é tanta assim.

Estado Emocional: Quem está solteiro encontra o seu amor; quem não é, descobre em seu parceiro novas qualidades. Tente estar livre de preconceitos.

153

Saúde: Pequenos problemas de estômago e fígado. Tente descansar; problemas nos pés.

As linhas

1ª linha: **Você deixa escapar sua tartaruga mágica e olha para mim, com os lábios caídos. Infortúnio.**

Significado

Saber quando parar é o caminho correto para nutrir a si e aos outros; a primeira linha yang representa força positiva que é suficiente para nutrir a si mesmo, como a tartaruga sagrada que ingere energia no ar, e assim não necessita de comida. Não fazer isto e vigiar os alimentos dos outros é ganância; assim, você perde o que é valioso e sofre o infortúnio. No budismo, isso é como uma pessoa com conhecimento meramente teórico, que não pode ajudar o povo. Sua inteligência é lúcida e profunda, mas suas paixões são muito fortes. Então, o melhor é acalmar este oceano por meio da tranquilidade e da solidão. Cuidado com as ilusões sexuais.

2ª linha: **Dirigir-se ao alto em busca de alimento, afastar-se do caminho para buscar alimento na colina. Caso continue a agir assim, trará infortúnio.**

Significado

Desejar nutrir as virtudes sem ter consciência do que deve ser trabalhado, elevar e engrandecer a si mesmo, presumindo ter o que na verdade perdeu, ser vazio e ainda considerar-se repleto é perverter a nutrição: isto vai contra a norma constante de usar o forte para nutrir o fraco. Esta é a nutrição do ignorante, que age arbitrariamente, não sabendo como procurar a verdade. O homem deve pedir aos seus instrutores ou amigos que o ajudem a resolver seus problemas; no entanto, para que a ajuda seja efetiva, há que ser humilde e aceitá-la de bom grado. Muitos pedem ajuda, incomodam seus amigos fazendo-lhes perder muito tempo de sua vida e depois distorcem os conselhos recebidos. Isto traz para si a perda de companhia daqueles que podem ajudá-lo.

3ª linha: **Afastando-se da nutrição. A perseverança traz infortúnio. Durante dez anos, não aja dessa forma. Nada é favorável.**

Significado

Seguindo os próprios desejos, concernentes apenas a comida e roupas, e não à essência da vida, "nutrir o corpo pequeno" é ser uma pessoa comum, que vai contra a nutrição da verdade. Mesmo que a comida seja ganha corretamente, ainda é uma via desafortunada. Pessoas como estas podem passar toda sua vida inconscientes de que existem qualidades que deveriam ser cultivadas. Mesmo por dez anos, não se deveria agir desta forma: persistindo assim, não haverá benefícios. Esta é a nutrição na ignorância, que termina sem o verdadeiro agir. Lembremos que no desenvolvimento espiritual existem momentos em que o discípulo é assaltado por sentimentos e lembranças que o arrastam ao seu passado. Aqui nesta linha está explícito este momento, que é crucial, pois pode realmente fazer fracassar a tentativa de autoconhecimento.

Um mestre tibetano disse o seguinte a este respeito: "o verdadeiro fracasso é voltar a viver no mesmo ritmo que abandonamos quando nos propusermos a iniciar o caminho espiritual". Prestem muita atenção a isto. Ainda que pense que nada vale a pena, lembre-se que um treino verdadeiro leva muito tempo e esforço constante. Este é o símbolo do diamante.

4ª linha: **Dirigir-se ao alto em busca de alimento traz boa fortuna. Espreitando ao redor com o olhar cortante como o de um tigre numa avidez insaciável. Nenhuma culpa.**

Significado

Nesta linha, existe um momento de confusão. Ele não sabe como aproveitar a nobreza do conhecimento que vem dos homens sábios e, ainda assim, não sente vergonha de pedir auxílio àqueles que nada sabem. Se a pessoa continua nesta conduta, torna-se evidente que seu coração não é sincero. Porém, se a pessoa compreender o poder da flexibilidade e tentar encontrar o que é correto, como um tigre espreitando intencionalmente a caça com os olhos focalizados e a mente verdadeiramente diligente, a saída desta situação será realizada de forma natural.

Se a pessoa procura a verdade, encontrará a verdade. Assim, a pessoa que antes cometia erros, pode acabar com eles. Esta é a nutrição daquilo que está incompleto, procurando a verdadeira plenitude. Seja cuidadoso: o melhor é retrair-se, modificar-se interiormente; ainda assim, neste momento vislumbra-se a melhora das situações. Escute os conselhos dos homens sábios.

5ª linha: **Desviar-se do caminho. Permanecer perseverante traz boa fortuna. Não se deve atravessar a grande água.**

Significado

Nutre o interior, mas não sabe se nutrir externamente. Interiormente compreende o que tem de ser realizado, mas externamente não sabe agir. Pede conselhos às pessoas superiores, e isto é bom. O interior e o exterior aplicam-se tanto a si mesmo como aos outros. Ainda assim, esta via trará bons resultados. Entretanto, não é aconselhável realizar grandes empresas com esta deficiência; por isso mantém-se tranquilo e solitário. Esteja preparado: siga os conselhos que lhe oferecerão e sua vida começará a melhorar consideravelmente. Porém, não descanse em se vigiar para evitar todo tipo de conflito.

6ª linha: **A fonte da nutrição. A consciência do perigo traz boa fortuna. É favorável atravessar a grande água.**

Significado

Aprende a nutrir a si mesmo e os outros, sabe aproveitar o tempo e o descanso; suas palavras tornam-se boas e fortes. Conhece o princípio e o fim das coisas. Capaz de nutrir-se nas circunstâncias adversas; retira seu alimento das situações de sua própria vida e não espera que alguém lhe diga o que tem de realizar. Quando a nutrição chega a este ponto, em que não se constrange pelas adversidades ou momentos bons, ou seja, não se obstrui pelas dificuldades ou facilidades, a energia e o corpo transmutam-se.

Este é um momento de estar atento ao que está a seu redor para evitar os perigos. Ainda assim, há momentos de felicidade. Se tiver de realizar alguma grande tarefa, este é o momento. Escute os conselhos dos mais experientes.

 Hexagrama 28. PREPONDERÂNCIA DO GRANDE (*Ta Kuo*)

Julgamento:
Preponderância do grande. A viga mestra cede a ponto de quebrar. É favorável ter aonde ir. Sucesso.

Comentário

Após nutrir-se e aprender a nutrir os outros, compreende que precisará ficar sozinho. O seu relacionamento com os outros o modificou muito: pensa que pode manipular a todos. O seu caráter pode corromper-se; então, a única forma de preservar sua integridade ética moral e mental é ficar só, como uma árvore que está recebendo uma forte inundação. A inundação é água com barro e muitos objetos de todo tipo. Todos nós vemos pela televisão como é devastadora a força da água nesse fenômeno natural. Aplicada à transformação do indivíduo, a água suja representa tudo o que há de mais perturbador associado à nossa natureza sensorial. Aqui reside a possibilidade de corrupção do caráter humano. A força avassaladora de todas as nossas tendências mais escuras torna-se presente, arrastando consigo a vida do ser humano. Quantas vezes já encontramos pessoas que, até um dado momento, eram corretas e honestas e depois foram completamente transformadas pela corrupção moral?

Neste hexagrama o indivíduo vai se enfrentar com todas as compulsividades relacionadas à autossatisfação sensorial. Luxo, prazer desmedido, sexo grupal, drogas, festas sem sentido, etc. Por que aparece tudo isto tão de repente? Porque o indivíduo está realizando um esforço desmedido para eliminar de si os estados relacionados à ignorância mais profunda, e quando a ignorância está por ser quebrada, aparecem os defeitos que estão mais arraigados em sua consciência. Lembremos que, nos trigramas superior *tui* e no inferior *sun*, temos a representação da dualidade. Contudo, temos dois tipos de dualidade e indecisão: *tui*, "devo ou não experimentar a sensação que tanto prazer me causa?", e *sun*, "devo ou não pensar corretamente?", "o que mais me convém?". Porém, dentro do hexagrama, temos duas vezes o trigrama nuclear *chien*, poderoso, iluminado, explosivo – muita força interna, muita fraqueza externa; muito desejo interno, muita fraqueza moral externa. Então, a "viga está aponto de se quebrar": a viga mestra é o espírito da pessoa.

Imagem

O lago ultrapassa as árvores: a imagem da preponderância do grande. Assim, o homem superior não se aflige quando está só e não se deixa abater quando deve renunciar ao mundo.

No próximo hexagrama, a força interior terá de ser testada em toda a sua profundidade e extensão. Nada melhor do que, antes de passar por um momento de extrema tensão, o discípulo submeter-se à solidão e renunciar ao mundo. Somente um homem que sabe estar sozinho consigo, confiando em suas próprias forças, poderá enfrentar as provas que o próximo hexagrama lhe proporcionará. Também posso afirmar que este hexagrama é o ponto culminante do treino individual do discípulo antes que se torne um mestre de compaixão.

O próximo hexagrama diz: "Se você é sincero, terá o sucesso em seu coração". O que indicam estas palavras? Se há sinceridade de propósito, o sucesso estará sempre com você em seu interior e o seguirá como a sua sombra. Assim como o coração está em seu lugar, ter sucesso no seu "coração" é tê-lo conquistado, transmutado, purificado. Lembremos, por exemplo, a imagem simbólica do Sagrado Coração de Jesus: ele está sendo purificado pelo fogo da compaixão, e Cristo nos aponta o coração de forma sugestiva, com a finalidade de que repitamos este exemplo.

Refletindo sobre estes símbolos cósmicos que afetaram cada ser humano que tenta percorrer o caminho dos grandes sábios e mestres da humanidade, ainda que você seja chinês, russo, americano ou brasileiro, perceberá que as etapas serão as mesmas para todos: mesmo que cada um deles experimente de forma diferente, chegará o momento em que o coração terá de ser seu próprio palco da purificação de todas as forças que ascendem dos chackras inferiores. Por isso, se diz: "A preponderância do grande". Quando o espírito prevalece no interior, como no caso deste hexagrama, as forças inferiores, ou da personalidade, terão de ser transmutadas; a forma terá de ser suave; o local em que se encontre o discípulo terá de ser solitário; o veículo para lograr-se a transmutação terá de ser a mente pura (trigrama nuclear *chien*), e o local interior terá de ser o chackra cardíaco ou o coração. Só depois de ter conquistado esse momento, ele terá o sucesso no coração, porque, na realidade, é o coração dele que terá sofrido toda a transmutação. Só depois de ter passado esta prova, poderá exercer o magistério.

Se este hexagrama aparecer em sua vida: prepare-se para perder tudo o que você pensa que conquistou. Neste momento você terá uma consciência muita apurada de que pode manipular todos os seres que quiser, de que poderá usá-los como brinquedos; contudo, se você gostar dessa forma de ser, prepare-se, porque em pouco tempo será descoberto e odiado por isso. Neste momento, o mais importante é não se relacionar muito. Fique muito tempo sozinho em casa, estudando, refletindo sobre a sua vida, eliminando de seu coração as mágoas do passado. Se não fizer isto, não poderá suportar o que o seu destino lhe apresentará num futuro próximo. Sempre, neste dia em que vivemos, estamos nos preparando para o amanhã. Nosso futuro depende do que hoje pensamos e fazemos. Se hoje você não puder refrear seus impulsos, então o amanhã será assustador.

Conselhos Gerais: Este hexagrama previne-nos contra os perigos da abundância, neste momento em que possuímos tudo aquilo pelo qual lutamos, ficamos confusos e pensamos em coisas que a nossa tradição não aceita como boas. Cuidado com a corrupção do caráter.

Negócios/Dinheiro: Evite extravagâncias; administre o seu dinheiro com mais sabedoria. Não gaste simplesmente por gastar. A jovem que mostra toda a sua beleza está exposta a que lhe roubem a virtude. Não corra riscos desnecessários. Não entre em novos negócios.

Estado Emocional: Cuidado com os desejos extravagantes: não deixe que ideias estranhas concernentes ao sexo e à relação sexual tomem conta de sua mente. Não experimente coisas proibidas pelo bom senso e pela moralidade do seu povo.

Saúde: Problemas com os intestinos. Cuide-se para não contrair problemas pulmonares; evite situações de mágoa intensa, que poderão afetar-lhe os pulmões e o intestino delgado. Momento de profundo estresse.

As linhas

1ª linha: **Forrar com uma esteira de junco branco. Nenhuma culpa.**

Significado

"Forrar com uma esteira de junco branco" é preocupar-se com a disciplina que fará emergir de si as qualidades internas necessárias para o auxílio ao próximo. Esta flexibilidade é importante no princípio. O trabalho aqui é estudar humildemente os temas espirituais mais elevados. "Forrar com uma esteira" significa, então, disciplinar-se humildemente. O junco branco representa as virtudes que se atingem mediante a disciplina. Existe aqui uma advertência em manter-se humilde e circunspecto; assim, assegurará o seu descanso e evitará cometer erros. Evite o medo, que lhe tirará a capacidade de agir.

2ª linha: **Num álamo seco surge um broto na raiz. Um homem mais velho toma uma jovem como esposa. Tudo é favorável.**

Significado

Isto representa o forte pedindo ajuda ao fraco: é como um álamo seco com um broto na raiz. O broto é a vida, vida na raiz, no mais profundo do ser. "Um homem velho podendo engendrar uma menina": ainda que tudo seja feito de comum acordo, a situação é delicada. A árvore seca relaciona-se a tudo aquilo que já morreu dentro de nós. Velhas lembranças, ou velhos amigos que já não fazem mais parte de nosso dia a dia. No entanto, seja de uma lembrança ou de um relacionamento antigo, ainda podemos extrair algo novo, como um broto: usando a cordialidade externa, porém a dureza interna, você chegará aos seus objetivos. Possibilidade de engendrar um filho: se esse for o seu desejo, este é o melhor momento.

3ª linha: **A viga mestra cede a ponto de partir. Infortúnio.**

Significado

Obstinação e desequilíbrio deixam a mente do praticante sem luz. Isto transforma-o em uma pessoa teimosa, colocando todo o seu trabalho em perigo. Dizem os mestres da meditação que uns dos grandes inimigos que encontramos em nosso caminho é o apego às nossas próprias ideias, sem saber se são certas ou não. Quando nos entregamos a esta forma de pensar, nossas virtudes certamente serão arruinadas e, logicamente, se esta pessoa estiver dentro de um grupo ou for líder dele, também causará distúrbios aos outros. "A viga mestra cedendo a ponto de se quebrar" indica que a pessoa sofrerá pela sua forma de pensar e agir. Extraviando sua inteligência assim não poderá ajudar ninguém.

Momento de muitos problemas com muitas pessoas. Tente ser amável, cordial, sereno e, mais que nada, vigie suas palavras. Existe a possibilidade de que queira renunciar à sua obra por não se considerar à altura do trabalho.

4ª linha: **A viga mestra é sustentada. Boa fortuna. Se há segundas intenções, isso é humilhante.**

Significado

Ele consegue dar fim a seus estados caóticos, isto é: "A viga mestra é sustentada", contudo, outros problemas tornam-se evidentes: se a pessoa gosta de aparecer ou tiver segundas intenções quando se relacionar com os outros, será descoberto e sofrerá humilhações.

5ª linha: **Um álamo seco floresce. Uma mulher idosa encontra um marido. Nenhuma culpa. Nenhum elogio.**

Significado

Sente alegria por estar desfrutando da paz, mas esta não é o fruto de um treinamento interno, e sim de meramente seguir as formalidades externas. Continua fazendo as práticas de meditação, mas não recebe as bênçãos, já que sua intenção não é correta. Isto está retratado pelo dito "um álamo seco floresce": uma flor em algo morto não pode ser decorrente de um esforço, e sim de circunstâncias externas. "Uma mulher idosa encontra um marido": alguém que segue a formalidade do casamento, mas não poderá lhe oferecer um filho; então, não haverá nenhuma transformação nem uma nova vida. Nesta situação nada acontece. Momento estranho: não consegue ajuda dos outros e aparentemente é abandonado. Ao mesmo tempo, até o relacionamento matrimonial fica sem sentido. O I *Ching* diz: "A situação é insólita". Neste momento, o mais importante é vigiar as palavras. Evite especialmente criticar, desprezar ou falar duramente com as pessoas.

6ª linha: **É preciso atravessar a água. Esta chega a cobrir a cabeça. Infortúnio. Nenhuma culpa.**

Significado

"É preciso atravessar a água." Neste caso, a água representa os estados emotivos caóticos. "Esta chega a cobrir a cabeça." Esta é a causa do infortúnio: por estar emocionalmente perturbado, excede-se nas regras, não se preocupando com os perigos que terá de ultrapassar adiante.

No entanto, este estado é passageiro e, com isto, consegue ao menos possuir uma sinceridade que o salvará nas próximas provas, que enfrentará no Hexagrama 29.

Momento muito perigoso e nefasto: esteja atento aos homens inferiores que o cercam. Não se alie a nenhum deles, porque eles se afogarão em suas próprias negatividades e poderão arrastá-lo.

Hexagrama 29. O ABISMAL (K'an)

Julgamento:

O abismal repetido. Se você é sincero, terá o sucesso em seu coração e tudo o que fizer terá êxito.

Comentário

Kan representa a transmutação mediante o esforço. É a alma dentro de seu corpo, o espírito dentro da matéria. *Kan* representa a água da chuva, que sofreu toda a transmutação de ter passado pelo estado sólido nos cumes das montanhas, símbolo do discípulo que conhece a solidão e a paz das alturas: livre, porém só. Depois, esta mesma água recebe os raios do sol, que a fundem e a transformam em cachoeira. Ela se precipita, então, aos pés da mesma montanha que anteriormente a sustentava em seu cume. Este ato é digno de ser meditado, porque representa aquele discípulo que compreende que, para ajudar os outros, de nada serve estar sozinho, na paz do êxtase. Desce e precipita-se, vai aos infernos (diriam os cristãos) e assume a nova condição; penetra na terra, preenche todos os vazios, supera os obstáculos e corre adiante. Por isso *kan* é o símbolo da mestria. Quem pode preencher todas as deficiências e, ainda assim, ser o mesmo e continuar com sua procura?

Mas esta água na terra compreende os mistérios daquela que a aprisiona, e segue a vertente, o manancial; é a água que cura as feridas e aplaca a sede, que possui em si os sais minerais que ajudam o ser humano a ter uma saúde mais robusta, então serve. Já não está nas alturas, isolada, somente para ser contemplada; ela já não é cascata que

163

se precipita perigosamente das alturas; agora serve, e os seres aproveitam tudo o que tem para dar. Do manancial, ela segue seu caminho e novamente transforma-se em rio: sua meta é a transmutação completa num ser maior, o *oceano*, a totalidade. Sendo rio, molha os campos, os peixes fazem felizes as mesas dos pescadores; os seres aproveitam suas águas para, junto a elas, se reunirem em comunidades, e, por fim, em sua grande transmutação, de individualista e cheia de vaidade nas alturas, reintegra-se à sua *totalidade*.

Os oceanos fazem-lhe conhecer o bem maior de ser ela mesma, mas ao mesmo tempo de ser *tudo*. Agora, esta transmutação relaciona-se somente com a sua estada entre os mistérios da terra e dos homens. Ainda assim, toca-lhe mais uma transmutação, em que novamente o sol doador de vida pegará o melhor que há nela e elevará sua vida até os céus, para depois transformá-la novamente no bem mais precioso que a humanidade conhece: a chuva. Sem ela, praticamente não teríamos vida no planeta; a chuva que limpa a atmosfera, rega os campos e dá nova vida à comunidade de todos os seres. Antigamente, quando o ser humano não tinha descoberto o poder pela tecnologia, a chuva era uma bênção; hoje em dia, infelizmente, não compreende este equilíbrio ecológico e, pelo seu agir, está colocando em risco a vida do planeta, tornando a chuva algo muitas vezes desastroso. Porém, ainda assim, sem ela, o que seria de nossas colheitas?

Saindo do âmbito natural e penetrando nas regiões do pensamento, temos em *kan* a mesma analogia. A neve (a água congelada, cristalizada e fixa) são os pensamentos cristalizados daquele que sabe, mas que não quer mudar. O sol que degela os pensamentos é a própria vida, que demonstra ao ser humano teimoso que ele terá de mudar internamente com a finalidade de ajudar os outros a compreender os mistérios do ser. A cascata está relacionada aos pensamentos que, depois de uma longa meditação, penetram na consciência cerebral e induzem o discípulo a agir conforme o que captou nela. A nascente e as águas subterrâneas estão intimamente ligadas às experiências profundas que o aluno tem em relação àqueles a quem tenta servir. Nada melhor do que experimentar o que o nosso irmão experimenta para saber como ajudá-lo.

Os rios têm a ver com a vida social do discípulo. Servem da melhor forma possível, e cada ser humano que ajudam, retira dele o alimento de que necessita, assim como se faz com a água: uns a usam para regar os campos; outros, para pescar; e outros, para refrescar-se e lavar roupas. Enfim, a vida do discípulo consagrado é assim: uns entenderão suas palavras e as aplicarão em suas vidas matrimoniais, com a finalidade de viver uma vida familiar digna e santa; outros poderão ouvir as mesmas palavras e entender alguma abstração metafísica e, assim, tornar-se seres cujas consciências expandem-se e tornam-se oceanos. Abrangendo com sua compaixão todos os outros seres humanos, realizam o Buda, na experiência do *satori* (para os japoneses) ou do *samadhi* (para os hinduístas).

Ainda assim, falta ao discípulo tornar-se um "ser completo". Então, nas águas da vida do oceano, experimenta mais uma vez a vontade do pai, o sol, que lhe pede que renuncie a este estado de felicidade para voltar a estar entre os homens, já, neste caso, de uma forma totalmente nova. Agora ele oferece aos homens todo o conhecimento e experiência do ponto de vista do eterno, assim como Buda e Cristo o fizeram depois de suas "mortes". O discípulo reaparece e mostra aos homens que, na realidade, a morte é somente uma parte de uma grande experiência chamada "vida".

No budismo, entende-se que, quando muitas pessoas colocam os ensinamentos em prática surge a contaminação, e atividades destruidoras tomam lugar. Este problema é enfrentado por todos os sistemas de ensinamento relacionados ao desenvolvimento da psique humana. Infelizmente, os indivíduos de ontem e hoje estão dominados pelas paixões vulgares, que nublam sua visão com relação à realidade. O sofrimento causado pela falta de visão estimula-os a procurar os ensinamentos sobre a essência do ser. Mas que "procurem" os ensinamentos nada tem a ver com que "pratiquem" e se "transformem". Junto com sua procura, percebemos que os seus defeitos mais poderosos estão presentes e, na realidade, se não os tivessem, nada poderiam procurar. A isto se chama "surgem as contaminações": o ser humano entrega-se às práticas ou ao estudo de disciplinas a fim de eliminar essas impurezas. O perigo é que o trabalho a ser realizado "não é consciente", e quaisquer elementos, sejam palavras ou atos de seu instrutor espiritual, são tomados como ofensas, o que na maioria dos casos ocasiona uma resposta violenta que cure o pequeno ego ferido.

O mesmo acontece em relação à mente contemplativa. Quando o poder da inteligência é dominante, quando o aspirante ao conhecimento está se polarizando no seu aspecto mental, os hábitos do passado tornam-se ativos, apresentam-se novamente com renovado vigor, o que desconcerta o praticante e infunde-lhe a sensação de que em nada evoluiu. A percepção dos antigos problemas que acreditávamos ter resolvido manifesta-se como fantasmas atormentadores no palco de nossa consciência, fazendo-nos acreditar que eles nunca foram subjugados. Verdadeiramente, estes elementos nada têm de realidade, a não ser aquela que lhes atribuímos; porém, como aparecem com a velha roupagem de sensações passadas, mais a potência mental daquele que os observa, oferecem-nos uma "miragem", que, na maioria das vezes, nos faz perder muito tempo.

A estes estados de consciência o *I Ching* chama de "perigo múltiplo", porque muitas vezes arrastam o peregrino a regiões do pensamento que nada têm a ver com sua disciplina, induzindo-o a cometer erros. Estes engendram um karma negativo que terá de compensar mais tarde. Por outro lado, os mestres budistas dizem que o perigo não constitui um problema, ou seja, graças a ele o meditante aprende a tomar as devidas precauções.

O verdadeiro problema é o meditante não ser um bom estrategista e não saber evitar o perigo. A estratégia, neste caso, está relacionada com a maturidade espiritual do praticante, que é adquirida ao longo do caminho, até que se torne um mestre. Por este motivo, se diz: "Assim o homem superior caminha em constante virtude e exerce o magistério". Cabe a nós perguntar, então: como evitar estes perigos? Diz o *I Ching*: "Se você é sincero em seu coração, terá êxito".

De acordo com a meditação budista, a sinceridade de coração tem a ver com a fé profunda do meditante, que percebe que tudo o que o rodeia e tudo o que há dentro dele mesmo não é outra coisa senão a projeção de estados da mente. Compreendendo isso, dará valor aos elementos que lhe lembrem os estados verdadeiros do ser e esforçar-se-á para realizar atos que terão verdadeiro valor. Praticando esta via, que perigo não pode ser superado? Caminhar em constante virtude é, para o budismo, a prática da atenção permanente, e de instruir todos os seres sem cansar-se. A imagem do perigo múltiplo é uma alusão ao método mental dos sábios de todos os tempos, pois o perigo não é para ser temido, e sim para podermos aprender com ele. Devemos saber trabalhar para que as calamidades e os problemas sejam considerados auxiliares no processo de autossuperação.

Em relação à ciência da meditação, *kan* em duplicidade está intimamente associado à habilidade de governar os estados mentais, fundamentada na observação constante dos mesmos. O mais importante é acreditar profundamente que a mente pode superar qualquer estado mórbido com força e equilíbrio. Esta força e equilíbrio estão representados pela linha *yang* no centro. Assim, ainda que existam estados mentais problemáticos, são passiveis de serem solucionados. Ademais, a palavra "perigo" pode soar como algo a ser evitado, mas aqui o perigo em si representa a condensação de energias que tornam o homem um ser completo. É o próprio perigo que remedia nossas deficiências, pois obriga-nos a estar permanentemente atentos.

Utilizando o perigo, quando se trata da defesa de um Estado, antigamente usavam-se os fossos e os grandes muros para defender as cidades; hoje em dia, usamos mísseis e as barreiras naturais para defender. Então, usamos um elemento perigoso para uma ação benéfica, isto é, usamos o perigo cuidadosamente, e não perigosamente.

Imagem

A água flui ininterruptamente e chega à sua meta: a imagem do abismal repetido. Assim, o homem superior caminha em constante virtude e exerce o magistério.

As ações virtuosas são dignas de estudo, e sua prática leva o homem a tornar-se incansável no ensino aos outros e a manter sua própria disciplina. A imagem do perigo múltiplo é aquela do método mental dos sábios de todos os tempos. Dizem os mestres que o perigo não é para ser temido – ele deve tornar-se seu próprio professor. O próprio Sidarta Gautama, o Buda, chama os problemas de "amigos professores". Isto nos mostra por que se diz: "Assim, o homem superior caminha em constante virtude e exerce o magistério". A ideia de ser mestre muitas vezes confunde os principiantes; pensam que a mestria vem "do alto" como um dom, ou, na maioria das vezes, confundem mestria com erudição, quando, na realidade, a mestria aparece porque o ser humano está acostumado a resolver os conflitos com calma e consciência. A erudição nada tem a ver com a sabedoria; na maioria dos casos, a erudição está contra a sabedoria e interfere no caminho da mestria. Disse uma vez um grande mestre de filosofia: "A erudição é a mente cheia de conhecimento de outros; a sabedoria é a mente atenta a si mesma". A mente atenta a si mesma percebe seus próprios estados caóticos, e isto é "andar em perigo", porque perceber não quer dizer controlar, e muitas vezes quem percebe seus estados mentais caóticos é arrastado por eles. A mestria e o magistério são dois passos que o indivíduo completa dentro de si mesmo. Primeiro controla seus estados mentais caóticos; depois, mostra o caminho aos outros.

Se este hexagrama aparecer em sua vida: É um momento em que o mais sagrado de seu caráter será colocado à prova. O *I Ching* fala de uma forma bem direta: "Se você é sincero" consigo mesmo, com os outros, em relação à sua vida. Ou seja, este hexagrama coloca diante de você o fato de que a única saída para os problemas mais profundos de sua vida somente poderão ser resolvidos pela análise profunda aliada a uma sinceridade extrema. Então, uma vez encontrada esta verdadeira sinceridade que não se deixa manipular por ganhos ou perdas, "tudo o que fizer terá êxito". Simplesmente é assim: se você não é sincero nem consigo mesmo nem com os outros, o único caminho é o mais forte dos sofrimentos.

Conselhos Gerais: Este hexagrama refere-se a estar preparado para os perigos inevitáveis. Tem de estar preparado e, para que isso aconteça, é bom começar cedo. Tente ser fluido como a água e adaptar-se às circunstâncias. Sendo rígido demais poderá ser derrubado pelas situações que virão. Bom momento para distinguir quem é realmente o seu melhor amigo. Nenhum desejo poderá ser realizado nesta época.

Negócios/Dinheiro: Momento de perda financeira: não invista e resguarde o que possui. Cuidado com os ladrões. Não corra risco nenhum. Prepare-se para uma crise. O melhor investimento nestes momentos é manter a cabeça fria.

Estado Emocional: Momento de tristezas e brigas que poderão produzir muitas mágoas. O mais importante é recorrer a forças religiosas de seu credo em particular. Treine meditação.

Saúde: Cuide em especial do seu coração; sua pressão arterial poderá ficar desregrada. Sob hipótese alguma beba álcool. Cuidado com as quedas. Não dirija à noite, muito menos em dias de chuva. Evite marginais, portos ou becos.

As linhas

1ª linha: **A repetição do abismal. No abismo, cai-se num fosso. Infortúnio.**

Significado

Ele ainda não sabe trabalhar no perigo; sua moralidade não está fortalecida; ele é fraco e está em posição de servilismo, por isso se diz "infortúnio". Pensa que estar em perigo ou trabalhar com o perigo confere-lhe o direito de aproveitar-se das situações, "assim acostuma-se com o mal". Ao não encontrar o caminho correto, toma as imagens falsas como reais, toma o mundo das formas como existente e perde a fé poderosa que faz com que os mestres permaneçam no caminho. É incapaz de extirpar de si mesmo os maus hábitos adquiridos.

Momento de muitas perdas. O mais importante é resguardar-se ao máximo na meditação e nos treinos de Tai Chi Chuan. Pode ter vontade de abandonar todo treino espiritual. Esteja atento.

2ª linha: **O abismo é perigoso. Deve-se procurar alcançar apenas pequenas coisas.**

Significado

Esta linha é *yang*, positiva, espirituosa, mas está sustentada por uma linha *yin*. Saiu da esfera do perigo, percebeu os erros, emendou-se, mas ainda está sem forças para compreender um duro caminho. Por isso, se diz: "Deve-se procurar alcançar pequenas coisas". Pequenos trabalhos, pequenos resultados, elementos que sejam cumulativos, porque ele ainda não possui verdadeira força e poder para subjugar seus velhos hábitos. Por este motivo, tem de se contentar com pequenas vitórias, que lhe darão a possibilidade de tornar-se um grande mestre num futuro próximo.

Sendo enérgico e positivo em seus afazeres, terá êxito em tudo o que fizer, mas esteja atento e proteja-se de qualquer situação perigosa.

3ª linha: **Para frente e para trás. Abismo sobre abismo. Num perigo como este, detenha-se ao início e espere, senão você cairá no abismo. Não aja assim.**

Significado

Novamente, nosso companheiro é assaltado pelas dúvidas profundas sobre o caminho escolhido; seu coração está alterado; sua mente, confusa. Ele vai "para frente e para trás". Seu comportamento causa preocupação no seu meio ambiente. Corre o perigo de cair novamente nas negatividades primárias. Vangloriou-se de suas forças e de seus pequenos êxitos na segunda linha, mas agora novos problemas vêm novamente assolá-lo e, por consequência, novamente duvida. Seus conceitos são falsos. Pensa que saiu do perigo, mas, na realidade, nada conseguiu, e isto produz-lhe angústia e tristeza. Por este motivo, o *I Ching* adverte: "Num perigo como este, detenha-se no início e espere; senão cairá num fosso ou no abismo. Não aja".

Aqui também observamos a impossibilidade de retroceder, que todo praticante de meditação experimenta. Um mestre tibetano sempre me dizia: "Você olha pra trás e nada do que abandonou lhe chama a atenção; olha para frente e somente tem a esperança de que virá um tempo melhor". Não pode retroceder e, como está confuso, não se decide a avançar. Só o que pode fazer neste momento é esperar a ajuda de seu Buda interno, a fim de elevar-se às regiões mais puras do ser.

4ª linha: **Uma jarra de vinho, uma tigela de arroz, louça de barro, simplesmente entregues pela janela. Isso por certo não implica em culpa.**

Significado

"Uma jarra de vinho, uma tigela de arroz, louça de barro simplesmente entregues pela janela." O sacrifício é simples; ele está atordoado, confuso, mas ainda tem o coração puro. Está mais perto do conhecimento, mais perto da luz, por isso enxerga por uma janela. Ninguém está ao seu lado para lhe oferecer um conselho. Porém, o mais importante nesta linha é a sinceridade do seu coração; ainda que externamente esteja confuso, internamente o seu coração mantém-se puro e simples, assim como uma simples tigela de arroz e uma jarra de vinho. Nesta linha, o I Ching também dá uma clara indicação que mostra como o meditante já pode instruir os demais: "Para instruir, é necessário apoiar-se nas inclinações predominantes de quem se instrui". Ele tem de escutar a voz do coração; não pode confiar no que sua mente lhe manifesta, porque ainda está em dúvida. Apenas o que seu coração lhe diz pode lhe oferecer a segurança de penetrar na vida espiritual.

Seja cuidadoso: este momento é de compreensão; não combata seus defeitos nem aponte os defeitos dos outros. O mais importante não é combater o mal, tampouco desafiá-lo, mas sim trabalhar em direção ao que é bom. Se por algum motivo tiver de ensinar alguma coisa às pessoas, primeiro escute o que elas precisam e depois adapte seu conhecimento à sua forma de instruir.

5ª linha: **O abismo não está cheio a ponto de transbordar; está cheio apenas até a borda. Nenhuma culpa.**

Significado

A força positiva está equilibrada corretamente. Já consegue manifestar a verdadeira intuição, mas ainda permanecem ilusões que não terminaram. Assim, é urgente que tome cuidado em apressar os processos mentais na via da concentração. Por isto se diz: "O abismo não está cheio a ponto de transbordar". Ainda tem trabalho a realizar, tanto no seu autocultivo como na ajuda aos outros. Entretanto, como possui consciência desses problemas, passa por esta linha sem "nenhuma culpa".

Esteja preparado: neste momento, o mais importante é postergar todas as suas decisões. Este momento é de solidão, e você não encontrará nenhum tipo de colaboração por parte de seus colegas. Então, treine muita meditação e espere passar o momento.

6ª linha: Amarrado com cordas e cabos, aprisionado entre muralhas de uma prisão, cercado de arbustos espinhosos. Durante três anos, não se consegue encontrar o caminho. Infortúnio.

Significado

Ele se encontra num perigo extremo. Comumente, a sexta linha está relacionada àqueles que abandonam as posições mundanas para se dedicar ao autoconhecimento, mas aqui encontramos uma linha quebrada, ou seja, negativa, que sempre se associa à fraqueza de caráter ou às debilidades que terão de ser resolvidas posteriormente. Por isso o "perigo extremo": ele está partindo sem estar preparado; sua concentração não é correta e está desprovida de intuição. Assemelha-se a uma pessoa comum que, por acidente, conseguiu algum êxito na prática da meditação e se engana, pensando que atingiu estágios elevados de consciência, quando, na realidade, os objetos de sensação mundana ainda não abandonaram o seu coração.

Momento de muito desequilíbrio emocional. Tente simplesmente retirar-se e desaparecer. Se não puder realizar isto, fique muito tranquilo e não se exponha, porque poderão feri-lo fisicamente ou poderá cair na prisão. Evite todo tipo de contato com pessoas viciadas, ou que estejam comprometidas com qualquer tipo de crime, por menor que seja.

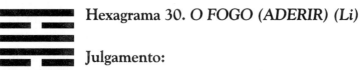

Hexagrama 30. O FOGO (ADERIR) (Li)

Julgamento:
Aderir. A perseverança é favorável. Ela traz o sucesso. Cuidar da vaca traz boa fortuna.

Comentário

O fogo não tem existência própria porque somente vem à existência pela união de dois elementos. Por este motivo, é chamado "unido", "aderente", "apegado". Em termos políticos, isto significa que, quando aparecem situações ou processos perigosos (observemos que este hexagrama é o procedente do 29, *Kan*, múltiplo perigo), é necessário recorrer às leis justas para controlar a sociedade.

Na prática da concentração, quando aparecem estados emocionais ou mentais desagradáveis, precisamos recorrer à força dos antigos exemplos deixados pelos mestres de sabedoria e aplicá-los. No budismo, quando os demônios (emoções aflitivas) causam distúrbios, é necessário unir-nos aos verdadeiros ensinamentos para nos livrar deles. É importante entender e treinar corretamente os ditos iluminados dos antigos patriarcas.

Na mente contemplativa, quando os estados de consciência relacionados ao passado traumático aparecem, é necessário unir-se à correta observação (trigrama *li*) para dissolver a escuridão da ignorância. Isto nos habilitará a observar, seja em nosso foro íntimo como nas pessoas que nos rodeiam, as causas dos seus problemas. Então, o sol de nossa inteligência (trigrama *li* em duplicidade) nos oferecerá a possibilidade de realmente ajudar os outros, iluminando suas vidas.

Li contém a ideia da iluminação, ou da inteligência esclarecedora. Tenhamos presente que o Hexagrama *Kan* está relacionado aos estados mentais e emocionais escuros e perturbadores, assim como às noites de tormenta. *Li* é o amanhecer depois da tormenta, ou o momento de calma e alegria depois do sofrimento mental passado em *Kan*. Quando encontramos no *I Ching* "cuidar da vaca traz boa fortuna", isto nos oferece a ideia de que, sendo dócil e gentil, porém muito forte, poderemos realmente ajudar a todos os seres. Não vamos esquecer que esta compreensão está sustentada na prática contínua dos preceitos e numa adesão fiel às regras do caminho.

O sol e a lua aderem-se ao céu; as árvores e o mundo vegetal aderem-se à terra. O homem tem de aderir à prática das virtudes, o que gera conhecimento correto e ao mesmo tempo sabedoria. Para que estes dois elementos possam surgir, serão necessárias a concentração e a meditação, que se manifestam na aplicação da mente ao objeto de estudo.

A concentração e a meditação necessitam da essência ou raiz original, que motiva a procura pelos estados virtuosos do ser. Esta adesão está representada pelas linhas *yin* dentro do hexagrama como um todo. No meio das duas linhas fortes, claras e luminosas, existe uma linha fraca e escura: ela representa o equilíbrio e a correção, e por isso gera sucesso. O negativo adere-se ao positivo; o senhor lunar (a personalidade) adere ao senhor solar (a alma).

Imagem

A clareza eleva-se duas vezes: a imagem do fogo. Assim, o homem superior, perpetuando essa clareza, ilumina as quatro regiões do mundo.

Iluminação sobre iluminação, continuando sem fim. Perseverança repetida, qualidades luminosas repetidas; manifestação das virtudes no íntimo e no social. Esta pessoa, "ao perpetuar sua clareza, ilumina as quatro regiões do mundo". Iluminação é prática, mesmo na vida cotidiana, para tornar-se ainda mais iluminado e, assim, poder ajudar a todos por igual, esclarecendo as consciências dos homens perturbados, mostrando, por meio de seu caráter alegre, que o melhor é sorrir em vez de chorar. Demonstra, assim, com sua severidade interna, a aderência às leis espirituais.

Se este hexagrama aparecer em sua vida: No Hexagrama 29, o *I Ching* pediu-lhe para ser extremamente sincero consigo mesmo e com os outros. Aqui ele lhe fala de "cuidar da vaca", o que soa meio estranho. No entanto, pensemos juntos: a vaca é o símbolo da mansidão, da benevolência, já que ela, com seu leite, derivados e carne, sustenta milhões de seres humanos sem pedir nada em troca. Também é o símbolo da docilidade e da doação completa de si para que os outros vivam. Então, conquistando a sinceridade no coração, você se tornará "manso de coração", algo que Jesus Cristo sempre disse. Este é o item indispensável para você se tornar realmente poderoso. Este também é um momento em sua vida em que o mais sagrado do seu caráter será colocado à prova.

O I Ching fala de uma forma bem direta: "Se você é sincero consigo mesmo, com os outros, em relação à sua vida". Ou seja, este hexagrama coloca-lhe diante do fato de que a única saída para os problemas mais profundos de sua vida é a análise profunda aliada a uma sinceridade extrema. Então, uma vez encontrada esta real sinceridade que não se deixa manipular por ganhos ou perdas, "tudo o que fizer terá êxito". Simplesmente é assim: se você não é sincero nem consigo mesmo nem com os outros, o único caminho é o mais forte dos sofrimentos.

Conselhos Gerais: Este hexagrama nos fala da dependência, do se assistir mutuamente. Aquele que faz trabalhos filantrópicos ou que ajuda os necessitados é recompensado com uma vida plena de significado. O medo da velhice deprime aquele que não entende a sua beleza. Para obter-se êxito, é necessária a ajuda dos outros. Tente entender este ponto.

Negócios/Dinheiro: É hora de procurar assistência financeira. Tenha em conta aqueles em quem você confia; sua assistência será necessária. Bom momento para procurar sócios ou companheiros que o ajudem a realizar seus empreendimentos.

Estado Emocional: No compartilhar está o êxito. Momento de festas e de procurar a união. Medite, estude e tente, com o estudo e a meditação, entrar em contato com a mente dos antigos mestres de sabedoria.

Saúde: Evite exceder-se no sabor amargo. Se ao acordar sentir este gosto na boca, faça uma análise para observar o funcionamento da vesícula biliar, assim como do seu coração. Poderão ocorrer problemas de ventre, baço, pâncreas e sistema biliar. Durma cedo.

As linhas

1ª linha: **As pegadas entrecruzam-se. Se o homem mantiver-se sério, nenhuma culpa.**

Significado

Temos aqui o início dos exercícios de contemplação: observar-se com imparcialidade, utilizando a luz interior para se estudar e compreender seus estados anímicos. Encontramos a afirmação: "Se o homem mantiver-se sério, nenhuma culpa", já que, para o I *Ching*, "ter culpa" significa que a pessoa se engajou num comportamento errado conscientemente. Nesta linha, o único que se faz é observar os estados anímicos perturbadores de forma imparcial. Sempre a primeira linha é uma linha mais de contemplação do que de ação.

2ª linha: **Luz amarela. Suprema boa fortuna.**

Significado

Aqui a concentração está sendo aplicada de forma correta. "De forma correta" quer dizer que você não se julga por aquilo que está observando, ou seja, mantém a imparcialidade em todo o processo. Esta concentração é usada para iluminar todos os seus estados e faz com que se transformem no caminho do meio ou, como diria um mestre zen ao responder sobre onde se encontra o *satori*: "Ele se encontra em todos os afazeres do dia a dia". Esta compreensão não se apega a nenhum elemento observado, seja externo ou interno. Não se apega nem aos objetos nem aos pensamentos. Por isso encontramos aqui "luz amarela", "suprema boa fortuna".

3ª linha: **Sob a luz do sol poente, os homens ou batem no caldeirão e cantam ou suspiram em voz alta à aproximação da velhice. Infortúnio.**

Significado

Isto está relacionado ao problema que surge quando utilizamos nossas capacidades mentais de análise de forma desordenada ou desprovida de compaixão. De acordo com os ensinamentos do Abhidharma, nossa mente analítica é constituída de cinquenta e dois tipos diferentes de pensamentos discursivos. Quando a mente analítica não está permeada pela compaixão que surge da experiência da vacuidade, tende a nos mostrar o lado duro e negativo da vida. Por isto se diz aqui "sob a luz do sol poente". Nossa visão já não é aguda, não é clara; está poluída pelo início das trevas. Ou seja, a nossa visão já está poluída pela falta de compreensão da impermanência, e isto nos traz tristeza. Daí a frase "cantam ou suspiram em voz alta à aproximação da velhice." Não compreendem que tudo o que está unido terá de se separar. Que tudo o que aparece terá de desaparecer. Que após um bom dia, a noite acontece. Que depois de uma boa vida, a velhice aparece. Ao não entender este princípio da impermanência, eles sofrem.

4ª linha: Sua chegada é repentina; inflama-se, extingue-se, é jogado fora.

Significado

A compreensão é súbita, repentina, espontânea. Se não estivermos preenchidos de compaixão, esta compreensão é jogada fora. Se estivermos preenchidos pela compaixão, jogamos fora todo elemento negativo de nosso caráter.

5ª linha: Em prantos, suspirando e lamentando. Boa fortuna!

Significado

Por estar sempre alerta com relação à meta que tem de atingir, o discípulo budista lamenta-se por não possuir a força necessária para percorrer mais seriamente o caminho. Contudo, à vista dos seus colegas, ele possui a perfeita disciplina. Então, o mais importante é que, para obter a boa fortuna, utilizemos completamente a capacidade de raciocínio, evitando, assim, o mal e a depressão.

6ª linha: O rei o utiliza para marchar adiante e castigar. O melhor será, então, matar os líderes e aprisionar seus seguidores. Nenhuma culpa.

Significado

O rei significa a própria disciplina empregada ou o mestre com o qual estamos ligados, a uma linhagem ou à própria compreensão que temos do caminho. "Marchar e castigar" é agir decididamente contra as nossas neuroses. "Matar os líderes" é transformar completamente, pelos meios hábeis, a neurose básica causadora dos traumas. "Aprisionar seus seguidores" é manter os estados anímicos aflitivos constantemente vigiados e refreados pelo treino dos antídotos, que são as seis paramitas, ou as seis virtudes transcendentais.

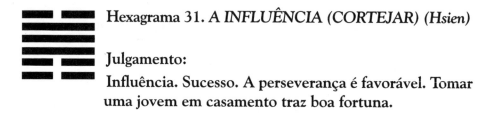

Hexagrama 31. A INFLUÊNCIA (CORTEJAR) (*Hsien*)

Julgamento:
Influência. Sucesso. A perseverança é favorável. Tomar uma jovem em casamento traz boa fortuna.

Comentário

O lago acima da montanha está associado a receber instruções orais que tenham sustento numa tradição espiritual. Analisemos a estrutura deste hexagrama para entender melhor este pensamento: o trigrama superior é *tui*, a palavra, a boca, o ato de falar, mas está sustentado num trigrama nuclear que representa o celestial (*chien*). Então, desta união (*tui* sobre *chien*) temos palavras celestiais. Estão sustentadas num outro trigrama (*sun*), que indica a comunicação à distância, assim como a comunicação que vem até nós do passado, trazida pelo vento. Na terminologia budista, o vento simboliza o karma. Então, da união destes três trigramas, temos "as palavras celestiais que são comunicadas oralmente e que vêm do passado" (*tui* sobre *chien* e *chien* sobre *sun*).

Estes três trigramas têm como base o trigrama *ken*, a montanha, que representa as qualidades inerentes que estão em nossa mente. Se estiverem num aspecto negativo, teremos uma pessoa muito negativa, nefasta e manipuladora. Porém, no aspecto espiritual, ou do ponto de vista da sabedoria eterna, a montanha simboliza a estabilidade da mente, assim como a base de uma conduta ética e moral perfeita. Esta base é indispensável para se poder ser receptáculo das verdades eternas.

Surpreende-me muito como os orientais muitas vezes manipulam seus alunos ocidentais, que, de bom coração, entregam-se a esses pseudo-mestres, que lhes prometem a imortalidade ou a sabedoria, mas a quem não pedem como pré-requisito uma base ética e moral correta. Certamente estarão perdendo tempo e caminhando direto para a loucura.

Então, temos neste hexagrama a seguinte leitura: para ser influenciado e ao mesmo tempo poder influenciar os outros, é necessário termos estes quatro elementos em nosso caráter:

- uma conduta ética e moral forte, que tornará nossa mente estável (*ken*, montanha);
- um ensinamento que vem do passado e cuja natureza seja celestial (*sun*, o vento);
- uma mente clara e límpida que inclua as características celestiais da equanimidade (*chien*, o celestial);
- uma instrução oral clara e verdadeira recebida (*tui*, as palavras e a comunicação oral).

Noutra leitura, temos: *tui* representa os mantras ou as palavras que contêm o poder celestial (*chien*) e que, vindas de um passado remoto (*sun*), ao serem comunicadas oralmente (*tui*), estabilizam nossa mente (*ken*).

Por último, temos a afirmação "tomar uma jovem em casamento traz boa fortuna". A jovem caracteriza-se pela suavidade, alegria e devoção. Para sermos dignos de receber este ensinamento oral, é necessário incluirmos em nossa mente e espírito estas três qualidades: suavidade, alegria e devoção. Sem esses três itens acima, você certamente estará correndo muito perigo.

Imagem

Um lago na montanha: a imagem da influência. Assim, o homem superior, por meio da receptividade, incentiva as pessoas a que se lhe aproximem.

Esta receptividade é dupla: é receptivo à mudança que tem de se operar dentro dele e receptivo aos chamados daqueles que querem se conhecer mais profundamente. É interessante observar que, na maioria dos casos, as pessoas que já experimentaram os frutos dos seus sacrifícios no mundo social e que compreenderam que todos os seus ganhos as deixaram tão vazias como sempre procuram caminhos de autoconhecimento. Estas pessoas são principalmente aquelas que venceram na vida, por terem uma personalidade extremamente forte, representada pela montanha, o símbolo daquele que logra permanecer, apesar de qualquer contratempo. Quando olham para trás, observam com tristeza que todos os seus amigos ficaram perdidos pela vida, sem realizar nenhum de seus sonhos. Ao ter esta visão do passado, sentem-se sós.

É neste instante que deve recorrer, pedir ajuda aos seres iluminados, a fim de poder ser instruído sobre a verdade, que lhe oferecerá a capacidade de tornar-se calmo e feliz. Se ele realmente operar a transformação de forma lenta, como o faz um lago acima de uma montanha, trazendo vida e beleza ao seu entorno, será visto como um protetor de todos os seres. Este protetor, por sua própria influência interna, chamará todos a virem e compartilharem seu conhecimento. Influenciará os seres com suas palavras, iguais às que o mestre Sócrates pronunciou: "Esforçar-se para tornar-se uma pessoa melhor e ajudar outros a fazerem o mesmo é não apenas a melhor maneira de se viver, mas também a mais feliz".

Se este hexagrama aparecer em sua vida: Saiba que o ponto mais importante a partir deste momento será a busca de mestres verdadeiros que lhe ensinem a estabilizar a mente, para depois poder ajudar os outros. Contudo, lembre-se: reflita profundamente sobre a sua motivação, já que é o motor que está por trás de todos os atos humanos e é o que determina nossa sorte ou desgraça.

Conselhos Gerais: Momento de refletir e de realizar coisas em conjunto com os seus amigos, seja no campo material ou no espiritual. Ao menos dialogue para entenderem-se melhor e descobrirem-se um pouco a mais. O mais importante é cortar qualquer ação impulsiva, pois isso causará arrependimentos futuros. Cuidado com aqueles que propõem negócios muitos estranhos. Ainda que você conheça muito sobre vários temas, especialmente o profissional, não se exponha, pois passará como alguém que pretende saber tudo. Isto fará com que as pessoas se afastem de você.

Negócios/Dinheiro: Espere o momento adequado, planeje bastante e, confiando em si mesmo, terá êxito.

Estado Emocional: O mais importante para este período é não agredir os seres queridos com ataques verbais.

Saúde: Tome cuidado com os intestinos e as articulações. Não coma alimentos muito picantes e treine bastante meditação para evitar um esgotamento nervoso.

As linhas

1ª linha: **A influência manifesta-se no dedão do pé.**

Significado

"A influência manifesta-se no dedão do pé." O pé e aquele que nos possibilita andar; o dedão é aquele que nos possibilita iniciar o caminhar. Para podermos realmente trilhar o caminho espiritual, primeiro teremos de prestar atenção às causas dos nossos movimentos. Se porventura nossos movimentos corporais (que são uma expressão da nossa consciência) estiverem sustentados pelo egoísmo, então perderemos a tranquilidade. Também e necessário saber para que nos movemos e se realmente estamos em nosso tempo apropriado. Se não estivermos em nosso tempo, os movimentos serão arbitrários e perderemos a autonomia interna; por consequência, não poderemos estar mais receptivos às influências espirituais. Então, ao influenciar o dedão do pé, estaremos de acordo com o tempo e saberemos que não poderemos julgar as coisas de forma arbitrária. Sua inteligência é lúcida e profunda, porém suas paixões são muito fortes. Então, o melhor é acalmar este oceano por intermédio da tranquilidade e da solidão.

2ª linha: A influência manifesta-se na altura da tíbia: infortúnio.

Significado

As tíbias estão relacionadas com o movimento motivado pelo desejo, que nos induz a agir de forma apressada e arbitrária: querer que as coisas se realizem somente como pensamos, produz ansiedade, motiva-nos a agir de forma desesperada e sem sentido. Agora, permanecer no seu lugar combatendo a vontade de agir de forma impensada, isto sim traz boa fortuna. Aí está o porquê de ficar quieto e obedecer a via do equilíbrio. Prepare-se para viver momentos de solidão; não force os acontecimentos, assim nada de ruim poderá lhe acontecer. Se quiser triunfar, o melhor é ser calmo, estar contente com a sua situação e não tomar a liderança em nada. Se porventura for obrigado pelas circunstâncias a liderar, então seja muito calmo e pondere muito suas decisões.

3ª linha: A influência manifesta-se nas coxas. Aderir àquilo que segue. Continuar é humilhante.

Significado

Ele ainda não compreende que, para ensinar os outros, primeiro tem de cultivar a si mesmo. "A influência nas coxas" significa que é prestativo e diligente em ajudar o próximo, mas o faz sem inteligência, por isso encontra humilhação. Quer ajudar, mas não sabe como. Se continuar com esta forma de expressão, corre o risco de perder o que conquistou. Ainda que pense que nada vale à pena, lembre-se que um treino verdadeiro leva tempo. Nada neste universo é instantâneo; seja racional, não tente realizar nenhum empreendimento. Não é o momento de ser líder, e sim de acompanhar os outros.

4ª linha: A perseverança traz boa fortuna. O arrependimento desaparece. Quando o pensamento de um homem se agita em inquieto vaivem, só os amigos aos quais dirige seus pensamentos conscientes o seguirão.

Significado

Forte, mas não em excesso; concentração e sabedoria em equilíbrio – assim atinge-se a correta via para a resposta sensata, fortuna sem arrependimento. Vendo a mútua inclusão entre a mente dos outros e a própria mente, surge a imagem de ir e vir sem cessar. Agora, o que é ir e vir sem cessar? É nutrir-se e nutrir os outros, mas de forma carinhosa e compassiva.

O I Ching mostra as duas faces da mesma moeda. Existem pessoas que usam o conhecimento espiritual para ajudar os outros a se iluminar. Existem aqueles que usam o mesmo conhecimento para enganar os outros e fomentar seu próprio egoísmo. Por isso, se diz: "Se a influência é segundo a retidão, o presságio é feliz; caso contrário, é nefasto". Por que nefasto? Porque a influência de alguém sobre alguém motivado apenas pelo egoísmo é simplesmente manipulação. Isto nos deixará rodeados de pessoas fúteis, que, cedo ou tarde, descobrirão as verdadeiras intenções da pessoa, gerando no outro também a mesma vontade de manipular os outros. Isto é o que quer dizer no I Ching: "dirigir aos outros pensamentos conscientes". Esta é a base de um relacionamento neurótico e problemático.

5ª linha: **A influência manifesta-se na nuca. Nenhum arrependimento.**

Significado

Na vida cotidiana, seu agir reflete a tranquilidade mental. Imperturbável, sensível e afetivo, ele realiza o que é supremo. Não há falhas pelas quais tenha de se arrepender, e um bom início leva a um bom final. Isto se chama "a conclusão de seu próprio objetivo". Momento de ter que lutar contra si mesmo e seus desejos, especialmente no campo sexual. Poderá perder muita energia e vitalidade nesse campo. Agora, se treinar bastante e com grande motivação, não haverá pesares.

6ª linha: **A influência manifesta-se no maxilar, na face e na língua.**

Significado

Internamente baseado na calma, exercita-se extremamente com inteligência eloquente. Esta é a imagem da influência das mandíbulas e da língua. Expondo a verdade continuamente, ensinando o povo sem cansar, por isso se chama "falar muito". Agora ele compreendeu os métodos para levar a influência aos outros. Estudou e praticou e tomou consciência de que pode influenciar, de forma egoísta ou altruísta. Então compreende a diferença entra a influência da mente e a influência do coração purificado. Após ter purificado o seu coração, seu caráter adquire os sinais da duração. Para influenciar os outros, primeiro tem que saber falar e, ao falar, tem de fazê-lo com propriedade; se não for assim, poderão abandoná-lo e maltratá-lo. A única coisa que influencia as pessoas é a sinceridade e as palavras que provêm de uma experiência autêntica.

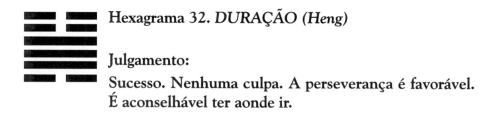

Hexagrama 32. DURAÇÃO (Heng)

Julgamento:
Sucesso. Nenhuma culpa. A perseverança é favorável. É aconselhável ter aonde ir.

Comentário

De acordo com o pensamento budista, este hexagrama tem de ser analisado em conjunto com o hexagrama anterior, o 31, A *Influência*. Nele, temos dois elementos naturais, o lago e a montanha, que, traduzidos à esfera da moralidade, representam respectivamente o bom senso e aquilo que está limitado pela montanha da ética e da moralidade e que representa a responsabilidade e a mente serena. Estas qualidades são o fundamento do caráter humano, que capacitam o discípulo a receber os preciosos ensinamentos.

Neste hexagrama, o 32, temos dois elementos aparentemente não tão sólidos, o vento (*sun*) e o trovão e o raio (*chen*). Porém, ainda que não sejam sólidos e que nós, como humanos, não tenhamos condições nenhuma de segurá-los (já que eles não possuem matéria para tanto), estão desde o princípio dos tempos e estarão até o final. *Chen*, o trovão e o raio, representa a primeira explosão (o *Big Bang*); após a qual veio o vento (*sun*). Por um lado, são completamente instáveis, não possuem moradas fixas, não conhecemos sua origem, mas estão desde o princípio e estarão até o fim – impermanentes, porém eternos.

Do ponto de vista dos treinamentos do autocultivo, o trovão e o raio (*chen*) representam a visão rápida e certeira, a energia que é necessária para eliminar de forma rápida e precisa qualquer elemento neurótico que está se manifestando em nossa consciência e em nosso pensamento (*sun*). Se observarmos os hexagramas como forças que animam nossa vida e oferecem uma qualidade ao nosso caráter, poderemos verificar como são completamente interdependentes.

Para podermos nos transformar na montanha (*ken*, Hexagrama 31), precisamos banir de nosso inconsciente, de forma decidida e enérgica (*chen*), qualquer pensamento (*sun*) que estiver indo contra o poder celestial (*chien*, trigrama nuclear que está presente nos dois hexagramas). Mas como realizar este trabalho? A resposta é: a cada momento, quando os pensamentos neuróticos se manifestam.

Os pensamentos aparecem do nada, dirigem-se para o nada, como o vento: de onde vem o vento? Para aonde ele vai? Quando um pensamento se manifesta em nossa consciência, ele "parece" sólido, mas não é. Ainda assim, precisaremos de muita energia e rapidez (*chen*) para bani-lo de nossa consciência. É este trabalho duplo, persistente, que torna nosso caráter duradouro. Sem este trabalho consciente (*chien*) e dirigido ao nosso íntimo (*chien* como trigrama nuclear), nossa vida não poderá ser duradoura e não poderemos ser influenciados pela sabedoria eterna, tampouco poderemos influenciar os outros. Por isso que, depois de *A Influência* (Hexagrama 31), é preciso que nosso caráter se torne duradouro. Conforme diz o *I Ching*, "a perseverança é favorável".

Sem perseverança (que quer dizer "sacrifício dirigido para aquilo que é bom"), é praticamente impossível que nosso caráter seja duradouro. E "a perseverança é favorável" mostra-nos que precisamos urgentemente saber o que queremos realizar, para onde queremos direcionar nossa vida. Se não temos esta direção, não teremos motivo nenhum para ser perseverantes. Então, sucumbiremos às forças caóticas dos pensamentos discursivos, sustentados em ataques de raiva e descontrole emocional.

Imagem

> Trovão e vento: a imagem da duração. Assim, o homem superior permanece firme e não altera seu rumo.

Permanecer firme no seu lugar significa compreender profundamente que a ideia de lugar, ir, vir, norte, sul, leste, oeste, a própria ideia de lugar e de permanecer são simples conceitos que, na realidade, nada representam. Permanecer em seu lugar é manter a mente firme e não desviar-se de seu caminho nem de sua disciplina. É compreender que, ainda que esteja corporalmente ativo o dia inteiro, interiormente a sua mente, ou seu espírito, sempre está fundamentalmente calma.

Se este hexagrama aparecer em sua vida: Saiba que, para termos êxito em qualquer empreendimento que realizemos, temos de estar atentos às necessidades dos outros, assim como temos de saber nos satisfazer. Teremos de estar atentos aos nossos pensamentos e desejos para sujeitá-los com a disciplina da ética e da moralidade. Se não conseguir realizar isto, você se tornará uma pessoa inconsistente em palavras e atos; nada poderá ser realizado e ninguém poderá acreditar nem confiar em você. Então, esteja atento. Para poder influenciar os outros, deverá tornar seu caráter forte e duradouro, e isto se consegue pela completa atenção aos seus estados mentais e emocionais.

O mestre Sócrates fala a este respeito: "Parece que você acha, Antifon, que a felicidade consiste na luxúria e na extravagância. Mas eu creio que não ter necessidades é divino; ter o mínimo possível vem em seguida ao divino; e como o divino é a própria perfeição, quem mais se aproxima do divino, mais próximo está da perfeição" (*Xenofonte, Memoráveis*).

Conselhos Gerais: Este hexagrama representa a fúria dos ventos e dos trovões com sua força devastadora. Também tem o sentido de ser objetivo e não se iludir com as coisas. É importante dirigir-se direto ao objetivo, sem rodeios; contudo, para realizar-se uma caçada, primeiro há de haver uma caça.

Negócios/Dinheiro: A prosperidade presente pode perder-se facilmente. Se assumir riscos, haverá humilhação. Com delicadeza, porém com firmeza, restabeleça a autoridade. Ações inconsistentes farão com que lhe faltem com o respeito.

Estado Emocional: O mais importante é questionar sua falta de carinho pelos outros.

Saúde: Problemas no sistema nervoso. Possível esgotamento, assim como problemas de fígado e tendões. O melhor é descansar antes das 23 horas. Álcool, com moderação.

As linhas

1ª linha: **Buscar a duração depressa demais traz persistente infortúnio. Nada é favorável.**

Significado

Pouco esclarecido, portanto tenta manter o conquistado. Está apto para manter as regras ordinárias de viver. Nesta linha esconde-se mais um problema que terá de ser trabalhado: a cobiça. Dizia Sidarta Gautama, o Buda, que uma enfermidade da mente é a "aspiração de chegar a ser", conforme a qual o que mais conta é ganhar a qualquer custo o que quer que seja. Por isso, desde o início das práticas nos mosteiros zens, o monge é advertido para não pensar em ganho ou perda, para que não abrigue dentro dele a ideia de praticar para atingir o estado de Buda.

O persistente infortúnio é causado pelo apego a antigos hábitos e formas erradas de pensar. Neste caso, o estudante está tentando adequar a verdade à sua vida sem modificar-se profundamente, e não adequar sua vida às verdades captadas. Isso é estar fora de seu tempo e, por consequência, lhe trará persistente infortúnio.

2ª linha: **O arrependimento desaparece.**

Significado

Passando o tempo e tomando ciência de sua situação, encontra novamente a via da razão; torna-se firme, reservado, submisso. Porém, como as linhas demonstrarão, experimentará muitos fracassos e contratempos. Diz o *I Ching* que a felicidade está com o homem que se contenta na solidão.

3ª *linha*: **Aquele que não procura dar duração a seu caráter sofrerá vergonha. Persistente humilhação.**

Significado

O discípulo está manipulando forças, penetrando nos mundos ideais. As negatividades ainda podem prender sua mente. Neste hexagrama, a luta entre o inferior e o superior é profunda. Nesta terceira linha, as forças psíquicas com as quais está lidando desequilibram-no, tornam-no violento, e muitas vezes ele erra no seu convívio com as pessoas. Se não consegue entender o que está acontecendo, é como se tivesse somente um olho para enxergar ou só uma perna para caminhar. Isto mostra-nos que sua visão e meios são pequenos; então, não tente forçar os acontecimentos, porque poderá ser constantemente humilhado e passar vergonha.

4ª *linha*: **Nenhuma caça no campo.**

Significado

"Nenhuma caça no campo": ele está no lugar errado. Ainda que nesta linha o presságio seja feliz, é preciso que seus sentimentos pessoais sejam corretos a fim de continuar num retiro seu trabalho de disciplina e estudo. Esta etapa é bastante difícil, porque muitas vezes o indivíduo teima em procurar fórmulas que em nada condizem com o trabalho escolhido. Dando voltas sem sentido, hoje estuda zen; amanhã, budismo tibetano; depois está nas práticas dos índios mexicanos, e finalmente torna-se espírita. Isto é estar no lugar errado. Não descobre que o verdadeiro lugar é estar no centro, em silêncio consigo mesmo. Proceda com correção que tudo irá bem. Não insista em pontos de vista que não tenham um fundamento verdadeiro.

5ª linha: **Dar duração a seu próprio caráter por meio da perseverança traz boa fortuna para a mulher e infortúnio para o homem.**

Significado

A quinta linha é a representação do líder, porém neste hexagrama este lugar é ocupado por uma linha *yin*, ou seja, uma pessoa fraca num lugar forte. Não se adapta a seu tempo nem às mudanças. Ela escuta mais os outros do que seu próprio coração; deixa-se levar pelos comentários dos seus achegados. Isto é apropriado para uma mulher que gosta de aparentar, mas não condiz com a natureza de um líder, cujo dever é agir de acordo com as regras e a disciplina.

Seja estrito no cumprimento de seu dever, nos seus relacionamentos. Terá motivos de preocupação e há possibilidades de feridas; então, esteja atento.

6ª linha: **A inquietude como condição duradoura traz infortúnio.**

Significado

Neste hexagrama ele parece aprender a lição de ser e estar prisioneiro dos seus pensamentos. As aspirações são altas; as qualidades, pequenas e pobres. Está aliado a amigos inconstantes. Não compreende a virtude da perseverança. Contudo, isto é sempre um processo de altos e baixos. A natureza humana é poderosa. Tentemos compreender que aquele que quer conhecer a si mesmo é uma flor rara que apareceu nas montanhas mais íngremes; durante muitas vidas lutou "para ser", e depois "foi", conquistou, compreendeu que tudo é insubstancial, e agora decide "pôr a casa em ordem". Será difícil não experimentar algum fracasso ao longo de sua jornada. Acumulou durante muito tempo conhecimentos variados. O caminho para a liberdade não pode ser percorrido com tantos fardos sobre as costas. Momento de retornar à vida pacata e examinar-se para corrigir-se. Estude as suas ações e seus resultados para aprender com eles. Assim, compreenderá que a sorte e a desgraça somente dependem de nossas ações.

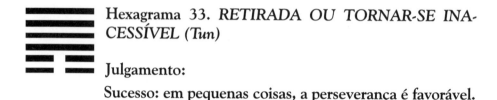

Hexagrama 33. RETIRADA OU TORNAR-SE INACESSÍVEL (Tun)

Julgamento:
Sucesso: em pequenas coisas, a perseverança é favorável.

Comentário

Após receber a influência espiritual e tornar seu caráter duradouro, o trabalho de autodesenvolvimento deverá ser realizado de forma mais apurada. Por este motivo, retira-se à solidão para conseguir seu objetivo.

Às vezes, este hexagrama é interpretado como afastar-se dos afazeres diários. Mas na realidade também inclui ideia de "tornar-se inacessível". Tornar-se inacessível significa treinar as disciplinas espirituais e dirigir sua mente para o celestial. Dirigir a mente ao celestial quer dizer treinar corretamente qualquer disciplina transcendental que tire o ser humano da mediocridade do dia a dia e confira-lhe a capacidade de ter um acesso à realidade espiritual.

Esta capacidade de abstração e contato com as realidades e a vida espiritual torna a mente do ser humano profundamente estável, clara e amorosa. Estas três qualidades estão contidas na palavra *equanimidade*, ou seja, a mente que observa todos os seres com amor e sabedoria, sem fazer nenhuma distinção nem ter preferências. Então, na estrutura do hexagrama, encontramos:

a) as qualidades celestiais (trigrama superior e nuclear *chien*) – equanimidade;

b) o pensar ou receber instruções dos antigos patriarcas (trigrama *sun*) –introspecção;

c) as qualidades éticas e morais que já formam parte de seu caráter (trigrama inferior *ken*) – moralidade.

Um olhar mais minucioso

Sun é o trigrama que representa os reclusos, que progridem de forma silenciosa. Também é o sinônimo dos pensamentos e do ensinamento dos patriarcas, que vêm do passado. Ele está acima de *ken*, a montanha, que representa o mérito acumulado por ter submetido-se a longas disciplinas. Também ela é a base sobre a qual descansa a mente purificada. *Chien* representa a cabeça, o celestial, o ensinamento mais puro e espiritual, que é eterno e está além do tempo e do espaço.

Então, a ideia contida neste hexagrama está associada à abstração da consciência e sua "retirada" do mundo dos sentidos e de sua influência. Como diria São João Apóstolo, "estar no mundo, porém não ser do mundo".

A retirada aqui também simboliza que, sejam as negatividades de nosso caráter ou as pessoas negativas que convivem conosco no "mundo" que queiram influenciar nossa mente, não conseguem, conforme está dito na imagem.

Imagem

Montanha abaixo do céu: a imagem da Retirada. Assim, o homem superior mantém o inferior à distância, não com raiva, mas com reserva.

O homem inferior é a manifestação da própria personalidade: este homem inferior pode ajudar o superior, mas nunca poderá governá-lo. Na linguagem do *I Ching*, o homem inferior representa tudo aquilo que foi acumulado com o passar do tempo e que constitui nosso ego neurótico. Ao mesmo tempo, é a base para que o homem superior ou o Buda que está em nós manifeste-se de forma amorosa e compassiva.

A montanha como base é também o acúmulo de uma conduta virtuosa, mas, como diz o *I Ching*, é a base que colabora para transpor a si mesma. Para realizar este empreendimento, é necessária uma compreensão da disciplina celestial. Por isso, em termos de desenvolvimento interior, o primeiro passo é o acúmulo de méritos; o segundo, é a realização da sabedoria. Depois que a sabedoria permeia nossa mente, ela comanda nossa vida, nossos humores, nosso corpo.

Os seres de conduta errada tendem a estar sempre ao lado do homem virtuoso, contudo não podem acompanhar seus passos. O homem virtuoso os mantém à distância, não com raiva, já que não pode ter raiva, mas com reserva. Sabe que os inferiores estarão sempre por perto para adulá-lo e tentar corrompê-lo. Os homens inferiores não são maus, mas pensam que estão certos em sua conduta. Não entendem a disciplina interna e revelam-se contra ela. Não entendem a generosidade e a virtude de compartilhar, no entanto sempre querem ser os primeiros a receber as bênçãos dos homens virtuosos. Então, o homem superior os mantém a distância como um meio hábil para protegê-los dos efeitos de sua própria conduta errada. Assim, podem colaborar com o trabalho do homem superior e, com o passar do tempo, talvez aprendam alguma coisa.

Se este hexagrama aparecer em sua vida: É o momento de afastar-se da vida social, ou ao menos manter distância para que, no silêncio e em harmonia com a sua família e seus filhos, você possa entender o valor deste relacionamento. É importante estar com as pessoas; no entanto, mais importante é estar consigo mesmo, acostumar-se à solidão, ser amigo de si mesmo. Corrigir-se, sanar as pequenas imperfeições. Se não entender isto, você se tornará uma pessoa de difícil convívio devido à sua arrogância e estupidez.

Pensará que tudo o que você tem é porque 'você' lutou, e que não deve agradecer a ninguém por isso. No entanto, lembre que, para subir na montanha, primeiro a montanha terá de lhe permitir fazê-lo. E se ela quiser esmagar você, nada poderá lhe impedir. Então, vá para casa, escolha um momento em seu dia para refletir, estudar, meditar e compartilhar momentos com seus filhos e cônjuge. Por último, lembre-se: tudo o que você tem em breve terá de abandonar.

Conselhos Gerais: Evite perseguir metas que trarão somente desilusão e dor. Este é um momento perigoso. Poderá haver desentendimentos com pessoas de sexo masculino. O poder celestial poderá causar problemas que o obriguem a ter de descansar e recolher-se. Não vá para festas. Não se relacione com desconhecidos. Tente não se expor. Possivelmente seu pai tenha problemas. Não discuta com estranhos nem com pessoas sem educação.

Negócios/Dinheiro: Este é um momento de se retirar. Não invista em nada: os negócios podem esperar um pouco.

Estado Emocional: O momento é de muitas mudanças, até violentas. O melhor é treinar meditação redobrada para poder manter a calma. Sob nenhuma hipótese ceda a provocações. Cuidado com a agressão: poderá aparecer muita mágoa. O melhor é ficar em casa mantendo o mínimo contato com as pessoas.

Saúde: Preste atenção ao esgotamento nervoso e às dores errantes. Descansar bastante é a solução. Possíveis problemas com as juntas do corpo, em especial com os joelhos.

As linhas

1ª linha: **Na cauda durante a retirada: isto é perigoso. Não se deve empreender algo.**

Significado

Na primeira linha, o mais importante é evitar qualquer atitude, seja arbitrária ou desnecessária. Usar a introspecção e a cautela, assim como resguardar-se no silêncio e na solidão. Ser escuro e modesto e não empreender nada, pois se corre perigo. Nada deve ser empreendido.

2ª linha: **Ele o submete e detém com firmeza, usando couro de boi amarelo. Ninguém consegue soltá-lo.**

Significado

Não pode ser influenciado nem pela fama nem pela fortuna. Ele interiormente torna-se forte e equilibrado. Então, sua vida estará no caminho correto. Ele não "se desvia nem estagna". "Usando couro de boi amarelo": o couro consolida aquilo que ele consegue; o boi é a mansidão, e amarelo porque está no centro. Tente trabalhar de acordo com o tempo. O homem superior não deixa que pessoas inferiores convivam com ele a tal ponto de se tornarem imprescindíveis.

3ª *linha*: **Uma retirada contida é penosa e arriscada. Manter as pessoas como empregados e empregadas traz boa fortuna.**

Significado

"Uma retirada contida e penosa e arriscada. Manter as pessoas como empregados traz boa fortuna": aqui ele abriga pensamentos destinados a iluminar milhares de seres, porém o tempo não lhe é propício. Compreende que não pode "governar uma nação"; poderá ao menos ajudar os mais próximos, como, por exemplo, sua família, ou seu grupo de alunos, tomando esses grupos como modelos para o mundo. É interessante observar que a raça humana sintetiza-se num só ser humano: por meio dele estaremos ajudando toda a humanidade. Esta é a lição que tem de ser aprendida nesta linha.

4ª *linha*: **A retirada voluntária traz boa fortuna ao homem superior e ruína ao inferior.**

Significado

Isto é ser forte, mas permanecer flexível, recebendo o favor do governante e vendo o conforto do povo, sendo tolerante e obsequioso. Esta é a via para a boa fortuna para as pessoas desenvolvidas, algo que as pessoas insignificantes não podem aprender. O mais importante aqui é afastar-se das pessoas de caráter corrupto de forma agradável para evitar ódios ou problemas futuros.

5ª linha: Retirada amistosa. A perseverança traz boa fortuna.

Significado

Coopera com as pessoas sábias, mas não deixa que conheçam sua estratégia. Ela não revela suas próprias habilidades, isto é, a perfeita humildade. Realiza seus trabalhos, mas deixa a glória para os outros e regozija-se na humildade. Isto é excelência na retirada; é correta e auspiciosa.

6ª linha: Retirada alegre. Tudo é favorável.

Significado

Isto representa ser forte, mas não em excesso: a sabedoria e o mérito são consumados. Ele abençoa todos igualmente; por este motivo, retira-se do mundo com alegria. Tendo compreendido o poder da humildade e do silêncio, dirige-se para o alto. Agora terá de compreender como é relacionar-se com o poder celestial.

Hexagrama 34. O PODER DO GRANDE (*Ta Chuang*)

Julgamento:
O poder do grande. A perseverança é favorável.

Comentário

O hexagrama anterior e este são complementares. Se observarem com atenção, no Hexagrama 33 o trigrama *chien* (mente equânime) está na parte superior, o que quer dizer que as qualidades têm de ser adquiridas e que elas ainda estão no exterior. Neste hexagrama, as mesmas qualidades aparecem na parte inferior ou interna, mostrando que todas as qualidades já foram adquiridas, formando parte do caráter do indivíduo. No Hexagrama 33, a pessoa retira-se, a fim de tornar-se meticuloso

195

na consecução das qualidades espirituais, e justamente neste trabalho minucioso defronta-se com o poder (Hexagrama 34) que o capacitará.

O problema é que, uma vez estando em contato com o poder, pode usá-lo arbitrariamente; por isso se diz: "a perseverança é favorável" e "o poder do grande é benéfico, se correto". A perseverança indica que ele obrigatoriamente terá de ir na direção daquilo que é bom. Se ele inclui em seu continuum mental a bondade, então estará apto a receber mais poder. Na realidade, é somente a partir da bondade que existe o verdadeiro poder.

Também neste hexagrama está inserida a ideia de caminhar, seguir em direção ao alto. Lembremos que o trigrama superior (*chen*) é o movimento ascendente, e ele está sustentado no poder celestial de *chien*; por consequência, a ideia é de seguir o que é correto e celestial. Por isso reza a máxima taoísta: "Entre os seres humanos existem aqueles que são grandes e os que são pequenos. Siga o grande e você será uma grande pessoa, siga o pequeno e você será uma pessoa pequena."

O *Poder do Grande* também inclui à ideia de não ser governado pelas emoções aflitivas nem pelos hábitos do passado. Aquele que incorpora dentro de si estas qualidades se tornará grande, porque possuirá as qualidades celestiais e a virtude transcendental da paciência (trigrama superior *chen*), aliadas à mente equânime (trigrama inferior *chien*).

Em termos de meditação contemplativa, o poder celestial corresponde à mente completamente estabilizada na equanimidade e o poder do trovão e do raio ao paramita da paciência; que suporta e deleita-se na visão da vacuidade.

No *Surangama Sutra* se fala: "quando o *bodhisattva* escuta falar sobre a vacuidade, deleita-se. Quando o homem comum escuta, falar sobre a vacuidade deixa-o louco". O verdadeiro poder, então, é: tendo consciência da vacuidade, sendo extremamente paciente, desenvolve a bondade para com todos os seres por meio da mente equânime.

Imagem

> **O trovão acima, no céu: a imagem do poder do grande. Assim, o homem superior não trilha caminhos que não estão de acordo com a ordem vigente.**

Em termos de meditação, isto corresponde à meditação de acordo com os legados dos patriarcas, ou seja, não meditar às cegas e sem disciplina. Também representa não fazer coisas impróprias em todos os campos da ação e do pensamento. Em termos budistas isto é conhecido como "seguir completamente as indicações de um mestre realizado que pertence a uma linhagem pura e ininterrupta".

Se este hexagrama aparecer em sua vida: Chegou o momento de estabilizar-se ainda mais, observar os estados mentais, não abrigar em sua mente nenhum sentimento de mágoa ou rancor, entender que tudo nesta vida passa e que o que fica em nossa mente é uma simples lembrança. Poder que depende dos outros não é poder, já que os outros podem tirá-lo de você a qualquer momento. O verdadeiro poder tem como fundamento a mente estável e o amor por todos os seres. Pense sobre isto.

Conselhos Gerais: Evite atacar os seus problemas com muita força – o mais importante é a sabedoria, a análise. Isto o ajudará a remover todos os obstáculos e terá um momento de grande poder. Muitos ideais e vontade de realizá-los. O melhor é planejar e agir de acordo com o planejado. Evite ser impulsivo.

Negócios/Dinheiro: Este é um momento de êxito nos seus investimentos; mas aplique seu dinheiro com sabedoria. Esta semana é a mais benéfica para remover todos os obstáculos.

Estado Emocional: Muitas mudanças, até violentas; o melhor é planejar e agir. Evitar atos impulsivos que o magoarão muito e aos outros. Este momento é propício para realizar grandes avanços espirituais.

Saúde: Prestar atenção aos pulmões, ao fígado, aos pés, e às dores musculares, assim como problemas com tendões e ligamentos. Preste atenção ao seu intestino.

As linhas

1ª linha: **Poder nos dedos dos pés; prosseguir traz infortúnio. Isto é, sem dúvida, verdadeiro.**

Significado

Apesar de dizermos que o grande precisa ser correto, devemos meditar profundamente sobre estes dois termos, a fim de não nos desviarmos pelos caminhos tortuosos. Se você supõe que "só" a grandeza é correta, então, a correção será desprezada e você cairá no inferno do orgulho separatista: se pensar que o poder é somente obter a grandeza, então, ela não durará muito. E se supõe que somente a correção é por si mesma o poder, então não treinará as meditações avançadas, e seu poder vai deteriorar-se.

Por consequência, poderemos concluir que o poder, a grandeza e a correção não podem ser praticados de forma separada e arbitrária, sendo um beneficiado em detrimento do outro. É por isso que na antiga China a guia política dos grandes imperadores era apreender e praticar a combinação correta destes três pensamentos: quando se tem poder, ele deve ser interiormente amplo e vasto como o céu (isto é ser grande), mas tal como é o céu, ao nos dar a chuva, o vento, o calor, etc. sem nada pedir, ele então tem de ser completamente benevolente.

Refletindo profundamente sobre estes três tópicos, você compreenderá a essência do verdadeiro poder. Agora, nesta primeira linha, se diz: "Poder nos dedos dos pés, infortúnio": é clara a alusão de que aqui o aluno não está sabendo lidar com o poder que está se manifestando dentro dele, esta trocando o verdadeiro poder gentil pelo poder arbitrário, que em qualquer ser ignorante com um pouco de dinheiro no bolso e nenhum cérebro possui. Por isso este implícito o infortúnio. Isto também ocorre porque a pessoa é muito segura de si e não mede resultados.

2ª linha: **A perseverança traz boa fortuna.**

Significado

Aqui ele percebe as armadilhas do poder e compreende que tem de parar com seu comportamento arrogante. Pouco a pouco reflete sobre o caminho da compaixão, acalmando a sua mente e tornando-a estável; assim, o presságio é feliz. Sendo sincero e justo, tudo correrá muito bem.

3ª linha: **O homem inferior age pelo poder. O homem superior não age assim. É perigoso continuar. Um bode arremete-se contra uma cerca e prende seus chifres.**

Significado

Originalmente, todos somos Budas, assim dizem os mestres budistas: porém, neste caso, ainda que o homem entenda que usar o poder é algo muito sério, é arrastado pela forma mais ignorante de agir. Por isso se diz: "o homem superior não age assim". O bode arremetendo contra uma cerca é a teimosia levada ao extremo, sem que se percebam as consequências. "Prende seus chifres" quer dizer ficar preso aos efeitos de suas ações incongruentes. Se a pessoa realmente for superior, ela treina uma das vinte coisas mais árduas enunciadas pelo sr. Buda: "Árduo é ter poder e não levá-lo em consideração".

4ª linha: **A perseverança traz boa fortuna; o arrependimento desaparece. Abre-se a cerca e não há nenhum emaranhamento. O poder apóia-se no eixo de um grande carro.**

Significado

A fase mais crítica é momentaneamente superada e os erros do passado são compreendidos. Por isso se diz: "o arrependimento desaparece". "Abre-se a cerca" quer dizer que a via está limpa, sem empecilhos, e os limites são ultrapassados.

"O poder apóia-se no eixo de um grande carro" está relacionado à flexibilidade do trigrama nuclear *tui*, as palavras doces e a complacência para compreender melhor o poder interior, e usa a suavidade para controlar a energia pura que o sustenta. Em termos budistas, ele usa o poder contido nos mantras (trigrama nuclear superior) para estabilizar a mente.

5ª linha: O bode solta-se com facilidade. Nenhum arrependimento.

Significado

Lembremos que o bode é um animal por excelência solitário e sempre se encontra nos cumes das montanhas. Isto representa o ganho sem nenhum aproveitamento assim como o demonstra esta linha: ele se solta com facilidade. Em termos budistas, ele é o dono do mundo, mas também não pode realizar nada nele. Um desperdício de oportunidade: porém, num confronto com o poder, o mínimo que se espera do discípulo e que, se não sabe usar o poder que há nele para o bem, ao menos é melhor que desfrute dele na solidão das montanhas de seus próprios logros. O presságio é feliz. Quanto mais pensar nas pessoas ao seu redor, mais felicidade encontrará.

6ª linha: Um bode arremete-se contra uma cerca. Não pode ir nem para frente nem para trás. Nada é favorável. Se o homem nota a dificuldade, isso traz boa fortuna.

Significado

O poder temporal em algum momento termina. O verdadeiro poder que nasce de uma compreensão interna às vezes manifesta-se; às vezes, não. Quando não se manifesta, a ação da pessoa torna-se muito suave, porém o poder contínua no seu íntimo. A pessoa comum, quando é afastada do poder devido à fraqueza de seu caráter, fica completamente sem ação: "Não pode ir nem para frente nem para trás". Esta situação não o favorecerá em nada e; consequentemente; perderá sua posição.

O homem superior, entendendo que o poder que o anima é uma dádiva do céu, não se preocupa nem se aflige quando não pode usá-lo, já que até o poder está sujeito ao tempo (trigrama *chien*). E então, o poder vai e vem; por isto se diz: "se homem superior nota a dificuldade; isto traz boa fortuna". Se tomar a providência de se controlar, nenhum mal acontecerá.

Hexagrama 35. AVANÇO – PROGRESSO (Chin)

Julgamento:
Progresso – o poderoso príncipe é honrado com grande número de cavalos. Num só dia é recebido em audiência três vezes.

Comentário

Após o esforço, vem a recompensa, que é "ser recebido três vezes por dia em audiência". Isto, em termos de meditação, adquire uma nova dimensão. Quando o esforço para o alto é bem dirigido, os resultados aparecem: "ser recebido" é participar da linhagem de mestres.

A imagem do fogo, ou da inteligência iluminadora chegando às massas (trigrama primário *kun*). Este hexagrama também adquire uma conotação dual: ele penetra na consciência iluminada e ilumina os outros, de forma calma e segura (trigrama nuclear *ken*) e de forma misteriosa e sagrada (trigrama nuclear *kan*).

Em termos de mente contemplativa, a luz do conhecimento real fundamental emerge, eliminando-se a ignorância: assim, isto é chamado "luz emergindo no terreno" (trigrama superior *li*). Concentração e intuição estão juntas, parando a confusão e vendo que a verdade não é dupla (trigrama *ken*). Isto é o que se chama "mantendo-se fiel à iluminação primordial". A iluminação primordial descansa nos méritos (trigrama *ken*). A ignorância transforma-se no fundamento da iluminação. O fogo está acima da montanha, e esta, por sua vez, é observada ao longe numa planície (trigrama *kun*). O fogo brilha e é visto ao longe. Ilumina a todos e nos serve de guia. A montanha representa aquilo que, mediante o esforço dirigido, é conquistado.

As linhas *yin* que compõem o trigrama kun representam as nossas ilusões, que, ao serem transformadas pelo fogo da sabedoria, sustentam-no e elevam-no. Por isso, se diz: "a origem das ilusões nos mostra a natureza real de Buda". Por causa disto, a virtude e o conhecimento crescem e aumentam mais e mais.

Kun representa a bondade fundamental, a devoção, a confiança e a fé, que é corroborada pela sabedoria e pelo conhecimento. Não é uma fé mecânica, é uma fé consciente, que não duvida. A montanha no interior do hexagrama (trigrama nuclear) é à base da ética e da moralidade que, junto com a compaixão, sustentam a consciência iluminada. Isto pode ser notado de muito longe.

Imagem

O sol eleva-se sobre a terra: a imagem do progresso. Assim, o próprio homem superior ilumina suas evidentes qualidades.

As qualidades são o fundamento do caráter. Pela sabedoria, ele as torna evidentes. Todos comprovam que as qualidades existem, já que, por meio delas, pode ajudar no desenvolvimento de todos os seres. Ao manifestar isso, o discípulo trabalhando constantemente "faz as coisas por si mesmo". Como diria Bokar Tulku Rimpoche, "a criança já caminha por seus próprios pés".

Se este hexagrama aparecer em sua vida: É um momento muito bom. Você tem todas as possibilidades de se tornar um bom exemplo para a humanidade e poderá instruir e auxiliar muitas pessoas. Mas não se esqueça: no próximo hexagrama, você poderá sofrer danos. Então, seja claro (trigrama *li*) e tranquilo (trigrama *ken*). Conheça suas emoções e não deixe que elas o perturbem (trigrama nuclear *kan*). Seja vasto e aberto como os campos (trigrama *kun*).

Conselhos Gerais: O êxito chega devagar, mas chega. Tal qual o curso do sol, lentamente atinge o centro do céu e a todos ilumina. O mais importante é escutar algum conselho provindo de pessoas idosas. Este não é o momento para impulsividades.

Negócios/Dinheiro: Procure em quem confiar que eles o levarão à prosperidade. Quanto mais correto, melhor. O importante é estar associado a outros – isto o levará ao êxito.

Estado Emocional: Momento ideal para estabelecer novos relacionamentos, assim como para estudar profundamente os legados espirituais dos homens santos de qualquer tradição espiritual. Tente não se deixar arrastar pela crítica nem criticar os outros. Escute músicas alegres.

Saúde: Vigie os rins, a bexiga, o sangue e o coração. Não beba álcool; não durma muito tarde. Nos relacionamentos sexuais, seja moderado. Faça um exame de sangue.

As linhas

1ª linha: **Progredindo, porém sendo recusado. A perseverança traz boa fortuna. Quando não se encontra confiança, deve-se permanecer calmo. Nenhuma culpa.**

Significado

Ainda há obstáculos a serem removidos (trigrama nuclear *ken*); por isso se diz: "sendo recusado". Ao mesmo tempo, este trigrama nuclear dá um indício ao praticante da meditação que é "andar com calma". Esta obstrução não é negativa, porque, na realidade, é uma via de treinamento para permanecer na retidão, deixando que o tempo resolva o que não pode resolver, muito menos de forma apressada. Por isso se diz: "Mesmo que isto seja temporariamente insuficiente para ganhar confiança, apenas trate todas as coisas de maneira suave e, no fim, não haverá culpa". Quando se diz "se leva adiante o que é correto sozinho", isto significa que a pessoa tem autoconfiança e não se procura ser instruída pelos outros. Quando se diz "não se aceita o destino", é a isto que se referia o filósofo Mêncio ao dizer: "O destino tem sua própria natureza: pessoas desenvolvidas não falam sobre destino". Estando tranquilo, deixando a bondade do coração fluir, sendo correto, tudo correrá muito bem.

2ª linha: **Progredindo, porém com tristeza. A perseverança traz boa fortuna. Obtém-se, então, uma grande felicidade da parte de sua ancestral.**

Significado

"Progredindo, porém com tristeza." Ele se sente só e ainda não consumou a experiência de que nunca está sozinho; fica triste porque as coisas do mundo ainda o confundem. "Obtém-se, então, uma grande felicidade de parte de sua ancestral": a ancestral, neste caso, é o ensinamento que provém de sua linhagem materna. Esta linhagem estimula-o a ficar tranquilo e confere-lhe a força necessária para se sustentar.

Ele não pensa no passado: simplesmente cria novos relacionamentos, sempre disposto e alegre. As coisas boas estão por vir calmamente, como o sol quando desponta no horizonte. Pouco a pouco, chega ao ponto máximo. No amanhecer, poucos são os que desfrutam dos seus raios; no entanto, à medida que o dia vai crescendo, todos beneficiam-se dele.

3ª linha: Todos estão de acordo. O remorso desaparece.

Significado

"Todos estão de acordo; o remorso desaparece." A terceira linha *yin* está em dois trigramas: *kun* como base e *kan* como nuclear. Estes dois trigramas indicam tristeza, solidão e desconfiança. A própria escuridão interna o faz desconfiar de tudo e até de si mesmo. É interessante observar que o trigrama em si mesmo oferece-nos a possibilidade de olhar o problema a ser resolvido e oferece-nos as ferramentas para resolver o problema. Se *kun* é a tristeza, também é a calma e a abertura da mente. Se *ken* é a desconfiança, também é a persistência no caminho, e se *kan* é a escuridão emocional, é ao mesmo tempo o autossacrifício. Compreendendo este ponto, retira-se para viver na obscuridade e para procurar os próprios objetivos: cumprindo com seus próprios deveres, chega à via correta. Então se diz: "o objetivo estará por progredir".

4ª linha: Progresso como o de um roedor. A perseverança provoca perigo.

Significado

Quando as pessoas se iluminam por si mesmas, têm de estar atentas ao tempo em que vivem e às pessoas com quem vive; por isso, é imprescindível que sejam humildes, silenciosas, sem alardes. Ainda que sejam iluminadas, não se mostram aos outros. Contudo, nesta linha se dá o contrário, já que o momento é de fraqueza interior, mas se apresenta exteriormente muito forte, atraindo conflitos.

"O progresso como o de um roedor" significa que ele deve fazer pequenos avanços de forma secreta. Como o faz um roedor – ele se movimenta na escuridão, come pouco e acumula muito.

5ª linha: **O arrependimento desaparece. Não se deixe levar por ganho ou perda. Empreendimentos trazem boa fortuna. Tudo é favorável.**

Significado

Ele compreendeu que as aparências são enganosas e que somente trazem para si e para os outros inúmeros conflitos. Os processos de meditação devem ser sustentados nas práticas da perfeita concentração, pelo treino da perfeita calma mental e também utilizando a visão profunda. Utilizando esta via, pode perceber as trapaças dos pensamentos e dos estados ilusórios da mente. Compreende, também, que com honestidade e tranquilidade, todos os problemas acabam se solucionando.

6ª linha: **Progredir com os chifres é lícito apenas quando se vai aplicar castigo em seu próprio território. Ter consciência do perigo traz boa fortuna. Nenhuma culpa. A perseverança traz humilhação.**

Significado

"Progredir com os chifres é lícito apenas quando se vai aplicar o castigo em seu próprio território." Os chifres são o primeiro elemento do animal com o qual ele se defende e entra em contato com o adversário; porém não é bom ferir colegas ou outras pessoas com os chifres do conhecimento ganhos pela autodisciplina. O importante é, sim, aplicar este chifre para se policiar; por isso se diz "é lícito". Agora, se ele mantiver este tipo de atitude, vai atrair somente humilhação para si, porque as pessoas que terá de servir se afastarão dele.

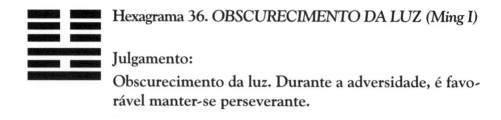

Hexagrama 36. OBSCURECIMENTO DA LUZ (Ming I)

Julgamento:

Obscurecimento da luz. Durante a adversidade, é favorável manter-se perseverante.

Comentário

Após ter realizado um significativo avanço no Hexagrama 35, agora é o momento em que novamente a luz se depara com novos obstáculos a serem superados. Em todo o livro do *I Ching*, percebemos que os hexagramas se apresentam de forma dupla. Se observarem o Hexagrama 35 e o compararem com este, poderão observar que no 35 o sol está acima e a terra abaixo. Agora, as posições estão invertidas: o sol está abaixo e a terra acima. Isso indica-nos o caráter transitório e cíclico dos acontecimentos, que nos levam sempre a rever nossas ações, para, assim, aprendermos de forma completa com elas.

Se no Hexagrama 35 nós progredimos superando todos os nossos obstáculos pela aplicação do intelecto, agora esta mesma capacidade deverá ser aplicada novamente na observação de mais aspectos neuróticos de nossa personalidade. Ao mesmo tempo, todo movimento interno de autodescoberta também influencia nosso entorno. Este ponto sempre deverá ser muito levado em consideração. Todo movimento interno terá seu efeito externo, e vice-versa. Este é o motivo pelo qual os hexagramas sempre são apresentados em pares opostos.

Aqui apresenta-se a ideia: "Durante a adversidade, é favorável manter-se perseverante". Observar os estados neuróticos de nosso ser não é algo fácil de realizar. O mestre tibetano Chogyam Trungpa Rimpoche sempre dizia: "É melhor pensar muito antes de iniciar o caminho do desenvolvimento interno; porém, se o inicia, é melhor levá-lo à conclusão". Quando lhe perguntaram por que afirmava isto, ele respondeu:

"Porque se a pessoa começa e abandona no meio ou fica louca ou se mata". Esta é a real situação de um verdadeiro discípulo da sabedoria eterna. Isto nada tem a ver com os pseudo-esotéricos que trocam uma droga ou um shopping pelos treinos de meditação para "terem experiências transcendentais".

Em termos de meditação e autoanálise, isto significa que as aflições, os maus hábitos, a doença, a confusão, os conceitos e as falsas visões são verdadeiramente os obstáculos a serem resolvidos e, ao mesmo tempo, os nossos maiores professores. Neste momento, estão muito ativos e manifestam-se de forma visível. A única coisa que realmente pode nos ajudar é a "perseverança", que representa a firme determinação. É levar à conclusão, tendo em meta o bem-estar de todos os seres sensíveis.

Imagem

A luz mergulhou no fundo da terra: a imagem do obscurecimento da luz. Assim, o homem superior convive com o povo. Ele oculta seu brilho e, apesar disso, ainda resplandece.

"Assim, o homem superior convive com o povo": em termos de treino de meditação, a própria inteligência iluminada tem de conviver com os impulsos da personalidade egoísta e separatista. Nas cartas de São Paulo Apóstolo, ele sempre se referia a este problema: sua mente e seu coração estavam em Cristo, mas sua carne, não. No obscurecimento da luz, encontramos os mesmos princípios: o discípulo tenta constantemente tornar-se "meditativamente estável", porém suportando uma personalidade que sempre se rebela contra os impulsos do Buda interior. Por isso pede-se, aqui, que o discípulo se esconda: sua luminosidade ainda não é completa.

Lembremos os dois hexagramas anteriores: no 34, defronta-se com o poder e, no 35, tenta progredir. Agora é ferido, porque ainda resta muito trabalho a fazer antes da completa iluminação. Em relação ao homem iluminado com o seu meio ambiente imediato: muitas vezes, na procura de companheiros que compreendam o que ele compreende, escolhe de forma errada. Contudo, seus colegas estarão muito atentos observando o seu comportamento e estarão prontos para lhe apontar as falhas. Então, neste momento de sua vida, o melhor a ser feito é não se expor em demasia. Tente colaborar com todos os seres, porém de forma sutil, usando o exemplo amoroso, a palavra amiga, sendo cordial, e até se comportando como uma pessoa pouco instruída. Ainda assim, se tiver entre seus colegas pessoas de espírito mais elevado, eles perceberão a sua iluminação inata.

No aspecto histórico, este hexagrama mostra-nos a forma de comportamento que inúmeros patriarcas, budistas ou não, tiveram de usar a fim de preservarem o conhecimento da destruição nas mãos dos tiranos. Um exemplo disto foi o que aconteceu com o sexto patriarca, Zen Hui Neng, que, sendo analfabeto e trabalhando na cozinha do templo, recebeu os selos do patriarcado, tendo de fugir imediatamente. Refugiou-se entre caçadores e comportou-se como uma pessoa comum durante mais de quinze anos, até que compreendeu que a hora de expor o Dharma havia chegado. Ainda assim, inúmeras vezes atentaram contra sua vida. Por isso se diz: "Ele oculta seu brilho e, apesar disto, ainda resplandece".

Se este hexagrama aparecer em sua vida: Momento de ficar tranquilo, sem expor-se. As pessoas estarão atentas a você e ao seu comportamento e estarão prontas para feri-lo, enganá-lo e até golpeá-lo. O mais importante aqui é relaxar e se comportar de forma humilde, carinhosa e prestativa. Suporte os insensatos, mas não tente corrigir seus erros. Indique a saída, caso lhe peçam. Não se julgue de forma muito severa: lembre que os inimigos podem ser externos, porém há também os inimigos internos, que também tentarão machucá-lo.

Conselhos Gerais: Os problemas externos podem perturbar a sua tranquilidade. Lembre que, para obter êxito em alguma coisa, há que se entregar totalmente. Ainda que tenha muitas preocupações, tente alimentar-se normalmente. Poderá perder a hora do almoço por causa de muitos problemas. Momento de perigo – preste atenção! Seja correto.

Submeta-se com bastante flexibilidade às circunstâncias externas. Oculte ou dissimule sua inteligência; não mostre tudo o que sabe. Seja tolerante e moderado com os inferiores: eles virão ao seu encontro. A sua inteligência descobrirá os erros alheios, assim como as intenções que estão por trás dos erros, e isso poderá afetar a sua forma de agir com eles, causando conflitos.

A mensagem do *I Ching* é clara: o inferior não gosta de ser chamado de inferior, e revolta-se contra aquele que assim o trata. O ideal é tratá-lo com bastante amabilidade e, assim, instruí-lo. Esta conduta fará com que o perigo e as feridas – sejam emocionais ou físicas – não aconteçam.

Negócios/Dinheiro: Muito esforço e muito lucro. Aceite os riscos. Confie na sua própria inteligência. Preste atenção aos documentos. Esteja atento!

Estado Emocional: Encontrará muita incompreensão, muita perplexidade. Isto trará isolamento, confusão e tristeza. Meditar sobre a compaixão dos Budas e do Cristo relacionada com os ignorantes.

Saúde: Pequenos problemas de estômago causados por estresse emocional. Pequena inflamação dos rins ou bexiga. Faça exame do coração e análise de sangue. Nesta semana, não beba álcool.

As linhas

1ª linha: **Obscurecimento da luz durante o vôo. Ele abaixa suas asas. Em sua peregrinação, o homem superior não come nada durante três dias. Mas ele tem aonde ir. Seu anfitrião murmura a seu respeito.**

Significado

Encontrando-se numa posição extremamente perigosa e inferior, aqui o que se pede é que o indivíduo praticamente anule-se e comporte-se como um tolo (se possível), porque sua posição assemelha-se a de um cordeiro no meio de uma comunidade de lobos. O mais importante é que não se mostre, não fale, "abaixe suas asas, e não mostre seu voo". Isto é como fugir ao entardecer e não parar na sua correria durante três dias"; por isso se diz "não come nada durante três dias". Aqui o não se alimentar mostra o perigo em que se encontra a pessoa. Momento de usar todos os seus recursos inteligentes para evitar males maiores.

2ª linha: **O obscurecimento da luz o fere na coxa esquerda. Ele dá ajuda com a força de um cavalo. Boa fortuna.**

Significado

Por meio das virtudes da inteligência, equilíbrio e honra, restaura as feridas que lhe causam por ser compassivo com os seres. Neste tempo, quando a iluminação está oculta, mesmo que o trabalho (símbolo da perna) compassivo (símbolo do lado esquerdo) seja injuriado, a pessoa ainda dirige-se para a libertação: apenas porque o cavalo é forte e há uma benção que vem da linhagem espiritual que o suporta, guia-o e o alimenta-o. Seja discreto, oculte-se e tudo correrá bem.

3ª linha: **O obscurecimento da luz durante a caçada no sul. Captura-se seu principal líder. Não se deve esperar a perseverança muito rápido.**

Significado

"Obscurecimento da luz durante a caçada no sul. Captura-se seu principal líder." Interiormente ele descobre conscientemente (trigrama *li*) a causa fundamental de suas emoções aflitivas – "captura-se seu principal líder". Isto o enche de ansiedade (trigrama *chen*) por um resultado rápido; porém, neste tipo de treinamento não se pode "esperar a perseverança muito rápido". Deve incluir em si mesmo os aspectos espirituais do trigrama *kun*, que são a devoção, o silêncio e a calma. Então, o homem deve permanecer atento e manter-se na conduta adequada. Momento de confusão mental. Não agir precipitadamente: o mais importante é treinar muita meditação, especialmente a do Buda da Compaixão e seu mantra *OM MANI PEME HUNG*.

4ª linha: Ele penetra do lado esquerdo do abdome. Chega-se ao coração do obscurecimento da luz e se deixa para trás o portão e o pátio.

Significado

Esta linha compreende os pensamentos mais secretos das pessoas e as causas secretas de seus problemas. Chega ao coração do obscurecimento da luz. Esquece as formalidades externas: "deixa para trás o portão e o pátio". Estando no corpo de *kan* e *chen*, angustia-se; entretanto, continua avançando na descoberta de si mesmo e dos outros. Percebe que é preciso conhecer-se e encarar o que há de mais escuro em si mesmo.

5ª linha: O obscurecimento da luz tal como ocorreu com o príncipe Chi. A perseverança é favorável.

Significado

Externamente, é flexível e adapta-se às condições. Internamente, encontrou o equilíbrio; externamente, aparenta ser ignorante; internamente, conhece. Comporta-se assim porque oculta o seu desenvolvimento interior, porque o meio ambiente não é favorável às suas práticas e disciplinas.

6ª linha: Não há luz, porém há escuridão. Primeiro, ele galgou o céu; depois, precipitou-se nas profundezas da terra.

Significado

Esta linha tem dois significados: um relacionado com as pessoas comuns e outro relacionado com a vida dos seres iluminados.

Este é o extremo perigo da iluminação, como alguém que foi uma vez uma pessoa milionária e, depois, ao perder toda a sua fortuna, tem de conviver com as pessoas de condição social inferior à que ela usufruía. No campo da consumação da iluminação, esta linha representa o esforço em iluminar-se (realizado por meio das cinco linhas anteriores) e depois a perda do fruto de todo este esforço realizado. Esta linha representa a ignorância da não compreensão, o que faz com que a pessoa perca a liderança e torne-se inferior.

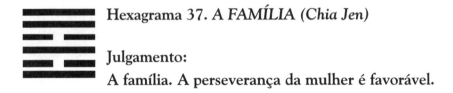

Hexagrama 37. A FAMÍLIA (Chia Jen)

Julgamento:
A família. A perseverança da mulher é favorável.

Comentário

A expressão "membros da família" não significa somente pessoas da mesma casa: significa também todos aqueles com quem se convive e se trabalha. Em nossas vidas, sempre estamos rodeados de pessoas que ou nos amam ou nos desprezam. Isto acontece basicamente porque usamos nossa capacidade intelectual ou para desunir ou para amar e congregar.

O fogo representa a inteligência que, quando está se tornando negativa, pode descobrir os erros dos demais e criticar e julgar os outros. Ou quando está dirigida de forma positiva pode ser o elemento que ilumine nossa vida e a vida dos outros. Podemos olhar com os nossos olhos os defeitos ou as virtudes das pessoas. Os olhos serão os mesmos; no entanto, aquele que olha é o que dá o julgamento final. Neste ponto é que você tem de se cuidar muito. Olhar sempre o melhor lado das pessoas traz felicidade para nossa vida. Olhar o lado escuro torna-nos tristes e amargos.

A família representa aqueles que se reúnem em volto do fogo. Neste hexagrama temos o vento e o fogo. A função do vento é levar as coisas de um lugar para outro e, ao mesmo tempo, reunir. A função do fogo é de esquentar e iluminar. Por isso nós o associamos ao conceito da família – é nela que as coisas se reúnem e trabalham para depois serem transformadas. O homem une-se à mulher e depois os filhos "chegam" e todos em reunião transformam-se mutuamente. Outra função do fogo está associada ao cozinhar dos alimentos ou ao transformar de qualquer elemento.

Ao contrário, as funções negativas são retratadas nestes elementos da seguinte forma: o vento vai sem rumo fixo para qualquer lugar, destruindo tudo o que encontrar, como os vendavais. O vento confunde; o fogo queima. Quando ambos estão juntos, podemos ter as grandes catástrofes, como as queimadas nos bosques ou um grande incêndio.

O vento representa os pensamentos, ou as lembranças que nos vêm do passado. O fogo é o intelecto que analisa e discerne os pensamentos, conferindo-lhes uma sequência lógica. Se porventura o ser humano deixa que os aspectos negativos tomem conta de sua mente, isto realmente será uma grande perda, não só para si mesmo, mas também para todas as pessoas que estão ao seu redor.

A *Família* é um termo geral que implica tanto pais, filhos, como amigos comuns e amigos espirituais, por exemplo a comunidade budista ou a família cristã são expressões equivalentes. A *Família* também representa a nossa vida interna: uma pessoa comum, por exemplo, está "rodeada de uma família neurótica", que são seus pensamentos caóticos.

Para um discípulo da sabedoria eterna, a *Família* são os ensinamentos dos antigos mestres e patriarcas, em especial os que estão relacionados com a transformação da conduta (vento) por intermédio do fogo da inteligência. O vento e o fogo no treinamento mental estão relacionados com os seguintes conceitos:

- A energia (vento) que surge de um estudo profundo dos ensinamentos – motivam-nos a agir rapidamente –, assim como as bênçãos que surgem do treino correto. O vento também está relacionado à energia sutil que percorre nossos meridianos e canais de energia.

- A sabedoria (fogo) que surge da compreensão dos ensinamentos e de sua aplicação na vida diária. Como diz o *I Ching*, neste caso um provém do outro, ou seja, estão se produzindo mutuamente.

A compaixão (o fogo da inteligência aplicado aos afazeres da vida quotidiana) que nos incita a nos arriscarmos para seguirmos no caminho escolhido. Desta combinação é que surge, então, a conduta correta que a todos beneficia. No treinamento da meditação, a mente é a "família".

Portanto, depois de ter compreendido que tinha se extraviado por causa de seus próprios erros, ele retorna ao seio das práticas contemplativas.

Imagem

O vento surge do fogo: a imagem da família. Assim, em suas palavras, o homem superior possui conteúdo e, em seu modo de vida, ele possui duração.

Nos seus aspectos superiores, o fogo é inteligência iluminada. O fogo também representa o intelecto que é usado para eliminar a ignorância. Assim, junto ao vento, possui conteúdo. Quando este fogo da inteligência permeia a vida do indivíduo, então o vento confere-lhe a duração. Quando as palavras são efetivas, então a mentira e a confusão perdem terreno, e quando a ação é motivada pela sabedoria, a vida torna-se calma e bela. Tomando isto como exemplo, uma família ou uma nação podem ser governadas, e no budismo, quando estas qualidades aparecem, o indivíduo pode realmente compreender a sabedoria dos patriarcas e, assim, ajudar a todos por igual. Então, o conceito de "família" é aplicado a todos os seres.

Se este hexagrama aparecer em sua vida: Procure sua própria família espiritual, que o ajudará a resolver os problemas com a sua "família" interna (pensamentos e emoções). Observe em sua própria família como se comportam as crianças e os velhos, como você se comporta com eles e como eles respondem para você.

Ao treinar meditação, ou ao trabalhar numa empresa, pondere que sempre estará se relacionando com os seres humanos e que todos eles de alguma forma estão sempre colaborando para que você seja cada dia melhor.

Conselhos Gerais: Aceite as responsabilidades e use um julgamento sólido e prudente. Observe como uma mãe olha seus filhos, sem preferências. Observe todos os pontos de vista e, depois, decida sem hesitar. A falta de autoridade é causa de desastre.

Negócios/Dinheiro: Cuidado em seguir líderes errados; considere todos os fatores. Não invista de forma impulsiva ou se deixando arrastar por boatos, por mais sábios que pareçam ser. Em sua empresa ou no seu local de trabalho, o que mais estraga a atmosfera do ambiente é criticar constantemente seus colegas. Esta crítica trará a ruína.

Estado Emocional: Basicamente o maior problema é a crítica, que é fonte de solidão e tristeza – não critique os outros nem sequer a si mesmo. Ninguém é perfeito, e a perfeição consegue-se a cada dia.

Saúde: Possíveis problemas de inflamação nos rins e no sistema urinário. Vigie o coração. Cuidado com as viroses. Faça um exame cuidadoso dos rins.

As linhas

1ª linha: **Firme decisão dentro da família. O arrependimento desaparece.**

Significado

A família pode ser considerada a nobre comunidade de seres espirituais, comunidades de monges ou, dentro da pessoa, seus pequenos "eus". A firme decisão está relacionada com a prática do *vinaya*, ou a disciplina moral e a prática dos votos, tanto do homem leigo como do monge. Uma vez que se refugia nessas práticas, o "arrependimento" desaparece. Por esse motivo, o ser humano governa a sua família (neste caso, os pensamentos), utilizando a amabilidade, medidas restritivas para que o lar (sua personalidade) seja a cada dia mais equilibrado, observando seus filhos (pensamentos), prestando atenção às reações instintivas e não permitindo que elas o alterem. Se não corrigir-se a tempo, trarão pesares num futuro próximo.

2ª linha: **Ela não deve seguir seus caprichos. Deve cuidar dos alimentos no interior. A perseverança traz boa fortuna.**

Significado

Por estar dentro do corpo do trigrama *li*, que representa o estudo e a disciplina, nesta linha recomenda-se estar muito atento ao tipo de estudo que se realiza, por ser o estudo o alimento do espírito. "Perseverar nisto trará boa fortuna." O "interior" significa tornar os ensinamentos parte de seu caráter. O ser humano verdadeiro não perde seu tempo em futilidades.

3ª linha: **Quando os ânimos na família se inflamam, uma severidade excessiva causa arrependimento. Apesar disso, boa fortuna. Quando a mulher e a criança brincam e riem, isso conduz, ao final, à humilhação.**

Significado

"Quando os ânimos da família se inflamam" quer dizer que ele sente rejeição instintiva às disciplinas por ele mesmo impostas. "Uma severidade excessiva causa arrependimento. Apesar disso, boa fortuna": do ponto de vista da transformação interna, nenhuma severidade nem firmeza excessivas consigo mesmo pode causar arrependimento; ao contrário: mais tarde, a pessoa compreende que isso foi a causa de muito boa fortuna. "Quando a mulher e a criança brincam e riem, isso conduz, ao final, à humilhação": no ambiente da transformação interior, a mulher e a criança representam o caráter frívolo e insensato. Se ele se deixa conduzir por estes dois aspectos, ao final será humilhado.

4ª linha: **Ela é a riqueza da casa. Grande boa fortuna.**

Significado

"Ela" representa o espírito do discípulo. Unir-se com ela traz benefício para todo o seu ser e isso traz boa fortuna. "Ele" também é a disciplina, treinada com a correta motivação.

5ª linha: **Como um rei ele se aproxima de sua família. Não tema. Boa fortuna.**

Significado

Na quarta linha, ele descobriu o amor; na quinta linha, descobre a lei. Nesta linha, une a lei e o amor como disciplina interior de autodesenvolvimento. Por isso há boa fortuna.

6ª linha: Seu trabalho exige respeito. Ao final vem a boa fortuna.

Significado

"Seu trabalho exige respeito." Todo o desenvolvimento que teve é manifestado no exterior e à sua comunidade. A personalidade reflete de forma harmônica as conquistas interiores e entra de acordo com seu meio ambiente; por isso ao final vem a boa fortuna. Expressa no seu ambiente sinceridade de sentimento e confiança.

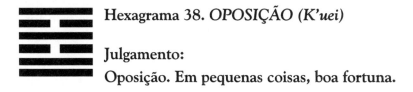

Hexagrama 38. OPOSIÇÃO (K'uei)

Julgamento:
Oposição. Em pequenas coisas, boa fortuna.

Comentário

Oposição significa ter demasiada consciência de todas as situações onde a inteligência e as emoções entrarão em conflito, assim como as pessoas que moram num mesmo lar, uma muito inteligente e outra muito emotiva entram em oposição porque em suas mentes existem objetivos diferentes.

O ponto mais importante para reflexão: "Em meio à comunidade, o homem superior mantém a sua individualidade". Quando o ser humano encontra-se num convívio social ou quando está treinando dentro de uma disciplina autêntica, vai sempre defrontar-se com um problema básico: no seu convívio social ou dentro da "comunidade", terá de decidir quando seus atos devem ser guiados pela emoção ou quando devem ser guiados pela razão. O mais difícil no "seio de sua família" é combinar ambas num todo harmônico.

O mesmo acontece quando temos de realizar um trabalho interno de autodesenvolvimento. Como foi explicado no hexagrama anterior, a "comunidade" é a nossa família interna, nosso emaranhado de pensamentos e desejos. Então, como combinar o sentimento ou a devoção com a análise intelectual?

Dentro de um treinamento realmente efetivo, estes dois itens são necessários: sabedoria e compaixão. Ele não pode ser antagônico, mas, para um principiante no caminho, isto realmente é um problema. "Em meio à comunidade" quer dizer no meio de toda a nossa conversa interior, onde milhares de conceitos herdados, sejam de nossa cultura familiar ou social, sempre estão nos dizendo como proceder. O aluno a cada instante deve decidir quem toma a liderança: o sentimento ou a razão.

Então, escutando tanto as críticas externas como as internas, mantém-se firme e concentrado. Evita as críticas, não se deixando arrastar pelas fofocas e comentários odiosos. Mantém sua mente clara por meio da meditação aplicada aos acontecimentos do seu dia a dia. Não se deixa abalar pelas injúrias e, caminhando desta forma, compreende que todos os acontecimentos externos e internos formam parte da transformação de seu caráter.

A *Oposição* corresponde ao fato de que não sabe com clareza o que é mais apropriado para a sua vida. Os trigramas mostram forças antagônicas; no entanto, se estas mesmas forças forem aproveitadas, todos chegariam a um mesmo objetivo. O trabalho aqui é combinar intelecto e paixão, e transformar estas duas energias em sabedoria e compaixão. Contudo, se o ser humano perder seu objetivo e confundir sentimento com paixão e sabedoria com discurso meramente intelectual, não poderá realizar nada grandioso, seja no seu íntimo ou no convívio social. Até a meditação não produzir efeitos reais e visíveis, não poderemos mudá-la simplesmente porque não gostamos ou nos cansamos dela.

Imagem

Acima o fogo, abaixo o lago: a imagem da oposição. Assim, o homem superior mantém sua individualidade em meio à comunidade.

O trigrama *li*, fogo, ou aquilo que ascende, está associado à meditação especulativa e analítica, utilizando o intelecto como ferramenta. O trigrama *tui*, água, ou aquilo que desce, está associado com os treinos do Vajrayana, onde visualização e mantras são as técnicas mais utilizadas. Elas não são contraditórias, mas o momento em que se deve utilizá-las é diferente. Quando isto não é compreendido corretamente, aparece a *Oposição*.

Quando no *I Ching* encontramos este conceito "homem e mulher estando em oposição, mas tendo o mesmo objetivo", ele está se referindo às práticas mais avançadas do Vajrayana. No âmbito ordinário da vida, isto implica que o homem não entende o trabalho da mulher, nem ela entende o trabalho do homem; então, sim, teremos a oposição. Porém, se entendermos que homem e mulher se necessitam mutuamente e que os dois têm de aprender um com o outro, ainda que sejam diferentes, chegam ao mesmo objetivo. Isto no *I Ching* é conhecido como "miríades de seres sendo diferentes enquanto suas tarefas são de um tipo só".

Enquanto o discípulo não compreender isto com seu coração, "em pequenas coisas haverá boa fortuna". Grandes coisas não poderão ser realizadas.

Se este hexagrama aparecer em sua vida: O mais importante neste momento é que procure o entendimento, observando que pensamentos diferentes podem ser complementares, igual a uma orquestra, com inúmeros instrumentos. Procure o ponto de consenso entre as partes. Se o problema for interno, então observe detidamente os diferentes pontos de vista e os seus sentimentos. Peça ajuda para que alguém mais experiente mostre a você de forma fria o ponto de convergência. Se isto não ocorrer, tente não tomar nenhuma decisão importante.

Conselhos Gerais: Momento de confrontos por causa de opiniões muitas vezes erradas. Isto trará humilhação. Momento feliz somente para as coisas sem muita importância. Brigas ou desentendimentos entre irmãos ou entre duas moças da família, ou pessoas conhecidas. É importante não se misturar com pessoas fúteis, medíocres ou pobres de espírito, ou com pessoas que corrompem os costumes e transtornam os espíritos das pessoas, seja pela inveja, por fofocas ou por críticas.

Negócios/Dinheiro: Momento para investir e para perseverar em seus empreendimentos. Prepare-se para problemas futuros.

Estado Emocional: Evite momentos em que o orgulho coloca coisas bonitas a perder. Criticar as pessoas, ainda que observe elementos questionáveis, não é correto. Evite entregar-se a conversas inúteis, que o levarão a estados anímicos negativos. Preste atenção para que o ódio não entre em seu coração.

Saúde: Inflamação nos rins, na bexiga. Esteja atento aos rins. Faça uma análise de sangue e um exame do coração.

As linhas

1ª linha: **O arrependimento desaparece. Se você perde seu cavalo, não corra atrás dele. Ele voltará por si mesmo. Quando você encontrar pessoas más, acautele-se contra erros.**

Significado

"O arrependimento desaparece": isso é ser firme e justo. Confiando simplesmente em si mesmo não haverá erro. "Perder o cavalo e não correr atrás dele": isso é para que você não se perturbe com ganhos e perdas e confie profundamente no karma. Aquilo que se perde de forma injusta, de forma justa resgata-se sem esforço nenhum. "Quando você encontrar pessoas más", não se afaste delas, assim compreenderá que o bem ou o mal nada têm a ver com a natureza real de todos os seres. Compreendendo esse ponto, você não será perturbado pela divisão de bem e mal no seu espírito.

Apenas quando seguimos firme e justamente a virtude celestial, ganho e perda desaparecem, bem e mal se fundem. Então, mesmo que estivermos em tempo de oposição, poderemos estar livres de arrependimento. Possivelmente você perceba que há muita gente malvada ao seu redor. Não quebre todos os seus vínculos com eles, mas mantenha-os afastados e crie situações em que não possam atingi-lo. Se você atacar essas pessoas, todas se unirão contra você.

2ª linha: Ele encontra seu senhor numa rua estreita. Nenhuma culpa.

Significado

A "rua estreita" é encontrar o espírito nos afazeres do seu dia a dia; por isso se pergunta: que culpa haveria nisso? Neste momento, agir no seu dia a dia de forma contraditória ou com segundas intenções é muito perigoso.

3ª linha: Alguém vê a carroça sendo arrastada para trás, os bois detidos, cortados o cabelo e o nariz de um homem. Nenhum bom começo, mas um bom final.

Significado

"Alguém vê a carroça sendo arrastada para trás": isto é como não ter confiança em si próprio, é duvidar de si mesmo. "Os bois detidos" significam que a pessoa não ousa prosseguir o caminho dos homens santos e evoluídos e, ao não tentar, perde a confiança neles também; mas, mesmo assim, pensa que está trabalhando em benefício dos outros. Os que estão acima "lhe cortam o cabelo e o nariz" como punição, e ele não pode comunicar seus sentimentos honestos aos outros: assim, "não há começo". O cabelo representa suas experiências vindas do exterior. Seu nariz, o senso de direção. Quando combinamos os dois, então "não há começo". Ele carece de forças para sustentar-se e manter-se por si mesmo. Se porventura tentar forçar qualquer avanço, será ferido.

Mas quando esta oposição termina, novamente haverá reconciliação, por isso se diz: "Nenhum bom começo, mas um bom final". Este "bom final" quer dizer que ele novamente compreende ou encontra o caminho trilhado pelos homens santos e valiosos.

4ª linha: Isolado pela oposição. Ele encontra um homem que lhe é semelhante em natureza, com o qual pode estabelecer um relacionamento leal. Apesar do perigo, nenhuma culpa.

Significado

"Isolado pela oposição": aqui, mal-entendidos ou preconceitos formam elementos de juízo entre as pessoas. Ainda entre aqueles que são desenvolvidos, sempre há motivos para se sentirem isolados e não compreendidos. Então, a melhor forma de resolver esta oposição é limitando-se a ser justo e correto. Tendo como base esta correção, o homem pode estabelecer "relacionamentos reais" que, apesar do perigo de realmente não ser compreendido, nenhuma culpa há. Isto significa que o discípulo vive um tempo de desconfianças; no entanto, não é por causa do seu comportamento, e sim por causa das condições temporais. Por esse motivo se diz: "Apesar do perigo, nenhuma culpa".

5ª linha: O arrependimento desaparece. O companheiro abre seu caminho, rompendo o que o envolve. Se fôssemos a seu encontro, como isso poderia ser um erro?

Significado

"O arrependimento desaparece. O companheiro abre seu caminho, rompendo o que o envolve": tendo correção e lealdade como base de seu caráter, o discípulo abre, de forma decidida e inteligente, seu caminho ao encontro daqueles que ele tem de servir. As suas palavras tornam-se mais claras e os seus colegas alegram-se e vão ao seu encontro.

6ª linha: Isolado em virtude da oposição, vemos nosso companheiro como um porco enlameado, como uma carroça cheia de diabos. Primeiro, distendemos o arco em sua direção, depois deixamos o arco de lado. Ele não é um ladrão; no momento devido cortejará. Enquanto se segue adiante, a chuva cai; depois, vem a boa fortuna.

Significado

"Isolado em virtude da oposição, vemos nosso companheiro como um porco enlameado": ainda para o seu meio ambiente, é hostil sua forma de se expressar: as pessoas enxergam-no como uma pessoa inculta ou grosseira. "Como uma carroça cheia de diabos": as pessoas pensam que ele não realizou qualquer transformação interna. Prendem-se à sua aparência e isso faz com que duvidem. Mas, por viver rodeado de pessoas assim, ele também é contaminado. Então, quando algo de bom lhe acontece, também desconfia: sua primeira reação é "primeiro distendemos o arco em sua direção". Considera os amigos como inimigos; depois, quando se acalma, "deixa o arco de lado". Compreende que os seres não são malvados, mas que simplesmente seu sofrimento é muito forte. Então, "no momento devido, cortejará", ou seja, tentará a verdadeira união com as pessoas. Assim, ele de todas as formas evita a violência e a precipitação.

Hexagrama 39. OBSTRUÇÃO (Chien)

Julgamento:

Obstrução. O sudoeste é favorável. O nordeste não é favorável. É favorável ver o grande homem. A perseverança traz boa fortuna.

Comentário

Apesar de existirem diferenças entre as pessoas, existem muitas oportunidades de solucioná-las, mas se estas diferenças não podem ser harmonizadas em seu devido tempo, então os obstáculos serão cada vez maiores e trarão infortúnio. Desde o momento em que os problemas existem, também existe a oportunidade de superá-los. Por consequência, encontramos no julgamento estas duas observações:

"O sudoeste é favorável." O sudoeste é a região da alegria, da harmonia, da clareza de pensamento, e isso nos mostra que qualquer problema não é tão sério quanto parece. Na realidade, nossos apegos aos estados mentais aflitivos são o que torna-nos tristes e melancólicos.

O sudoeste é a região da introspecção: assim, é da natureza do homem superior resolver os problemas ocasionais que aparecerem de forma alegre e introspectiva, à luz de sua própria consciência.

"O nordeste não é favorável." O nordeste sempre foi considerado o lugar de perigo e da morte, assim como, em termos psicológicos, representa a vacilação e as dúvidas. O sul corresponde à região da luz, ou seja, a consciência aplicada à solução do problema. O nordeste pertence à região *yin*, do escuro, dos elementos que permeiam nossa inconsciência, dos hábitos que constantemente nos impelem a trabalhar de forma caótica e desordenada.

"É favorável ver o grande homem." Não é somente pedir conselho a algum conhecido de nossa estima, e sim usar os próprios poderes de nossa iluminação com a finalidade de resolver esses empecilhos.

"A perseverança" no sentido de usar a mente iluminada para resolver os problemas "traz boa fortuna". Porém, as pessoas tolas que estão absorvidas no seu próprio mundo subjetivo de emoções perturbadas e desejos insatisfeitos não percebem os perigos inesperados. Este tipo de pessoa são como cegos, e por isso não podem parar a fim de enxergar a realidade por intermédio da mente iluminada. Mas se você pode parar estando diante do perigo, então será chamado de "pessoa de conhecimento". Começando de uma situação de perigo e vacilo (simbolizados pelo sudeste), pode-se, assim, combinar a firmeza e a flexibilidade e atingir o equilíbrio. Se for para o nordeste, a pessoa se enrolará no perigo e finalmente será brecada.

Somente a quinta linha *yang* está em seu próprio lugar, de forma equilibrada e correta. Esta linha assemelha-se a uma grande pessoa, que tem a capacidade suficiente de salvar a outros.

Imagem

A água acima da montanha: a imagem da obstrução. Assim, o homem superior voltar-se a si mesmo e cultiva seu caráter.

As pessoas superiores sabem que todas as situações perigosas e difíceis são criadas e manifestadas por suas próprias mentes, pelos falsos pensamentos e visão obscurecida. Assim, elas não ousam indignar-se com o céu ou ter rancor das pessoas: apenas se examinam para cultivar suas virtudes.

Se este hexagrama aparecer em sua vida: Momento de observar-se. De tentar estabelecer o justo equilíbrio entre a razão e a sensação. Observar que, quando pensamos que ninguém nos quer, é que na realidade nós não gostamos dos outros. O discípulo de Buda sempre identifica a raiz de seus problemas em sua própria mente confusa. Quando observa os problemas no mundo, compreende que é uma percepção errada dele mesmo. Quando discute muito com as pessoas, ele percebe que está tentando impor seus próprios pontos de vista. Por isto, na imagem está muito clara a ideia "o homem superior volta-se a si mesmo e cultiva o seu caráter".

Conselhos Gerais: Momento de obstáculos a serem superados antes de atingir um êxito maior. Obterá vitória, porém não o reconhecimento das pessoas. Momento muito perigoso, em que somente ficarão ao seu lado os amigos mais íntimos. É aconselhável pedir muitos conselhos. É melhor esperar o momento apropriado para agir. Quando se está em perigo, é melhor não agir apressadamente. Cuidado com os ladrões no final de tarde.

Negócios/Dinheiro: Não se deixe seduzir por amigos que peçam dinheiro emprestado. Preste atenção a fraudes ou enganos nas contas.

Estado Emocional: Críticas, agressão e ódio têm de ser evitados; teimosia em sustentar opiniões erradas ou sem substância, também. Momento de instabilidade emocional. Refugie-se na meditação para equilibrar a mente e o coração.

Saúde: Inflamação na bexiga e nos rins. Faça exames de coração e de sangue. Possivelmente custe-lhe escutar as pessoas. O melhor é ficar tranquilo, evite sair à noite. Cuidado com as quedas.

As linhas

1ª linha: Seguir conduz à obstrução. Ao voltar se encontra o louvor.

Significado

Para o I *Ching*, "conhecimento" é saber distinguir quando há perigo e ter a capacidade interna de parar a tempo de evitar suas consequências. Todas as seis linhas falam-nos a respeito de "ir" e "vir". "Ir" significa agir de forma certa ou superar o perigo. "Vir" significa "examinar" a si próprio a fim de poder cultivar as virtudes internas. "Ir" significa olhar para fora e realizar coisas no mundo dos homens. "Vir" significa estar consciente do efeito que este agir produz em nossa mente.

2ª linha: O servidor de um rei encontra obstrução sobre obstrução, mas não é por culpa sua.

Significado

"O servidor de um rei": aqui encontramos a pessoa que trabalha para seu mestre ou, no plano comum de nossa vida, para uma empresa. De acordo com o I *Ching*, para desenvolvermos um relacionamento correto devemos estar desprovidos de segundas intenções e nos devotar por completo ao nosso dever. Aos olhos dos demais, isto pode parecer arriscado. No entanto, como o verdadeiro trabalho é feito sem egoísmo, no final não haverá amargura.

3ª linha: Seguir conduz a obstruções. Assim sendo, ele volta.

Significado

Ele quer penetrar conscientemente nos mistérios do ser; entretanto, encontra obstruções internas, hábitos gerados no passado. Então, para novamente de uma forma justa, demonstrando fortaleza interior. Este é um momento de rever os ensinamentos do passado e checar os seus treinos interiores. Redobrar os seus esforços. Ele entende que os frutos advindos de um treino verdadeiro levam tempo para aparecer.

4ª linha: Prosseguir conduz a obstruções. Voltar conduz à união.

Significado

"Prosseguir conduz a obstruções." No seu avanço através do tempo, ele percebe que está entrando no "corpo do perigo" (trigrama superior *kan*), o abismo, o mistério, o desconhecido. Entrar no corpo do perigo sem ajuda é demasiado para aquele que está tentando se conhecer. Assim, ele detém seus passos para reavaliar sua situação e procurar a companhia de seus irmãos no Dharma, que o ajudarão no seu caminhar. Por isso o I Ching diz: "voltar conduz à união".

5ª linha: No meio das maiores obstruções chegam amigos.

Significado

"No meio das maiores obstruções" porque ele está no centro do trigrama *kan*. Consegue "companheiros" para, juntos, resolverem os problemas. Ainda assim, que não descanse em se vigiar para evitar todo tipo de conflitos.

6ª linha: Seguir conduz a obstruções; voltar conduz à grande boa fortuna. É favorável ver o grande homem.

Significado

Aqui o ser está num momento muito perigoso; assim, ele não pode ir a parte alguma. A única forma de sair desta situação é a pessoa examinar-se e cultivar qualidades internas. Nisto poderá ter boa fortuna. Porém, para gozar de boa fortuna, é imprescindível encontrar-se com seu mestre ou uma pessoa que possa lhe oferecer sábios conselhos.

Hexagrama 40. LIBERAÇÃO (Hsieh)

Julgamento:

Liberação. O sudoeste é favorável. Quando não resta nada a que se deva ir, o regresso traz a boa fortuna. Se ainda há algo a que se deva ir, apressar-se traz boa fortuna.

Comentário

Em situações mundanas, cada problema que se apresenta, tarde ou cedo, deixa de existir. Não existe nada no universo humano que não esteja sujeito às mutações do *yin* e do *yang*, do dia e da noite, da claridade da consciência e da escuridão da inconsciência, dos atos estruturados num pensar lógico e dos atos movidos completamente pelo instinto.

Assim acontece até com a vida do homem, seja ele ordinário ou santo. Jesus, Buda, Lao Tzu, Confúcio, Sócrates e tantos outros como eles sentiam cansaço, fome, sede, angústia, dúvidas. "Pelo fato de o ser humano estar encarnado num corpo físico, está sujeito às leis da natureza", assim dizia-me um mestre de filosofia.

Este hexagrama mostra-nos o fim de uma situação de conflito e dúvidas, onde o único elemento permanente é a pureza do caráter desenvolvido. Para iniciar mais um novo ciclo de expansões da consciência, é necessário estar atento aos períodos de agir e de refletir, ou seja, "ir" e "vir".

"Quando não resta nada a que se deva ir, o regresso traz a boa fortuna." "Ir" quer dizer treinar ainda mais; "regressar" quer dizer descansar no treino e na conduta virtuosa. "Se ainda há algo a que se deva ir, apressar-se traz boa fortuna." Porém, se faltar algo para completar o trabalho, então o mais importante é agir de forma rápida, para retornar à profunda calma.

No desenvolvimento natural dos elementos, após uma tempestade existe a liberação da mesma; então, o elemento prioritário que penetra na mente dos seres humanos é o restabelecimento da ordem abalada.

Para ir a algum lugar e ajudar as pessoas, é necessário ser capaz de perceber seus potenciais. Conhecendo o potencial daqueles que temos de ajudar, teremos "boa fortuna". Motivada pela compaixão, a pessoa realiza suas atividades no mundo, representadas aqui pelo trovão (trigrama superior *chen*).

Ensinar, estimular, incentivar os outros na conduta correta é a "chuva" que cai. Unindo os dois elementos – trovão e chuva –, a atmosfera fica limpa e tranquila, os problemas são resolvidos, os bons costumes tornam-se fortes e todas as ações dos homens seguem seu rumo natural.

Imagem

O trovão e a chuva surgem: a imagem da liberação. Assim, o homem superior perdoa os erros e desculpa as faltas.

"Perdoa os erros e desculpa as faltas". Para compreender melhor a imagem deste hexagrama, teremos de nos remeter brevemente aos hexagramas anteriores para perceber a caminhada do discípulo por meio do *I Ching*.

No Hexagrama 36, ele penetra no mais profundo do seu inconsciente e apercebe-se do seu próprio demônio que terá de conquistar. Realizada a prova, compreende a importância de refugiar-se ou de pertencer à grande família de Budas e *bodhisattvas* (Hexagrama 37). Uma vez no seio desta família, ainda defronta-se com oposições (Hexagrama 38) e obstruções (Hexagrama 39) que o obrigam a rever as disciplinas relacionadas com o aprimoramento de si mesmo e dos outros. Realizando as correções no seu caminho, ele então encontra, no Hexagrama 40, a libertação de todos esses obstáculos.

Contudo, ainda deve trabalhar em seu foro íntimo para dissolver todo tipo de lembranças de mágoa e ressentimentos. Por esse motivo, a imagem diz: "o homem superior perdoa os erros e desculpa as faltas", sejam elas de si mesmo ou dos outros. Compreende que a raiz dos problemas e as obstruções são originadas pelas visões dualistas que estão sustentadas no agrado e no desagrado.

Entende que, apesar de as pessoas intrinsecamente serem boas, cometem todo tipo de ações negativas compelidas pelo seu comportamento indisciplinado ou, como se diz no budismo, pela ação das sementes kármicas. Por mais que os seres queiram a felicidade, semeiam discórdia, corrupção e humilhação para si mesmo e para os outros.

Na tradição budista existe um treinamento conhecido como "o treinamento da mente em sete pontos", de Chekawa Dorje. Por meio dele, transformamos nossa mente para que, quando algo de "errado" ou "negativo" aconteça-nos, possamos aplicar o antídoto da mente compassiva. Somente uma mente permeada pela compaixão pode realmente perdoar os erros e desculpar as faltas, assim como Jesus fez na cruz.

Se este hexagrama aparecer em sua vida: Se você quiser realizar um pequeno esforço, poderá se livrar dos problemas de sua vida. Este é o momento para realizar um exame de consciência e todo tipo de trabalho libertador.

Conselhos Gerais: Libertação dos problemas e dos pesares. Semana de paz e de indulgência. Se tiver problemas para terminar de resolver, nesta semana será o melhor momento, agindo sem precipitação. Neste momento, você terá todas as possibilidades para eliminar qualquer problema antigo de sua vida. Este também é um momento de perdão e anistia. Momento feliz!

Negócios/Dinheiro: Momento oportuno para realizar novas sociedades; logrará êxito junto aos seus amigos.

Estado Emocional: Escolha seus melhores amigos para passar esta semana, para que possam lhe ajudar em seus estudos e desenvolvimento espiritual. Evite amigos fúteis, que nada acrescentam ao seu desenvolvimento interior.

Saúde: Cuide dos rins, da bexiga e do coração. Preste atenção para não comer carnes de porco ou peixes. Vinho, só um pouco e com muita moderação.

As linhas

1ª linha: **Sem culpa.**

Significado
"Sem culpa". A confusão não pode oprimi-lo. Na realidade nada tem feito de errado. Ele usa a concentração e, na medida do uso apropriado, penetra no mundo da intuição; assim, não há culpa. Está tranquilo; entra em recolhimento. Começou o tempo da libertação: aproveite para descansar e se recolher. As dificuldades desvanecem-se.

2ª linha: Matam-se três raposas no campo e recebe-se uma flecha amarela. A perseverança traz boa fortuna.

Significado

"Matam-se três raposas no campo." A raposa é um animal que sempre foi associado à astúcia. O campo é a própria mente, e o numero de três raposas deve-se ao que ele elimina em si próprio: a raposa da dúvida, a raposa da preguiça e a raposa da paixão.

Estes três elementos que constituem a psique humana apresentam-se de variadas formas e, na maioria dos casos, várias vezes ao dia. É por este motivo que se pede ao discípulo a constante vigilância sobre seus estados físicos, emocionais e mentais, sendo esta a única forma de matar as três raposas no campo da própria mente. Por meio deste exercício da atenção constante, ele usa, então, a concentração em meio a assuntos mundanos. Por isso "recebe uma flecha amarela": a flecha, neste caso, está associada à mente unidirecional, e o amarelo é a cor do centro e do equilíbrio. Matando as três raposas, encontra o caminho do meio, proporcionado pelo equilíbrio mental.

3ª linha: Se alguém leva um fardo às costas e ao mesmo tempo viaja numa carruagem, atrai com isso a aproximação de ladrões. A perseverança conduz à humilhação.

Significado

"Se alguém leva um fardo nas costas", sabe meditar; entretanto, usa esta capacidade para banalidades, perdendo contato com a realidade. "Viajar numa carruagem" é o uso da mente numa forma diligente; porém, "atrair ladrões" é atrair preocupações fundamentadas em objetos dos sentidos, que não merecem nossa atenção. Estes são como ladrões que roubam nossa vitalidade. A perseverança neste sentido conduz à humilhação.

4ª linha: Liberte-se de seu dedo maior do pé. Virá, então, o companheiro, e nele você poderá confiar.

Significado

"Liberte-se de seu dedo maior do pé". Esta linha está ainda muito perto da terceira *yin*, que representa os falsos conceitos. O dedo maior do pé é aquele que nos impulsiona. No entanto, como nosso impulso prévio é errado, teremos de nos libertar dele, ou seja, dos falsos conceitos, antes de podermos reiniciar a marcha. Em termos de treinamento de meditação, poderemos esclarecer nossas confusões mentais pelo exercício da concentração. Treinando meditação zen, poderemos evitar ações inconsequentes.

5ª linha: **Caso somente o homem superior possa liberar-se, isso traz boa fortuna. Assim, ele demonstra ao homem inferior sua seriedade.**

Significado

"O homem superior se libera" porque ele usa a correta concentração, que o torna equilibrado. E este equilíbrio o torna intuitivo, e este poder o faz observar a realidade através da aparência. Por isso se diz: "os inferiores então se retiram". Os inferiores neste caso são as ilusões criadas pelas ideias preconcebidas, ou os ladrões da terceira linha.

6ª linha: **O príncipe atira num falcão que está pousado sobre uma alta muralha. Ele o mata. Tudo é favorável.**

Significado

"O príncipe atira num falcão que está pousado sobre uma alta muralha." O "falcão" é o objetivo e também aquilo que escapa do mundo ou que está além do mundo. A alta muralha são as ilusões poderosas que separam os seres humanos. "Matar o falcão" é vencer até aquilo que está além do mundo. Em termos de mente contemplativa, ele atinge o que esta além dos conceitos, e encontra a raiz do falso orgulho e das visões falsas que se originaram durante a meditação. "Tudo é favorável" porque está de acordo com o tempo e na via correta. "Deste modo, liberta-se daqueles que resistem." Os que resistem são os pequenos "eus" que condicionam nosso agir diário. Poderemos dizer que ele, neste hexagrama, dá mais um passo definitivo na consolidação da verdadeira iluminação.

Hexagrama 41. DIMINUIÇÃO (Sun)

Julgamento:
Diminuição unida à veracidade promove suprema boa fortuna, livre de culpa. Nisso se pode perseverar. É favorável empreender algo. Como levá-lo a cabo? Podem--se utilizar duas pequenas tigelas para o sacrifício.

Comentário

Diminuição é a perda do inferior, as neuroses começam a perder seu poder sobre a psique humana. Mas aqui há uma advertência: "unida à veracidade", ou seja, se a motivação for correta, então há boa fortuna. Muitas vezes, os alunos de meditação forçam a diminuição dos elementos neuróticos sustentados em medo ou superstição. O *I Ching* aqui nos oferece uma outra saída: estar unido àquilo que é verídico. Somente assim pode acontecer uma verdadeira diminuição da neurose. Forçar a diminuição sem uma correta motivação e sem conhecimento é como tentar o suicídio.

Observemos a estrutura do hexagrama:

O trigrama *tui* na base (o lago e o pântano): de acordo com a tradição budista, o símbolo dele em seu aspecto neurótico (pântano), é a água estagnada da paixão, os instintos, a preguiça, o desalento, o medo que nos paralisa e manipula as decisões em nosso cotidiano. Entretanto, ao mesmo tempo, estes problemas são os fundamentos de nossa iluminação. Quem, senão aquele que não soube amar, poderá com o tempo compreender o significado do amor! Não será acaso o preguiçoso, que ao tornar-se vítima da má vontade e do abandono, terá de lutar denodadamente até conseguir ser disciplinado e entusiasta? Por isso sempre se diz: "Se você não tem problemas, procure-os". Encontramos no mesmo trigrama *tui*, em seu aspecto iluminado, o lago aprazível, calmo, transparente, frio, cujos vapores alimentam toda a vegetação da montanha.

O trigrama superior *ken* (a montanha) é a representação do homem em postura de meditação, eternamente tranquilo, tendo como sustento todas as influências positivas ditas anteriormente sobre o lago. Todo lago em si mesmo contém o pântano. A água cristalina que observamos na superfície esconde a lama em estado de repouso. Então, a ideia do lago na base da montanha associada à *Diminuição* torna-se evidente na imagem deste hexagrama. Diminuindo todos os aspectos neuróticos do ser, acalmando-os, as águas cristalinas farão emergir os vapores que, de forma suave, aumentarão (próximo hexagrama) todas as virtudes da montanha, que nada mais são do que nosso próprio caráter.

Por último, o *I Ching* fala-nos sobre como realizar o trabalho. Ao oferecer-nos a ideia de duas pequenas tigelas, também nos traz presente a necessidade de sermos humildes. Vejam aqui que um lago na base da montanha trabalha de forma muito suave, porém persistentemente. Ele nutre a montanha por meio da névoa. Pensem nesta imagem e realmente observarão o quão humilde ele é. Assim nós temos de ser! Deveríamos trabalhar persistentemente sem alardes.

Imagem

> **Na base da montanha está o lago: a imagem da diminuição. Assim, o homem superior controla a sua ira e refreia seus instintos.**

Controlar a ira está associado ao trigrama nuclear *chen*, o trovão, que, no seu aspecto neurótico, representa a ação tempestuosa e inconsequente. Ao mesmo tempo em que desejamos muito agir desta forma, a montanha apresenta-nos o obstáculo intransponível. Também a ação desgastante do lago na base da montanha é outra imagem. No aspecto neurótico, a montanha representa a teimosia, a persistência no erro, os obstáculos que nos impedem de encontrar o caminho.

Agora aqui na imagem apresentamos o poder da redução pelo desgaste. Por isso os mestres sempre me diziam: "Olhe a montanha e o lago – as águas do lago penetram na base da montanha e desgastam-na pouco a pouco". Chegará o momento em que nada restará da montanha. Assim acontece com o orgulho e a mesquinhez do caráter humano: quando recebem as águas do conhecimento, pouco a pouco vão desaparecendo.

Contudo, existem dois grandes empecilhos na mente daqueles que querem percorrer o caminho da iluminação: a ira e a ganância. E elas são consideradas pelos mestres espirituais como aquilo que mais precisa ser reduzido na mente: assim, as práticas espirituais, aqui representadas pelo lago, farão diminuir a montanha da ganância e da arrogância, mãe da ira.

Se este hexagrama aparecer em sua vida: Está claro que o trabalho a ser feito é diminuir ao máximo seu orgulho e sua complacência por intermédio das práticas da ética e da serenidade proporcionada pela meditação silenciosa.

Conselhos Gerais: Momento de perdas. Analise profundamente como conquistou as suas posses: tente compartilhar. O mais importante neste momento é assistir os outros dentro de sua própria medida. Elimine o sentido de avareza, compartilhe com os outros, ainda que seja um sorriso. Isto é a causa de futuros ganhos.

Negócios/Dinheiro: Momento de extremo cuidado, porque poderá perder muito dinheiro. Seja objetivo e sereno. Invista na qualidade, não na quantidade. Não realize contratos longos. Não corra riscos desnecessários para aumentar a sua riqueza: motivos egoístas trarão humilhação.

Estado Emocional: O mais importante neste momento é estar por perto daqueles mais íntimos. Antes de tomar qualquer decisão, reflita muito.

Saúde: Cuide da qualidade das comidas, em especial das enlatadas ou industrializadas, frangos e peixes, comida com pimentas e guisados. Problemas de garganta ou possíveis intoxicações.

As linhas

1ª linha: **Acudir com rapidez após a conclusão de suas próprias tarefas não implica culpa. Mas deve-se refletir sobre até que ponto se pode diminuir os outros.**

Significado

Devem-se terminar seus próprios afazeres e ir rapidamente ajudar os outros, isto é: "acudir com rapidez após a conclusão de suas próprias tarefas não implica culpa". Ele está de acordo com o seu tempo e, à medida que vai descobrindo a verdade interna, não deve guardar para si, e sim compartilhar com seus colegas. Contudo, para ajudar os que estão começando o caminho, devemos fazê-lo cuidadosamente. Por isso "deve-se refletir sobre até que ponto se pode diminuir os outros". A palavra "outros" pode ser aplicada tanto interna como externamente. Externamente, em relação aos colegas e conhecidos do discípulo que nada de bom lhe aportam.

Deve ministrar as palavras verdadeiras com cautela, a fim de não complicar mais a vida de seus achegados. Também, no seu aspecto interno, os outros são os seus próprios problemas, que não podem ser simplesmente esquecidos, relegando-os a um segundo plano em prol de uma conquista prematura. Por isso se diz: "Reflita profundamente sobre até que ponto se pode diminuir os outros". Será que estamos realizando o trabalho certo?

Muitas vezes forçamos a solução de um problema, assumindo um comportamento que depois teremos novamente de rever, porque está sendo contaminado pelos "vapores" daqueles problemas que diminuímos prematuramente.

2ª linha: **A perseverança é favorável. Empreender algo traz infortúnio. Sem diminuir a si próprio, pode-se aumentar os outros.**

Significado

Dar demais aos outros sem terem pedido: muitas vezes estamos na frente de pessoas que sequer sabem sobre o que estão falando, que somente falam porque as palavras lhes aparecem na boca, e aproveitamos o momento para dar-lhes grandes doses de ensinamentos morais, quantidades enormes de conselhos, grandes soluções para seus problemas, etc. Isto é "aumentar os outros, sem diminuir a si próprio". Sem diminuir a si próprio que dizer que estamos cheios de vaidade. "Nós" oferecemo--"lhes" conselhos porque "nós" sabemos e em seu lugar..., porque "me" aconteceu e "eu" acho que você está passando pelo mesmo que "eu" passei, etc. Ou seja, sempre o eu está na frente e, num piscar de olhos, solucionamos todos os problemas da pessoa em questão, sem no fundo sequer sabermos o que está acontecendo com ela. Tente segurar a ira e não se descontrole, gritando com pessoas incultas ou agredindo-as.

3ª linha: **Quando três pessoas viajam juntas, este número diminui em um. Quando uma pessoa viaja só, encontra um companheiro.**

Significado

Os três viajam para o topo da montanha da iluminação: o Corpo Iluminado (Nirmanakaya), a Palavra Iluminada (Sambhogakaya), a Mente Iluminada (Dharmakaya). Na realidade, estes três corpos são, na essência, somente um. Quando realizamos a unidade da consciência, então encontramos nossos companheiros.

4ª linha: **Quando alguém diminui as suas falhas, faz com que o outro se aproxime rapidamente e se alegre. Nenhuma culpa.**

Significado

Quando alguém diminui suas falhas, os outros o procuram para serem ajudados e remediar as suas próprias falhas. Isto é o correto.

5ª linha: **Alguém sem dúvida o aumenta. Dez pares de tartarugas não podem se opor a isto. Suprema boa fortuna.**

Significado

Aqui, o mundo invisível, ou o mundo dos deuses, ajudou porque está no destino do indivíduo ser completado. Quando uma pessoa quer conhecer a si própria, ela nunca é abandonada. Os elogios (pares de tartarugas) ou os insultos não criam nele nenhuma instabilidade emocional. O último capítulo do livro *Viagem a Ixtlan*, de Carlos Castañeda, demonstra este progresso.

6ª *linha:* Quando se é aumentado sem que os outros sejam por isso diminuídos, não há culpa. A perseverança traz boa fortuna. É favorável empreender algo. Auxiliares são encontrados, mas não se dispõe de morada própria.

Significado

Você já recebeu na quinta linha uma benção especial, e isto é ser "aumentado sem diminuir os outros". A sexta linha corresponde aos sábios, que se comprometem a ajudar os outros além de sua própria felicidade: aqui, ele começa o verdadeiro trabalho do bodhisattva. Por isso, imediatamente ele é aumentado (próximo hexagrama).

Hexagrama 42. AUMENTO (I)

Julgamento:
Aumento. É favorável empreender algo. É favorável atravessar a grande água.

Comentário

Aumentando a iluminação e reduzindo o que é mundano, progride-se diariamente ajudando os outros e ajudando a si próprio. O aumento refere-se a receber os ensinamentos dos antigos patriarcas (trigrama superior *sun*). Os ensinamentos dos antigos mestres são como o vento que cobre a face da terra, levando vozes e cantos até os lugares mais afastados. O vento sopra acima da montanha (trigrama nuclear superior *ken*), modificando o clima das planícies (trigrama nuclear inferior *kun*). Do ponto de vista do treino da meditação, a montanha representa a virtude que torna o caráter humano estável e sólido.

O vento, trigrama *sun*, tem a qualidade da comunicação, e nos incita ao movimento: o poder do Buda em nós, pronto para iluminar nossa consciência. O aumento acontece porque o vento nos incentiva a emular o caráter dos homens santos da antiguidade. Sob a montanha está o trigrama nuclear superior *ken*, (o limite, a calma, o mistério), e está o trigrama nuclear *kun*, que é a devoção, a confiança, a fé. A força da devoção, a verdade, a solidão, o inconsciente, os poderes escuros que, neste caso, estão expectantes à força dinâmica espiritual que virá do alto.

Na base, temos o trigrama primário chen, que representa o movimento em direção a alguma meta; a manifestação de Deus ou da iluminação no inconsciente do ser humano. Unindo estas quatro informações, temos, então, uma pessoa que se movimenta com devoção e fé em direção à montanha das qualidades perfeitas da ética e da moralidade. Este trabalho acontece porque anteriormente a pessoa diminuiu os aspectos neuróticos de seu ser.

Em termos budistas, "aumento" significa o voto do *bodhisattva*, aquele que renuncia à sua própria e individual felicidade para ajudar os outros a saírem do estado mental da miséria em que se encontram. Assim, aqueles que escutam, quando em presença deste ser, "regozijam-se infinitamente". Esta ação compassiva inclui, em si mesma, a explicação inteligente da via que deixa maravilhado o povo, que, assim, segue os ensinamentos de forma dócil e alegre. Os santos sábios, sejam eles representantes de qualquer linha de pensamento, tomam sob sua responsabilidade a tarefa de estimular a compreensão e o entendimento de todas as pessoas com as quais entram em contato, e isto é realizado pelo poder da comunicação (trigrama *sun*).

Imagem

> **Vento e trovão: a imagem do aumento. Assim, o homem superior, quando vê o bem, imita-o. Quando tem faltas, descarta-as.**

O retumbar do trovão representa a coragem em tornar o caminho do bem. Dizem os mestres zen budistas: "O homem de inteligência superior quando olha o bem adere a ele imediatamente. Os de inteligência inferior escutam falar sobre as práticas, têm medo, duvidam e não praticam". O movimento do vento significa a rapidez com que o discípulo de Buda corrige suas faltas ao tomar consciência delas.

Se este hexagrama aparecer em sua vida: *Aumento* quer dizer aumentar a virtude e aumentar os treinos que nos ajudam a compreender a nós mesmos e aos outros. Implica, também, o aumento da ação correta sustentada pela bondade e pelo conhecimento. Tudo isto deve ser realizado tendo como fundamento a calma interior e o pensamento que se comunica com os ensinamentos dos grandes mestres do passado. *Aumento* é estar à disposição dos outros para ajudá-los da melhor forma possível. Se você não entende que esta é sua hora de ajudar os outros a desenvolver as virtudes, estará perdendo um grande momento de sua vida.

Conselhos Gerais: Este hexagrama é de muito boa fortuna. Grandes coisas podem ser realizadas, sonhos podem ser concretizados. Momento de aumento em todo o seu esplendor. Momento de pegar todas as oportunidades que aparecem – serão como bênçãos celestiais.

Negócios/Dinheiro: Momento de prosperidade, porém esteja sempre seguro das fontes de seus negócios. Momento de correr riscos – os ganhos estão por perto. Aponte aos lugares altos: é com paciência e determinação que você realizará seus desejos.

Estado Emocional: Compartilhando com os seres queridos e realizando novos contatos, você passará por momentos muitos felizes.

Saúde: Cuide de pequenos problemas de fígado. Descanse bastante antes das 23 horas. Tente não beber bebidas destiladas, nem comer doces em demasia.

As linhas

1ª linha: **É favorável executar grandes obras. Sublime boa fortuna. Nenhuma culpa.**

Significado

"Sublime boa fortuna" indica que a mente iluminada participa da "Terra Pura de Buda". O afim atrai o afim – a mente recebe as bênçãos dos iluminados que velam pelo destino da humanidade. Executar grandes obras, ajudar os outros a doarem-se espontânea e integralmente, não guardar nada para si próprio, o conhecimento passa direto pela mente e transforma-se em atos e palavras que beneficiam a todos.

2ª linha: **Alguém sem dúvida o aumenta. Dez pares de tartarugas não podem se opor a isso. Contínua perseverança traz boa fortuna. O rei o apresenta diante de Deus. Boa fortuna.**

Significado

"Alguém o aumenta; os dez pares de tartarugas não se podem opor a isso." Os dez pares de tartarugas são os elogios. Elogios não comovem o homem superior. Por ter esta conduta interna, ele entra em contato mais íntimo com sua própria natureza de Buda.

3ª linha: **Alguém é enriquecido em virtude de acontecimentos desafortunados. Nenhuma culpa caso você seja sincero, caso siga pelo caminho do meio e informe ao príncipe, apresentando-lhe um selo.**

Significado

O discípulo transforma os eventos aparentemente desafortunados em sabedoria, o que beneficiará todos os seres. Por ser sincero, não há culpa. A virtude da equanimidade manifesta-se na vida diária como imparcialidade, já que não se deixa levar pelo ganho pessoal. Somente os discípulos ou os homens sábios tomam os eventos desafortunados como manifestação da mente do seu mestre, transformando o acontecimento em sabedoria.

Os eventos desafortunados devem ser usados para polir a si mesmo, sendo cuidadoso e cultivando a introspecção, sendo sincero e verdadeiro no agir, com equilíbrio e moderação. Quando se é verdadeiro, o coração é sincero: quando a conduta é equilibrada e moderada, a ação é cuidadosa. Quando o coração é sincero e as ações, cuidadosas, é-se imparcial, e não egoísta, e não há nada que não possa ser dito aos outros. Isto é como usar o selo imperial para enviar uma mensagem.

Existe um poema na tradição Zen, da escola Soto Senshu composto pela célebre mestra Yoka Daishi (+713 d.C.), intitulado *Shodoka*, ou *O Canto do Imediato Satori*, que se aplica a esta linha do *I Ching*:

"Aceita as críticas e te resigna às calúnias dos outros: todos acabam por se fatigar ao quererem queimar o céu com uma tocha. Quando os escutares é como se bebesses um doce néctar. Este se dilui instantaneamente e penetra no mistério."

4ª linha: **Se você segue pelo caminho do meio e informa o príncipe, ele o seguirá. É favorável ser utilizado na mudança da capital.**

Significado

Esta linha representa o sacrifício de si mesmo para ajudar os outros, e justamente por esse motivo que o povo ou os discípulos o seguem confiante e passivamente. O caminho do meio está inspirado nos ensinamentos de Buda.

5ª linha: **Se você tem na verdade um coração bondoso, não pergunte. Sublime boa fortuna. A bondade será realmente reconhecida como virtude sua.**

Significado

Estar colocado num lugar positivo e ser equilibrado representa o discípulo que verdadeiramente deseja beneficiar aqueles que estão abaixo. Como o benefício é expor o Dharma, não há gastos e, ao mesmo tempo, todos recebem bênçãos. Quando se atua de forma espontânea e intuitiva para beneficiar todos os seres, compreende-se que todas as miríades de seres são como uma grande família. Assim, cada palavra, cada ação beneficia todo mundo. Isto é como o vento soprando sobre os seres: ele não se importa com nenhum tipo de críticas, ofensas ou com coisas parecidas. Sua intenção é oferecer o Dharma a todos os seres.

6ª linha: Ele não traz aumento a ninguém. Na verdade, alguém vem golpeá-lo. Ele não mantém seu coração constantemente firme. Infortúnio.

Significado

Aqui se apresenta a ideia de um discípulo que ainda não percebe que, para ajudar os outros, deve ser benevolente. Dizem os mestres taoístas: a via para beneficiar os outros requer primeiro que a pessoa seja capaz de reduzir suas próprias faltas: assim, aumenta a própria bondade.

Apenas quando se é bom pode-se fazer o bem para os outros. A pessoa elimina suas próprias faltas e torna-se impecável; então, poderá ajudar os outros, produzindo benefícios aonde quer que vá. Porém, se ele não praticar com sinceridade e se deixar arrastar pelas ilusões da vida, atrairá para si injúrias e difamações.

Hexagrama 43. IRROMPER (DETERMINAÇÃO) (*Kuai*)

Julgamento:

Irromper. Deve-se dar a conhecer o assunto na corte do rei com determinação. Deve ser exposto com veracidade. Perigo. É preciso notificar sua própria cidade. Não é favorável recorrer às armas. É favorável empreender algo.

Comentário

No Hexagrama 41, ele diminui suas faltas; no Hexagrama 42, ele aumenta suas virtudes com a finalidade de ajudar os outros a se iluminar e tomar consciência; ele tem sucesso e, justamente ao compreender que os outros esperam o melhor dele em matéria de exemplos e palavras, decide progredir de forma decisiva para cortar a confusão que ainda permanece na sua mente.

Por isso se diz: "O forte volta-se de modo determinado contra o fraco". Assim, ele realiza o último objetivo. Quando compreendemos a realidade da confusão, então a confusão torna-se conhecimento; isto é chamado "notificar sua própria cidade". O oposto disto é chamado "recorrer às armas".

Robusto, alegre e harmonioso – robusto: a sabedoria, o conhecimento espiritual, a consciência de estar participando da corrente dos patriarcas; alegre: quando a compreensão ilumina a mente do discípulo, só o que sobra nela é a alegria e o bom humor; harmonioso: a mistura de ambas. Harmonia é poder em repouso, é o "não medo", a compreensão de que todas as coisas ocupam o seu devido lugar no cosmo. Harmonioso é compreender e trabalhar de acordo com as leis universais.

"Expor com veracidade envolve perigo": sempre que se expõe à verdade aos não iluminados, corre-se o perigo de mal-entendidos, de falsas interpretações. Expor o Dharma acorda a iluminação nas pessoas, mas também mostra-lhe a sua própria escuridão, e isto torna perigosa a exposição verídica. Porém, é, na realidade, a única maneira de promover a iluminação nas pessoas não desenvolvidas.

É benéfico ter um lugar para ir e transformar as pessoas não desenvolvidas pelo exercício da virtude. Para esta finalidade, a força torna-se desnecessária, e por isso "não é favorável recorrer às armas", porque somente a presença da pessoa faz o trabalho correto.

Imagem

> **O lago elevou-se aos céus: a imagem do irromper. Assim, o homem superior distribui riquezas para os que estão abaixo e evita acomodar-se à sua virtude.**

"Assim, o homem superior distribui riquezas para os que estão abaixo e evita acomodar-se à sua virtude." Tenha sempre em mente que o "homem superior" é a pessoa que consulta o *I Ching*. "Distribuir riquezas" aplica-se ao dom da generosidade, que se manifesta de três formas específicas:

- oferecendo roupas, remédios e comida, assim como qualquer tipo de objetos materiais que ajudem as pessoas a viver melhor;
- oferecendo proteção para os seres que são perseguidos, ou protegendo a vida de qualquer forma, desde a de um inseto até a de uma pessoa;
- oferecendo calma e ensinamentos espirituais às pessoas que necessitam e que pedem por eles.

O efeito do primeiro item está relacionado com a obtenção de mais riquezas e seguramente não se sofrerá de nenhum tipo de necessidade física. Se porventura faltar algo, os amigos o ajudarão de forma espontânea. O efeito do segundo item é uma vida sem doenças, com muita energia e decididamente longa. Os efeitos do terceiro item são uma inteligência poderosa, momentos de elevação espiritual, uma morte sem medos ou tormentos, e também visões celestiais, seja durante os sonhos ou nos períodos de meditação.

"Evitar acomodar-se à sua virtude" quer dizer ser completamente desinteressado no ato executado, não esperar retorno por seus atos.

Irromper é uma força explosiva. Isto mostra-nos os possíveis problemas que poderemos enfrentar: excessiva consciência dos problemas que poderão acontecer, assim como consciência da passagem inexorável do tempo. Isto poderá ocasionar tristeza. O antídoto para este problema está contido na própria imagem do *I Ching*, que diz: "O que o homem superior vê nisto é que, assim como miríades de seres crescem quando a chuva cai do céu, também as pessoas ficam seguras e em paz quando quem está acima tem benevolência. Por esta razão distribuem bênçãos para alcançar os que estão abaixo, motivando cada um a se beneficiar".

"Distribuir bênçãos" é proteger por intermédio da meditação e da mente calma; não ceder às provocações e manter-se sempre afável. Isto é como o céu cobrindo tudo e dando vida a todas as criaturas. É isto que significa "aqueles que possuem a grande virtude não se consideram virtuosos; são companheiros do céu". Se a pessoa é egoísta na doação de bênçãos, isto significa ter presunção de virtude: ela é ainda egoísta em seu coração, e a doação de bênçãos não perdurará. Isto não é para ser considerado como uma virtude.

Assim sendo, o homem superior vê a si mesmo e os outros como iguais; distribuindo bênçãos, não espera nenhum retorno. Tem virtudes, porém não é convencido. Por isto, suas virtudes crescem a cada dia, assim como sua mente cresce com humildade diariamente. Trabalhando no caminho espiritual acumulando realizações e pondo-as em prática. Manifestar um número cada vez maior de recursos para beneficiar os outros é como distribuir bênçãos ao povo. Mas muitos que manifestam recursos para beneficiar outros fazem isto sem a genuína sinceridade: alguns o fazem para melhorar sua reputação; outros, para lucrar; outros, ainda, são ineficazes, por basearem-se em modelos ultrapassados e ainda culpam os outros quando as coisas não saem como gostariam.

Estes são todos os casos de não se ter virtude, ainda que achando que sim, e isto não pode ser chamado de beneficiar os outros. É só observar como o céu distribui bênçãos sobre as miríades de seres: por acaso ele espera algum reconhecimento deles? Não esperando nenhum reconhecimento desses seres, o céu é virtuoso e não fica convencido por isto. Se nem mesmo o céu fica convencido com sua virtude, como pode o homem comum ficar convencido?

Levar todas estas informações para o seu dia a dia implica que, para evitar mais problemas ou falta de compreensão, você terá de agir de forma muito meticulosa, tranquila e, ainda que veja todas as faltas cometidas, tente ser magnânimo e compreensivo. Se não conseguir, ao menos tente não discutir e não brigar. Isto o ajudará a transformar para melhor e de uma maneira muito profunda o seu caráter.

Se este hexagrama aparecer em sua vida: A distribuição das riquezas não é somente doar bens materiais. O homem iluminado não faz isto; ele distribui o conhecimento superior a fim de que os indivíduos que estão presos à roda do eterno renascer possam livrar-se o mais rápido possível de seus sofrimentos. Contudo, aquele que só acumula conhecimento para si próprio torna esta riqueza algo que provocará uma ruptura, um orgulho desmedido que o fará se acomodar à sua própria virtude, isolando-o daqueles aos quais ele teria de servir. Se a riqueza não é distribuída, as bênçãos esgotam-se. Se a virtude não é acumulada, então a base do caráter é perdida.

Conselhos Gerais: Prepare-se porque vêm tempos muitos fortes e decisivos que transformarão por completo a sua vida.

Negócios/Dinheiro: Tome muitas precauções e mantenha seu rumo.

Estado Emocional: Momento para refletir profundamente sobre os erros do passado, não para se autojulgar, e sim para não errar mais. Evite o autojulgamento de forma depreciativa. Evite criticar-se. Tente não se magoar: a mágoa contínua pode lhe causar muitas doenças.

Saúde: Tente descansar. Treine a calma mental para evitar o esgotamento nervoso.

As linhas

1ª linha: **Poderoso nos dedos dos pés, que avançam. Se um homem segue adiante, sem estar à altura da tarefa, cometerá um erro.**

Significado

"Poderoso nos dedos dos pés que avançam." Muita força de vontade, porém ele não possui clareza de visão. Possuir força espiritual não é tudo; há que ter clareza de visão, paciência e um vasto conhecimento, que possibilitará ao indivíduo realizar grandes obras. Neste caso, erra por excesso de força e por pouco esclarecimento.

2ª linha: **Um grito de alarme. Armas ao entardecer e ao anoitecer. Não tema coisa alguma.**

Significado

"Um grito de alarme". Já está compreendendo que algo estava errado. "Armas ao entardecer e ao anoitecer". Ele vela constantemente para não cometer outra vez o erro de expressar-se com demasiada energia e violência. "Não tema coisa alguma", pois o êxito está assegurado.

O que acontece na realidade é que ele está aprendendo a usar o poder espiritual dentro de si mesmo e com os outros, e isto assegura o êxito. "Apesar das armas, ou seja, apesar de todas as providências, o caminho do meio é encontrado." O caminho do meio é percorrido pela prática do nobre caminho, nas suas etapas, que são: percepção, pensamento, aplicação, fala, comportamento, atenção, concentração correta, meio de vida e esforço corretos.

3ª linha: **Ser poderoso na face traz infortúnio. O homem superior está firmemente decidido. Ele caminha sozinho e é surpreendido pela chuva. Molha-se, e pessoas murmuram contra ele. Nenhuma culpa.**

Significado

Falta-lhe compreensão, e ele mostra seu poder na face. "Mostrar o poder na face" é demonstrar raiva, que, por sua vez, é o produto da incompreensão; demonstrar raiva ou cólera nos primeiros estágios de ajuda aos outros leva ao infortúnio, porque não será compreendido e será julgado. Esta raiva demonstrada na face deve-se ao fato de que ele quer abandonar aqueles que deve ajudar.

Contudo, apesar de estar irritado com as pessoas, continua e compreende que a via de influenciar os outros deve incluir esta irritação. As pessoas murmuram em relação a seu comportamento, porém não há culpa, porque, para ensinar, muitas vezes é necessário usar a cólera. A chuva está associada aos estados emocionais conflituosos que causam choro e tristeza.

4ª linha: **Não há pele nas coxas e torna-se difícil caminhar. Se nos deixássemos conduzir como uma ovelha, o arrependimento desapareceria. Porém, quando ouvimos estas palavras, não lhes damos crédito.**

Significado

Novamente encontramos a força extrema sendo usada de forma desequilibrada. *Tui* é o carneiro, ou a ovelha, e aquele que é manso. No entanto, a força inerente a ele não lhe permite seguir a via da suavidade; então há o arrependimento, que surge ao escutar os conselhos que lhe mostram os seus erros.

5ª linha: **Ao lidar com a erva daninha, é preciso uma firme decisão. Caminhando pelo meio, permanece livre de culpa.**

Significado

"Ao lidar com a erva daninha, é preciso uma firme decisão." A erva daninha nasce junto com as flores; a ilusão é a sombra da sabedoria – ambas são uma só, porém o coração do homem sempre sente o desejo de afastar-se da via racional. Portanto, dependerá somente dele que a erva daninha seja arrancada. Ainda que ele seja suficientemente forte na sua tendência espiritual, não possui suficiente esclarecimento que lhe permita realizar esta tarefa sem violência.

6ª linha: **Nenhum chamado. Ao final chega o infortúnio.**

Significado

A sexta linha está dentro do corpo do trigrama *tui*, que representa o "deixar estar" ou "descansar tranquilamente". Também representa as paixões que voltam com muita força. O infortúnio está aqui representado pelo momento de confusão emocional. O mestre Kalu Rimpoche sempre alertava seus discípulos sobre o poder escuro associado à complacência, à satisfação, aos desejos que se manifestam e que aparentemente não lhe causam nenhum problema, mas que pouco a pouco o confundem, tirando-lhe todos os méritos adquiridos. As dificuldades são os verdadeiros professores. A complacência é o pior dos inimigos. Eis aqui uma história divertida:

"Certa vez havia na antiga Índia um mestre muito poderoso, que nenhum demônio conseguia vencer. Seu poder de concentração era tal que realmente chamou a atenção de inúmeros demônios. Porém, nenhum deles conseguia tirar este santo iogue de seu estado de absorção. Então, fizeram uma reunião e chamaram o chefe dos demônios. Ele era velho, gordo, despreocupado, quase que sonolento, parecia que não prestava atenção a nenhum dos demônios, que estavam exaustos de tanto lutar contra o santo iogue.

Quando a batalha estava perdida, já que eles não encontravam solução para este problema, o velho demônio pediu aos chefes dos cozinheiros que preparasse uma comida muito especial – "pato com laranja". Quando o prato ficou pronto, o velho demônio simplesmente deixou este prato quentinho embaixo do nariz do iogue. O que aconteceu? O que ninguém previu: após breves segundos, o aroma delicioso tirou por completo o iogue de seu estado de absorção mental. Ele simplesmente pensou, "meditei tanto durante tanto tempo que não será problema algum me deliciar com este manjar. Certamente algum aluno meu muito devoto a mim deixou este fabuloso presente para "eu" me deliciar".

Quando começou a comer, todos os demônios realizaram uma festa celebrando a derrota do iogue. Contudo, quando ele estava se deliciando com este manjar, viu outros iogues que vinham correndo para também se deliciar com este fabuloso prato. O que aconteceu? O iogue os expulsou violentamente." O infortúnio deve-se ao fato de que ele se deixou levar pela complacência, perdendo todas as suas conquistas.

Moral da história: Vocês tirem suas próprias conclusões.

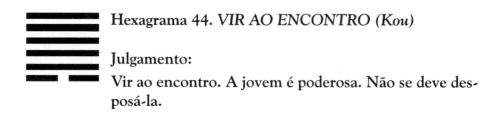

Hexagrama 44. VIR AO ENCONTRO (*Kou*)

Julgamento:

Vir ao encontro. A jovem é poderosa. Não se deve desposá-la.

Comentário

Tendências latentes aparecem novamente. Temos *chien* duas vezes, como trigrama superior e no núcleo: isto indica profunda consciência espiritual. A mente desperta. *Sun* é o vento e também a arte de ensinar ou transmitir as verdades captadas. Tanto para os discípulos como para os leigos, a firmeza é a virtude que descansa em nosso interior e que se manifesta de forma inerente. Isto é *chien*: "firmeza e clareza". Também o termo "firmeza" aplica-se às percepções sutis da realidade, ou seja, a mente torna-se aguda a tal ponto que registra as oscilações mais tênues dos pensamentos e emoções.

Sun: flexibilidade é a virtude que pouco a pouco transforma nossa consciência. Também é quando conseguimos transformar nossos ares vitais de forma muito sutil e fina. Firmeza é conhecimento; a flexibilidade é meditação. Contudo, neste Julgamento se diz: "A jovem é poderosa. Não se deve desposá-la", isto é, pensamentos viciosos sutis não devem permanecer na consciência do praticante de meditação.

Os vapores do pato com laranja. Pequenas coisas que pouco a pouco transtornam nossa mente e nossos sentidos. Em seu aspecto neurótico, *sun* pode nos levar a loucura.

Imagem:

O vento embaixo do céu: a imagem de vir ao encontro. Assim age o príncipe ao difundir suas ordens, proclamando-as aos quatro ventos.

Quando o princípio espiritual é tirado fora pela força dos hábitos inferiores no Hexagrama 23, chama-se *Desintegração*; quando ele volta ao fundo, é chamado de *Retorno*, no Hexagrama 24; ainda assim, não pode agir porque os princípios inferiores são extremamente fortes. Dá-se, então, uma poderosa luta entre os princípios luminosos e os princípios escuros, o que torna a vida do discípulo psicologicamente insuportável; por isso se diz "trovão dentro da terra". Agora, neste hexagrama, o último elemento escuro que foi expulso no Hexagrama 43, *Liberação*, volta de forma inesperada e sutil, fazendo sentir sua presença sem alardes, como uma jovem moça que, ao estar perto de um homem influente, pouco a pouco vai se tornando imprescindível, até dominá-lo por completo.

Por isso o hexagrama é chamado de *Encontro* e inclui-se também a ideia de "inesperado". É importante destacar, também, que este hexagrama retrata a ideia de alguém que lutou muito para estar numa posição e, no momento de desfrutar a recompensa de seus esforços, aparece alguém que premeditadamente fica ao seu lado para usufruir o que não merece.

Neste caso, a ideia "quando realizar a iluminação, continue praticando como se nada tivesse acontecido, com a mesma vigilância e fortaleza" retrata justamente este problema: estar seguro de que atingimos algum estado superior de consciência indica que este estado não foi realmente atingido na sua plenitude. Qualquer pensamento a respeito do próprio estágio de evolução indica a ilusão que temos a respeito dele. Isto também é chamado *Encontro*. Também o "retorno", num aspecto da mente iluminada, indica que o *bodhisattva*, após ter realizado sua natureza búdica, "retorna" para auxiliar-nos no caminho de transformação.

Se este hexagrama aparecer em sua vida: Se você treina meditação, é hora de ensinar aos seus amigos, ou às pessoas que necessitem do que você conquistou. Tente entender a mente daqueles que tem de ensinar. Não force seus alunos, nem pense que pode manipulá-los – isto é "O príncipe pensa que pode se divertir com a jovem moça". Cuidado! Se você não se dedica a nenhum caminho de transformação espiritual, tome cuidado, já que o retorno aqui está associado ao aparecimento de uma debilidade ou neurose que há muito tempo estava aparentemente controlada. Não se deixe levar por ela, já que poderá lhe acarretar muitos problemas.

Conselhos Gerais: Este hexagrama fala de como o homem forte pode ser vencido pelo homem débil, ou por uma mulher. Preste atenção a este ponto. Aquele que não estiver preparado poderá ser convencido por manipulações sutis. A violência debilita o homem forte. Momento de cometer erros. Prestando atenção, você se liberta do erro antes que ele aconteça. Trate seus convidados com cortesia e amabilidade. O homem forte deve proteger o débil. Agredir pode provocar humilhação.

Negócios/Dinheiro: Não invista dinheiro porque nesta semana poderá perdê-lo. Momento de erros que poderão levar à humilhação.

Suas responsabilidades poderão ser manipuladas. Com suavidade e determinação, restaure sua autoridade.

Estado Emocional: Cuidado com pessoas que o elogiem em demasiado, especialmente as do sexo feminino. Elas o farão cair e o manipularão profundamente. Treine a meditação estabilizadora visualizando muita luz.

Saúde: O sistema nervoso muito excitado poderá levá-lo ao estresse profundo.

As linhas

1ª linha: **É necessário deter com um freio de bronze. A perseverança traz boa fortuna. Caso se deixe seguir seu curso, sofrer-se-á infortúnio. Mesmo o porco magro pode mais tarde vir a causar estragos.**

Significado
"É necessário deter com um freio de bronze": aplicada ao processo meditativo, a linha *yin* relaciona-se com o conhecimento; a linha superior refere-se à meditação associada ao desenvolvimento moral e ético. Pedir novamente os votos da conduta perfeita é o "freio de bronze". O porco é a representação de nossa ignorância fundamental e também de todos os hábitos relacionados às emoções mais violentas. Se não prestamos atenção a frear este tipo de energia emocional aflitiva, ela certamente crescerá e nos fará perder muito tempo e esforço.

2ª linha: **Há um peixe no tanque. Nenhuma culpa. Não é favorável aos hóspedes.**

Significado
O peixe está associado ao sentimento de ódio, mas ele ainda é pequeno e sem muito poder, por isso "não há culpa". "Não é favorável

aos hóspedes" indica que você pode ser assaltado por este sentimento no contato com os outros; então, cuide-se para que ele não lhe crie nenhum problema.

3ª linha: **Não há pele em suas coxas e torna-se difícil caminhar. Caso permaneça atento ao perigo, não se cometerão grandes erros.**

Significado

"Não há pele em suas coxas." Seu caminhar ainda é duvidoso; ele sabe que ainda há perigo de se extraviar, seu treino é interno, ainda que isto seja perigoso, ele não comete erros. Simplesmente terá de esperar mais um pouco para manifestar o conhecimento adquirido pela meditação.

4ª linha: **Não há peixe no tanque. Isso leva ao infortúnio.**

Significado

Ele se apressa em falar sustentado somente no intelecto, mas esquecendo-se do cultivo, também simbolizado pelo peixe. Conhece a verdade, porém esquece que, apesar de ter se iluminado, ainda tem de continuar praticando. Esquecendo o cultivo, simplesmente apega-se ao intelecto, falando arrogantemente sobre a verdade sem a devida prática. Quando os seus colegas percebem esta anomalia, ficam tristes, e isto atrai-lhe o infortúnio.

5ª linha: **Um melão coberto com folhas de chorão: linhas escondidas. Então, algo lhe cai do céu.**

Significado

Apesar de qualquer cuidado com o conhecimento e com a forma de passá-lo aos seus discípulos, o encontro está de acordo com o tempo. Ele se contenta em seguir a via racional da liberdade de forma humilde e sincera. "Cobrir com folhas de chorão aquilo que estraga facilmente" é o caminho suave para que os seus discípulos não sejam coibidos de praticar, e esta atitude os encoraja dentro da liberdade da prática. Por consequência, é abençoado pelo céu, e tudo segue o curso natural. As virtudes realizadas também têm de ser escondidas, já que é fácil perdê-las.

6ª linha: Ele vai ao encontro arremetendo com os chifres. Humilhação. Nenhuma culpa.

Significado

Ir ao encontro com os chifres demonstra uma atitude de força e incompreensão. Contudo, há muitas pessoas que, tendo atingido um elevado grau de desenvolvimento, têm a necessidade de se afastar das massas ignorantes. Isto muitas vezes gera situações difíceis, em que se usa a cólera, gerando, por isto, antipatia por parte das pessoas que o rodeiam. Ainda assim, como todo este movimento é parte do desenvolvimento e aperfeiçoamento individual, ele não tem culpa.

Hexagrama 45. REUNIÃO (Ts'ui)

Julgamento:
Reunião. Sucesso. O rei aproxima-se de seu templo. É favorável ver o grande homem. Isso traz sucesso. A perseverança é favorável. Oferecer grandes sacrifícios traz boa fortuna. É favorável empreender algo.

Comentário

Encontro e depois *Reunião* são normais tanto na vida comum como na vida da meditação. Depois de um encontro fortuito, os seres humanos se convidam mutuamente para um encontro para, assim, estreitar laços pessoais. Depois de compreender que a prática é necessária, apesar de tudo, os discípulos iluminados reúnem-se para estudar e praticar o Dharma.

Quando discípulos se encontram para praticar e debater, após terem compreendido que a mudança tem de ser íntima e no próprio coração, então, "o rei se aproxima de seu templo". Aqui o rei é o Buda e a linhagem dos mestres; o templo é o coração purificado. "É favorável ver o grande homem" refere-se tanto a pessoas mais desenvolvidas do que nós como a se dirigir a lugares santos em busca de inspiração e iluminação cada vez mais profundas. "Oferecer grandes sacrifícios traz boa fortuna": isto implica que o céu lhe está exigindo ações sagradas, não somente estudo teórico, não apenas reuniões com seus condiscípulos; isso é bom, mas, apesar disso, ele tem de estudar e interpretar as mensagens do céu. Por isso se diz "é favorável empreender algo".

Imagem

O lago sobre a terra: a imagem da reunião. O homem superior renova suas armas para enfrentar o imprevisto.

"O homem superior renova suas armas para enfrentar o imprevisto." Aqui, as armas são as disciplinas e os elementos psicológicos próprios que o capacitaram para que, quando aparecerem problemas como no Hexagrama 44, ele possa resolvê-los prontamente. Também refere-se às formulas esotéricas que sobrepujarão os hábitos profundamente enraizados na própria psique.

Se este hexagrama aparecer em sua vida: O mais importante aqui é descansar e estar atento às suas palavras e aos seus atos, para que não ofendam os seus seres queridos. Renove suas armas, esteja atento; utilize a virtude e o comportamento iluminado para evitar a todo custo que você fira os seres que mais tem de amar. Utilize as armas para conquistar o inimigo da apatia, da concupiscência e da degradação moral.

Conselhos Gerais: O mais importante neste momento é trabalhar com os outros, estabelecer sociedade, entrar em contatos com amigos, formar associações, etc. Isto trará boa fortuna.

Negócios e Dinheiro: Momento de procurar ajuda, seja por meio de conselhos, empréstimos de amigos, estabelecendo sociedades ou compartilhando seus ideais. Este momento é ideal para realizar, com a ajuda dos outros, alguns sacrifícios que, em seu devido tempo, trarão muita prosperidade.

Estado Emocional: Momentos de incompreensão e prováveis desgostos, mas é o momento ideal para estabelecer novos relacionamentos, sejam eles afetivos entre sexos diferentes, ou com amigos que poderão nos auxiliar muito. Tente não se magoar com as críticas que poderá sofrer.

Saúde: Tente descansar bastante. Perigo de contrair algum tipo de intoxicação, especialmente alimentar, incluindo-se beber água contaminada. Momento de muitos pensamentos errantes, assim como lembranças do passado, que poderão atormentá-lo tirando-lhe a vitalidade e obrigando-o a tirar férias forçadas. Cuidado com os vírus, principalmente os pulmonares.

As linhas

1ª linha: **Se você é sincero, mas não até o fim, algumas vezes há confusão, em outras, reunião. Se você chama, após um gesto de mão, você poderá rir outra vez. Não lamente nada. Ir não envolve culpa.**

Significado

"Se você é sincero, mas não até o fim" indica que ainda há elementos psicológicos que impedem o recebimento dos *sidhis* (poderes espirituais). "Algumas vezes há confusão; em outras, reunião". Isto está relacionado às pessoas com as quais você está associado. Ainda seu coração está confuso e é arrastado pelos dizeres e conselhos diversos. Tem de aprender a confiar plenamente no seu coração e não depender de ninguém, sequer daqueles que estão ao seu lado. Não deve ser iludido pelos risos, nem pelos choros. O mais importante é refletir e deixar claro os seus pensamentos aos seus parceiros para não criar problemas ou comprometer os seus relacionamentos.

2ª linha: **Deixar-se levar traz boa fortuna e mantém livre de culpa. Quando se é sincero, é favorável oferecer mesmo uma pequena oferenda.**

Significado

"Deixar-se levar" implica ter caráter dócil: o discípulo deve tentar entender a mente daquele que tem de ajudar no caminho espiritual. Isto pode lhe trazer um pouco de desânimo, mas ainda que ofereça um pequeno ensinamento (pequena oferenda), sendo sincero não encontrará problemas. Ele não comete nenhum erro.

3ª linha: **Reunião entre suspiros. Nada que favoreça. Ir não envolve culpa. Pequena humilhação.**

Significado

Lamenta a falta das pessoas às quais deseja se unir; experimenta a solidão que a consciência iluminada lhe confere. Ainda assim, este momento é passageiro.

4ª linha: **Grande boa fortuna! Nenhuma culpa.**

Significado

Conhecendo o caminho de Buda, ele, ainda assim, comporta-se humildemente, encorajando todos a praticarem a via, mas sem se tornar um líder. Somente sua própria vida é testemunha de sua consciência iluminada.

5ª linha: Se aquele que reúne ocupa uma posição de autoridade, não há culpa. Caso ainda não haja uma verdadeira adesão por parte de alguns, será necessária uma elevada e constante perseverança. Então, o arrependimento desaparece.

Significado

Reformando ainda mais seu caráter, ele não comete faltas. Adquire a confiança de todos, reforma sua virtude e, ainda assim, vigia suas tendências. Os seres notam esta transformação e pouco a pouco unem-se a ele.

6ª linha: Lamentos e suspiros, torrentes de lágrimas. Nenhuma culpa.

Significado

Aqui ele compreende que muitos de seus colegas ainda não estão à altura do sacrifício requerido; então, suspira e chora, não por se sentir sozinho, e sim por compreender o drama da solidão humana. Ainda assim, ele não tem culpa.

 Hexagrama 46. ASCENSÃO (Shêng)

Julgamento:
A ascensão tem sublime sucesso. É preciso ver o grande homem. Não tema! A partida rumo ao sul traz boa fortuna.

Comentário

A ascensão tem sublime sucesso. Isto é porque as bênçãos dos Budas e da linhagem possibilitam-lhe avançar de forma tranquila e dócil contribuindo para que realize mais um passo na longa caminhada à iluminação. Na aplicação da vontade dinâmica na superação dos obstáculos, sejam eles internos ou externos, encontramos fases em que poderemos contar com a ajuda de forças espirituais que ecoarão em nosso íntimo. A ascensão reflete este tipo de ajuda.

"É preciso ver o grande homem. Não tema!" representa ou o próprio mestre interior, que jaz oculto em nosso próprio coração, ou também ir ao encontro dos mestres encarnados. "Temer" está intimamente ligado ao fato de o homem superior não se alarmar pelos fracassos temporários, utilizando-os para aprender mais ainda a forma correta de ajudar os outros a se iluminarem. "A partida rumo ao sul traz boa fortuna." O sul é a região da iluminação. Iniciar (trigrama *chen*) o mais rápido possível os trabalhos necessários lhe conferirá sublime sucesso.

Imagem

A madeira cresce no interior da terra: a imagem da ascensão. Assim, o homem superior, com abnegação, reúne pequenas coisas para alcançar o que é sublime e grande.

Ainda que a conquista espiritual não seja grande nem pequena, os homens acumulam ou grandes ou pequenos méritos. Acumular, aqui, é simplesmente acostumar-se a ser correto e simples, bondoso com as pessoas, simples na sua forma de ser, suave como o vento que preenche todos os obstáculos, tornando-se presente, refletindo a verdade como o lago reflete a montanha, símbolo da quietude e do eterno. A árvore cresce do interior da terra; não cresce de forma espontânea nem rapidamente; necessita de tempo e de pequenos avanços; não tem pressa; reúne pequenas coisas e, assim, torna-se, com o seu devido tempo, forte e admirável.

Assim é o discípulo: reúne pequenas coisas; não negligencia nada; torna-se constante e suave; adapta-se àqueles a quem deve ensinar e, de acordo com a compreensão de cada um, ele mostra-lhes o caminho dos Budas. Por isso se diz "sublime sucesso". A ideia da semente é que quem conhece a semente conhece *yin* e *yang*, quem conhece as sementes está de acordo com o tempo e, assim, torna-se grande.

Se este hexagrama aparecer em sua vida: Acumule pequenas experiências. Fale de forma devagar e suave. Descanse bastante. Segure a sua ansiedade. Evite falar mal das pessoas. No seu treino espiritual, fique em silêncio exterior e interior. A semente desenvolve-se em silêncio. Não comente com ninguém seus pensamentos e sentimentos.

Conselhos Gerais: O momento é de desenvolvimento lento, porém seguro. A semente tem o potencial de ser uma grande árvore. As obstruções são afastadas, e este afastamento permite o crescimento. Ainda que seja um momento de grandes sacrifícios, tente entender que o mais importante é descansar. Descansar é agir cada um em seu tempo: este é o segredo do crescimento contínuo.

Negócios/Dinheiro: Evite andar aos saltos; caminhe lentamente, mas de maneira firme, não hesite. Ao princípio, o mais importante será deixar de ganhar tanto, para depois ganhar ainda mais. Para crescer, o mais importante é se estruturar.

Estado Emocional: Momento de prestar atenção àqueles que estão por perto, especialmente observar que tudo o que o ser humano faz muitas vezes é um ato de carinho, ainda que muitas vezes não saibamos demonstrar este amor que está em nosso coração. O mais importante é estar tranquilo interiormente para perceber nas pequenas coisas o coração dos seres.

Saúde: Tente descansar. A falta de descanso debilita o organismo como um todo, levando-o diretamente ao estresse, ou a ficar propenso a enfermidades contagiosas, que o farão parar suas atividades. Evite comidas apimentadas, evite comidas com ossos muito finos, como as espinhas de peixe.

As linhas

1ª linha: **A ascensão que encontra confiança traz grande boa fortuna.**

Significado

Obedientemente, de acordo com o objetivo superior, em harmonia com os desejos de seu mestre e sem macular a sua linhagem, pode-se ascender de forma auspiciosa.

2ª linha: **Quando se é sincero, é favorável trazer ao menos uma pequena oferenda. Nenhuma culpa.**

Significado

"Quando se é sincero, é favorável trazer ao menos uma pequena oferenda." O homem superior procura sinceramente, por isso ele tem de oferecer sinceridade até nos menores detalhes, isto é: "trazer ao menos uma pequena oferenda"; ele está numa posição inferior, mas possui força interior, e isto é motivo de alegria para ele e para seu meio ambiente. Nisto não há culpa nenhuma.

3ª linha: **Ascendendo ao interior de uma cidade vazia.**

Significado

Ele inclui em si mesmo as características da bondade fundamental (trigrama *kun*), que acolhe a todos. Reto e humilde, estando entre colegas, ele é ajudado em tudo o que necessita. Nada tem a temer na sua marcha para a ascensão. Começa a perceber a vacuidade, mãe da suprema compaixão.

4ª linha: **O rei oferece-lhe o monte Ch'i. Boa fortuna. Nenhuma culpa.**

Significado

Humilde, porém sustentado na fortaleza de caráter, realizar oferendas ao céu e aos espíritos da natureza é o caminho dele. Suave, mas firme, ele está na base do trigrama nuclear chen, que é o movimento ascendente. Forte internamente, humilde externamente.

5ª linha: A perseverança traz boa fortuna. Ascendendo por degraus.

Significado

Ele está no corpo da bondade fundamental (trigrama *kun*). A partir de agora, seu avanço torna-se lento, tranquilo, interiorizado e gradual. O êxito no treino está assegurado.

6ª linha: Ascender em meio à escuridão. É favorável uma perseverança tenaz.

Significado

Quando se ascende dentro do desconhecido, pode-se parar; mas, se a pessoa for incessantemente correta, ela deve ascender ainda mais dentro do desconhecido. Isto é o que se chama de "graduação espiritual". Esta linha retrata o treinamento que se realiza dentro do budismo tibetano. Após ter-se modificado no pequeno veículo – ou Hinayana – e completado seus estudos dentro da escola do Sutrayana, ele treina dentro do Vajrayana, para realizar o Maha Mudra. "Escuridão" também pode ser interpretada como momento de confusão interna. Quando nos deparamos com a vacuidade dos fenômenos, podemos ficar muito confusos.

Hexagrama 47. A OPRESSÃO (*K'un*)

Julgamento:

A opressão. Sucesso. Perseverança. O grande homem promove a boa fortuna. Nenhuma culpa. Quando ele tem algo a dizer, não lhe dão crédito.

Comentário

Pessoas iluminadas apenas vivem o seu destino. A ideia contida neste hexagrama é dual, porque nos fala sobre a atitude que convém ao praticante da meditação e sobre a compreensão do homem perfeitamente iluminado. O primeiro (o discípulo inexperiente) certamente ainda não sabe com se ajustar ao ritmo de *yin* e *yang*, da atividade e do repouso, por isso se diz: "se você se eleva sem parar, inevitavelmente ficará exausto". Esta atitude é comum entre os alunos da sabedoria eterna, porque eles ainda estão presos à dualidade de bem e mal, certo e errado. Como esta dualidade está profundamente arraigada no seu íntimo, a cada momento de felicidade que vive, imediatamente vem-lhe a ideia de que ele "não pode ser feliz", ou de que há algo de errado com ele, porque está passando por um momento de distensão nervosa. Mas alegrias e tristezas alternam-se cotidianamente, e a ideia contida neste hexagrama é de que o homem superior, apesar de estar no meio do perigo ou de dificuldades, permanece alegre e despreocupado.

Em nível de discipulado, encontramo-nos aqui com alguém que fala dos antigos mestres. Suas palavras são bonitas, cheias de conhecimento dos outros. Suas palavras não estão sustentadas na experiência e na realização. Ele não esta à altura e sofre as consequências de ter falado, e agora não pode demonstrar o que defendeu com tanta veemência. Por isso, ele "não ganha confiança" (este aspecto será analisado nas linhas).

Falando do homem superior, aqui a exaustão é a manifestação do término do mundano. Compreendendo que todos os Dharmas são um só, ele torna-se tranquilo e sereno. Contudo, lembremos que a tranquilidade surge depois de um profundo conflito interior, marcado por dúvidas e tristezas.

Este hexagrama compõe-se de dois trigramas do mesmo elemento, o que o torna auspicioso e bem afortunado. Em cima temos *tui* – a água, o lago, aquilo que reflete, manifestação da serenidade. O lago sempre lembra o sorriso do homem santo, que não se aborrece com os acontecimentos infelizes da vida, nem se altera pelos ventos da felicidade; esse sorriso representa o equilíbrio atingido por aquele que já sofreu bastante para poder dizer que esta vida não passa de uma obra de teatro.

Junto com *tui* encontramos o signo de *kan* que, por sua vez, representa os sentimentos nobres, os mestres, aqueles que sabem "não perder tempo", porque cada minuto é a própria eternidade, que lhe permite compreender os mistérios do ser. *Kan* também é a emoção sublimada, combinada com a seriedade do caráter, misteriosamente unidas ao pensamento iluminado (trigrama *li*, o fogo), que compenetra tudo destruindo as trevas da ignorância, ajudando os outros a se iluminarem e viverem felizes.

A este quadro agregamos, então, o trigrama *sun*, a suavidade, aquilo que se desenvolve passo a passo, assim como a raiz da árvore. *Sun* aqui está intimamente ligado ao que conquistou durante todo o seu caminhar. Pensemos que somente aquilo que conseguimos com muito esforço é o que forma nossa crença. Imaginemos o processo que é necessário para mudarmos realmente nossa forma de olhar o mundo.

Imaginemos, então, que elementos valiosos devem constituir a consciência deste mestre iluminado, para combinar estes quatro trigramas num ser só, e justamente por isso que agora lhe toca novamente dar mais um passo em prol da bem-aventurança.

Esse passo é esquecer-se de si mesmo por completo nos afazeres do dia a dia. Richard Wilhelm disse que este hexagrama mostra o teste do caráter. Este ponto é muito correto, mas faltaram-lhe mais alguns itens. Não é somente o teste de caráter, e sim o teste de toda sua existência, assim como aconteceu com Jesus, o Cristo, quando foi abandonado por seus discípulos. Acaso Jesus não se sentiu oprimido compreendendo que débeis eram os seus discípulos bem-amados, que na sua última noite dormiram e o abandonaram sozinho no horto de Getsêmani! Não se sentiria oprimido comendo e bebendo entre aqueles a quem Ele instruía? E na própria cruz, quando duvidou de tudo e de todos?

Por isso o *I Ching* diz: "Estando alegre, apesar do perigo, adapta-se à dificuldade para acabar com a dificuldade – evitando a sociedade sem angústia e permanecendo feliz". Quem – a não ser um ser superior – poderia realizar isto?

Imagem

Não há água no lago: a imagem da exaustão. Assim, o homem superior arrisca sua vida para seguir sua vontade.

Quando Sidarta Gautama, o Buda, estava realizando suas práticas de austeridades, compreendendo o Caminho do Meio, colocou sua cuia e pensou: "Se esta cuia conseguir flutuar contra a corrente, eu poderei me iluminar".

Este era seu destino, aceitou-o e viveu-o: após nove anos de intensa austeridade e esforço, conseguiu o que nenhum ser humano tinha conseguido na história de nossa raça. Jesus, o Cristo, aceita seu destino e oferece-se mansamente para assumir em si mesmo todos os pecados da humanidade. Inúmeros mestres da antiguidade assim também o fizeram. O mestre Naropa, abade de uma universidade, era bem atendido: nada lhe faltava a não ser a realização espiritual. Tinha uma forte erudição, mas não tinha a realização. Quando escutou o nome de seu mestre, Tilopa, abandonou todos os luxos e prazeres de sua universidade para viver ao lado dele durante doze anos, sofrendo todo tipo de provações, arriscando constantemente sua vida.

Hoje as pessoas leem livros, imaginam que são mestres e começam a ensinar. Algo está errado neste tempo.

Se este hexagrama aparecer em sua vida: Procure um sentido verdadeiro para sua vida. Seja digno; viva na sinceridade; procure seu caminho espiritual; viva de acordo com os preceitos mais elevados. Assim, sua vida terá sido valiosa, e a morte não terá nenhum poder sobre você.

Conselhos Gerais: Momento de esgotamento de recursos, sejam eles morais, culturais, financeiros ou a própria energia do organismo. Momento muito delicado. Muita depressão ou melancolia. Nos momentos difíceis de nossa vida, tentemos observar que estes problemas vêm para nos fortalecer. Os problemas são nossos professores, eles nos ensinam a superá-los e assim nos tornamos fortes e completos. Esta é a imagem da exaustão. Porém, ainda que prevaleça um estado de contínua perda interior, existe comida e bebida. Modifique sua atitude mental e encontrará a felicidade.

Negócios/Dinheiro: Não é o momento para investir nem assumir risco algum. Momento de muitos erros: tente ficar quieto e, se tiver de tomar decisões, invente desculpas para adiá-las. Não se deixe abater: este momento é passageiro. Não viaje para parte alguma.

Estado Emocional: Melancolia, depressão. Estar sempre pensando em si mesmo fará com que os outros não se sintam amados pela sua pessoa. Olhe ao seu redor: todos os seres estão sofrendo. O seu infortúnio ainda é pequeno; não se lamente: abra seu coração e escute os outros; não culpe o mundo pelos seus infortúnios. Nossos infortúnios são somente o acúmulo de pequenos erros cometidos no passado. Pensamos: "um pequeno mal não faz mal a ninguém", mas é este tipo de pensamento que é a causa do infortúnio humano. A boa fortuna segue o mesmo padrão.

Saúde: Tente relaxar, distrair-se. Problemas psicológicos poderão perturbá-lo; faça muita meditação para estabilizar a mente. Muita mágoa traz graves problemas respiratórios. Não beba álcool nem de forma moderada, faça um exame de saúde completo, verifique o coração, os rins e o sangue. Preste atenção às infecções. O estado emocional perturbado ou depressivo é a porta aberta para muitas doenças. Pense que nunca se está tão mal quanto pensamos.

As linhas

1ª linha: **Ele se senta, oprimido, debaixo de uma árvore seca e mergulha num vale sombrio. Durante três anos não vê nada.**

Significado

Está sozinho, desconcertado. Fantasmas assolam sua mente, duvidando, agitado e descontente, penetra num vale tenebroso. Início da "escura noite da alma". Poderá permanecer assim durante três anos se não procurar ajuda no mais profundo de seu ser ou não confiar em seus mestres. Momento triste e sem proteção, por isso o *I Ching* diz: procure proteção para pôr fim aos males que o rodeiam. Este momento é como estar num vale tenebroso. O mais importante é recitar o mantra *Om Mani Peme Hung.*

267

2ª linha: Ele se sente oprimido em meio a vinho e comida. O homem de joelheiras vermelhas está chegando. É favorável oferecer sacrifícios. Partir traz infortúnio. Nenhuma culpa.

Significado

A vida não tem mais sentido: ele já tem seu sustento básico, já comprou tudo o que quer, e a vida social não o atrai mais. Então, é necessário dirigir-se ao templo, procurar o mestre, oferecer sacrifício, oferecer sua própria vida para encontrar a verdadeira vida. "Partir" aqui quer dizer "não realizar os sacrifícios", sair desta vida sem ter realizado o seu verdadeiro destino.

3ª linha: Ele se deixa oprimir pela pedra e apóia-se em espinhos e cardos. Entra em sua casa e não vê a esposa. Infortúnio!

Significado

Novamente assolamos os velhos fantasmas da fraqueza e da negatividade. Diz um mestre tibetano que, quando o discípulo está para receber uma das mais altas iniciações, passa por um momento em que se torna como um possuído: nada sabe, olha ao redor e somente encontra escuridão. Os velhos problemas assolam-no com mais força do que nunca e ele sente nas profundezas de seu coração a mais agonizante solidão. Acima, temos uma linha *yang*, que é o céu, duro como uma rocha. Abaixo, mais uma linha *yang*, que é tudo o que ele mesmo descobriu por si só, e agora o incitam com espinhos a continuar andando. Este infortúnio é como se, ao chegar em casa, o esposo não encontra a sua esposa: só o que lhe resta fazer é esperar até que esta depressão passe por si mesma.

4ª linha: Ele vem muito lentamente, oprimido numa carroça de ouro. Humilhação, mas ainda assim a meta é atingida.

Significado

Agora ele retoma o caminho novamente, devagar. Ainda que exausto, esforça-se por manter o equilíbrio. A carroça de ouro está associada aos prazeres da vida. Tem tudo o que a vida pode lhe proporcionar, mas não tem paz interior.

5ª linha: Cortam seu nariz e seus pés. A opressão vem de alguém com joelheiras púrpuras. Lentamente chega a alegria. É favorável oferecer sacrifícios e dádivas.

Significado

Cortar o nariz é perder o sentido de direção. Cortar os pés é perder a habilidade de ir e vir. Está completamente parado e sem direção alguma. Porém, realizando os sacrifícios a Deus, lentamente entende as bênçãos que constantemente estão vindo para ele. Pouco a pouco torna-se novamente alegre, porque compreende que não está só.

6ª linha: Ele é oprimido por trepadeiras. Movimenta-se de modo inseguro e diz: "O movimento traz remorso". Caso sinta arrependimento por tal atitude e comece a agir, terá boa fortuna.

Significado

"Ser oprimido por trepadeiras" indica que os seus pensamentos e sensações estão confundindo-o cada vez mais. Mover-se sem direção alguma lhe faz perder tempo e vitalidade; por esse motivo, sente remorso. Porém, se ele, ao sentir remorso, arrepende-se de sua conduta indecisa e começa voltar-se aos mestres iluminados da linhagem à qual pertence, então novamente estará em comunhão com as bênçãos. Daqui a boa fortuna.

Hexagrama 48. O POÇO (Ching)

Julgamento:

O poço. Pode-se mudar uma cidade, mas não se pode mudar um poço. Este não diminui nem aumenta. Eles vão e vêm, recolhendo do poço. Quando se chega próximo ao nível da água, mas a corda não vai até o fundo ou o balde se quebra, isso traz infortúnio.

Comentário

Um poço é algo que permanece num lugar só, apesar das mudanças, apesar do movimento. Este hexagrama está intimamente ligado à consciência que se adquire depois da *Exaustão*. Muitos estudantes do *I Ching* pensam que a *Exaustão* é algo penoso e nefasto; mas na realidade não é nada mais do que um passo inevitável que todo discípulo da sabedoria eterna tem de experimentar. A exaustão vem depois de um prolongado esforço pela superação constante, como uma tormenta depois de uma época em que a atmosfera se carrega de tensões. Sempre temos um momento em que a fadiga moral e psíquica chega ao seu ponto culminante e, depois da crise que ela encerra, opera-se em nossa consciência uma profunda transformação, onde o que éramos torna-se remoto, difícil de lembrar. O poço é a confirmação da natureza própria de Buda. Ela é inalterável, inesgotável, pronta para que todo mundo possa servir-se dela. O poço nunca seca; jamais ganha ou perde nada. Para o Taoísmo, isto representa a mais alta virtude: a constância. O Buda é como este poço: as pessoas vêm a ele e se vão. Aqueles que beberam água vão, aqueles que estão por beber vêm. O poço inalterável dá água a todos, acalma a sede tanto do mendigo como do homem sábio, do ladrão e do santo. Ele não diferencia, assim como o homem sábio, que transmite o Dharma sem distinções.

Existem, ainda, mais dois pontos: Primeiro, o fato de tirar água do poço. Segundo, a forma em que o discípulo aprende a beneficiar todos os seres.

Primeiro: O fato de tirar água do poço está relacionado com receber o Dharma, ou conhecimento. O que você fará com o recebido já não é problema do poço, e sim seu mesmo. Você tira água do poço e derruba o balde: é como pedir conselhos aos homens sábios e não segui-los por preguiça. Então terá muito azar; ainda assim, isto é problema seu, e não do poço. Você quer tirar água do poço, mas quebra o balde: é como pedir conselhos aos mais sábios, e não apenas não segui-los, como ainda fazer comentários ruins a respeito.

Neste caso, você não passa de uma pessoa muito confusa, e certamente o infortúnio o seguirá em todo lugar, mas o poço permanece inalterável. Como você poderá perceber, o que você fizer com o conhecimento adquirido é de sua inteira responsabilidade, não do poço: portanto, o ganho e a perda sempre se referem ao homem que usa o poço, e não ao poço em si.

Segundo: A forma com que o discípulo aprende a beneficiar todos os seres. Este ponto está intimamente relacionado às linhas, pois nelas está contido o desenvolvimento da mestria na arte de ajudar todos os seres.

Imagem

Água sobre a madeira: a imagem do poço. Assim, o homem incentiva o povo em seu trabalho, exortando as pessoas a ajudarem-se mutuamente.

Existem duas formas de ajudar os nossos semelhantes: as duas são corretas e servem, dependendo do tempo em que se esteja vivendo. A primeira é carregar água para poucos. Em termos de conhecimento, poderíamos dizer que esta forma se assemelha à dos instrutores esotéricos, que, por um motivo ou por outro, não ensinam a todos por igual e fazem--no escolhendo cada um de acordo com suas aptidões. Esta forma de agir é censurável, porque ninguém neste mundo pode julgar a capacidade de compreensão do ser humano. Por consequência, escolher a dedo leva à prática da injustiça, quando, na realidade, o fato de os Budas ensinarem "a cada um de acordo com sua disposição e entendimento" nada tem a ver com a escolha desses instrutores esotéricos.

Ajudar a poucos, dedicar-se a formar um aluno durante toda a vida é conhecido no *I Ching* com "bem planejado". Contudo, dependendo da visão que os mestres tenham, podem formar uma pessoa só durante toda a sua vida, a fim de que este, num tempo mais propício, possa ajudar muitos.

A segunda é mostrar o caminho a todos, sem excluir ninguém. Mostrar o caminho, fazer com que as pessoas pratiquem e que tirem suas próprias conclusões, sem faltar à verdade, é como cavar um poço, porque, além do mestre fundador, este conhecimento será perpetuado pela prática dos que os seguirem. Assim o fizeram o patriarca Huei Neng, o mestre Doguen Zenji e todos aqueles que tiveram a força suficiente das gerações vindouras.

Também, se você faz um poço profundo, certamente encontrará água pura; se o buraco for raso, a água poderá não ser muito pura. Então, quanto mais fundo for o poço, mais pureza encontraremos. Assim acontece com os seres humanos: essencialmente os homens são puros; a alguns basta empurrá-los só um pouquinho para que demonstrem à flor da pele a pureza que há neles; outros, você terá de mexer profundamente, a fim de que sua pureza aflore.

Os mestres de Tai Chi Chuan estão cientes deste problema quando dizem: "Fácil é ensinar esta arte; difícil é corrigir". Assim acontece também com os trabalhadores de Buda: alguns compreendem intelectualmente, mas não se modificam. Outros escutam o Dharma, extasiam-se ao ler os textos sagrados, ou sutras, mas não possuem força interna para treinar e compreender em suas vidas o conteúdo do Dharma. Poucos são os poços profundos, cujas águas são cristalinas, tranquilas, misteriosas. Poucos compreendem o que custa realmente ser como um poço.

Se este hexagrama aparecer em sua vida: Tente ser como um poço. Sempre sirva aos seus semelhantes; no entanto, lembre: será difícil que alguém realmente lhe agradeça. Não por isso você deixará de servir. Ajude os outros e console-os. Saiba, quando chegar a hora, você estará morando no corpo da felicidade. Os seres espirituais tomarão conta de você. Aqueles que estão sempre se queixando, mas que nada fazem, ficarão na solidão e andarão sempre tristes e solitários pela vida. Depois, no momento de sua partida, por não terem ajudado ninguém e por terem criticado os outros – que os ajudaram em muitas ocasiões – estarão presos ao terror e ao desespero. Então, reflita sobre o fato de sempre ajudar os outros no que for possível e de acordo com as suas próprias possibilidades. Grande é o trabalho do poço.

Conselhos Gerais: Momento de confusão, mas não é sua culpa. O problema é que as pessoas estão confusas e, por causa disto, não o entenderão. Por isso, o mais importante neste momento é ganhar a confiança das pessoas.

Negócios/Dinheiro: Descreva as qualidades do seu produto; isto trará mais confiança ainda e, por consequência, o êxito.

Estado Emocional: Não se aferre ao passado. O mais importante é o presente. Cuidado com a depressão. Ainda que o passado tenha sido bom, ele já se foi. Não se julgue.

Saúde: Cuide dos rins, do sangue e da bexiga. Evite beber álcool. Descanse a visão.

As linhas

1ª linha: **Não se bebe o barro do poço. Nenhum animal vem a um poço velho.**

Significado

O ideal de *bodhisattva* ainda não passa do plano teórico: Apesar de já estar surgindo na consciência do indivíduo, ainda não possui a força necessária para executar tarefas de ajuda ao próximo.

2ª linha: **Atira-se nos peixes à entrada do poço. O cântaro está quebrado e vazando.**

Significado

Aqui o aspecto intelectual influencia o aprendizado. Ele usa o conhecimento teórico somente para ajudar seus semelhantes, mas este conhecimento ainda não desperta da iluminação. Se ele recebe o conhecimento, rapidamente o esquece.

3ª linha: **O poço foi limpo, mas não se bebe dele. Este é o pesar de meu coração, pois se poderia usufruir dele. Caso o rei fosse lúcido, se poderia compartilhar a boa fortuna.**

Significado

Ele pratica a contemplação: a própria iluminação já se faz presente. Pede ajuda aos Budas para que eles o iluminem, com a finalidade de liberar os outros. O poço já está limpo: o coração está puro.

4ª linha: **O poço está sendo revestido. Nenhuma culpa.**

Significado

A budeidade está sendo adaptada aos que têm de ser ensinados; o conhecimento teórico e a sabedoria sustentada na experiência de vida servem ao seu objetivo de liberar os outros. Ele vive dentro do corpo do *vinaya*. Os votos da conduta perfeita tornam-se como um refúgio em sua vida.

5ª linha: **No poço há uma nascente límpida e fresca da qual se pode beber.**

Significado

A budeidade agora assemelha-se a uma nascente pura, límpida e fresca, que se assemelha à água da essência do caminho do meio, beneficiando todos por igual.

6ª linha: **Retira-se água do poço sem impedimentos. Pode-se confiar nele. Suprema boa fortuna!**

Significado

Suprema boa fortuna! Agora, o ideal de *Bodisatva* é real, serve todos para sempre. Os homens confiam nele e são abençoados pela sabedoria.

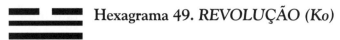# Hexagrama 49. REVOLUÇÃO (Ko)

Julgamento:

Revolução. Em seu dia próprio, você verá que lhe darão crédito. Supremo sucesso, propiciado pela perseverança. O arrependimento desaparece.

Comentário

"Em seu próprio dia, você verá que lhe darão crédito." Ainda encontra resistências no seu próprio meio ambiente. Elas podem ser de vários tipos ou de diversas índoles, a saber:

a) dos seres mais achegados a ele que, por não compreenderem sua profunda bondade, desprezam-no, causando-lhe inconvenientes em seu viver diário. Sua Santidade o XIV Dalai Lama diz que o ciúme é a incapacidade de suportar a felicidade do outro ou de participar dela. Quando as pessoas que rodeiam o discípulo ou mestre percebem que não são o centro da atenção do mestre, a inveja, a crítica e os ciúmes infectam a relação entre as pessoas que compõem o grupo de colaboradores imediatos. Isto é por demais problemático e uma das maiores interferências no desenvolvimento de um bom relacionamento entre as pessoas;

b) resistência de sua própria personalidade e hábitos profundamente arraigados no seu inconsciente, que também muitas vezes rebelam-se contra a profunda disciplina interna gerada pela compreensão cada vez mais abrangente e inclusiva;

c) forças ocultas que lutam contra todos os discípulos, que pouco a pouco fazem sentir sua influência no mundo, ajudando as pessoas a se libertarem dos grilhões da ignorância.

"Dar-lhe-ão crédito" porque toda mudança interna tem de ir acompanhada de uma demonstração externa: até as pessoas mais simples terão de notá-la, testemunhando, assim, a real transformação de seu caráter.

"Supremo sucesso, propiciado pela perseverança" indica um profundo esforço para esgotar os elementos nocivos da mente. "O arrependimento desaparece" porque estes elementos nocivos causaram-lhe inconvenientes no passado. Quando perguntei a alguns mestres taoístas sobre este hexagrama, um deles comentou: "O mais importante para os discípulos é mudar seu caráter". Isto é como o fogo refinando o ouro. O ouro não gosta deste processo e o acha doloroso: depois de ser derretido e converter-se num vaso famoso, então acreditará no fogo. Por esse motivo, todas as mudanças num princípio são dolorosas, mas depois de experimentadas e, observado o resultado benéfico, é que podemos realmente aprender com elas.

"Antes de acreditar na mudança, há arrependimento. Uma vez que a mudança logra seu objetivo, o arrependimento desaparece." Quando as mudanças são apropriadas, isto faz as pessoas adirirem a ela, desaparecendo, assim, o arrependimento. No entanto, para que as mudanças deem resultados, têm de estar de acordo com o tempo, assim como as estações que mudam de acordo com as leis do universo. Desta forma, quando o homem superior compreende esta via, resultar-lhe-á fácil empreender mudanças gerando contentamento nas pessoas que compartilham sua vida.

Imagem

Fogo no lago: a imagem da revolução. O homem superior organiza o calendário e marca com clareza o período das estações.

O fogo representa a mente discriminativa, que ajuda o homem superior a compreender a natureza das coisas. Ela penetra assim como o fogo penetra nos elementos, até na própria água, evaporando-a e trocando sua substância. A mente do homem superior também penetra em seu mais profundo inconsciente, representado, aqui, pela imagem do lago; organiza, marca, estuda, diferencia os elementos que formam seu caráter. Assim como a imagem do tempo. Na realidade, o tempo não existe; não possui existência própria; é um invento do homem, artificialmente definido pela mente ao observar o desenvolvimento do curso natural das estações, do dia e da noite.

A mente não tem forma e é representada pelas formas. Existem as formas materiais e as formas dos pensamentos – todas são expressões da mente. O tempo na realidade não existe, mas está e compenetra tudo; também não tem um eu separado, não podemos defini-lo, ou apreendê--lo, mas ele está regulando e controlando o universo inteiro.

O fogo essencialmente é sempre um, compenetrando todo o universo. A mente está em tudo: o ser humano não pode apreendê-la, mas a cada ato manifesta-se em sua totalidade. Apesar de haver mais de quatro bilhões de seres humanos na Terra, a mente é única e, em si mesma, não possui um ente separado, ao mesmo tempo em que se manifesta nos seres humanos separados e individuais. Tempo, fogo, mente: imagens da *Revolução*.

Se este hexagrama aparecer em sua vida: Chegou-lhe o momento de colocar ordem em sua vida, tanto para encontrar o "tempo" que lhe falta como para entender que sempre há "tempo" para tudo. Depois, crie um método em sua vida para que possa produzir mais e aproveitar mais o "tempo" que lhe resta para viver. Por último, encontre "tempo" para ajudar os outros de forma metódica e sistemática. Assim, sua vida estará de acordo com o seu "tempo", e o seu tempo estará de acordo com o "tempo" cósmico.

Conselhos Gerais: Momento de modificação, de melhorar os costumes e os relacionamentos. Este é o momento em que os problemas se dissolvem ou anulam-se. Tente suprimir tudo aquilo que é antigo e que nunca foi questionado, mas que perpetua erros ou está sustentado em falsos conceitos. Sentido de renovação dos costumes, sendo correta a liberdade. Seja claro ao proferir suas ordens. Toda instrução deve ser precisa. Agir no momento e lugar justos. Seja firme, e sua liderança será reconhecida. Não hesite, não se apresse. Momento propício para recuperar ou afirmar a autoridade.

Negócios/Dinheiro: Investindo poderá obter grandes lucros. Uma vez decididos, realize seus negócios, e seu esforço será justamente premiado.

Estado Emocional: Cuidado para não magoar as pessoas com críticas. Não se altere com as fofocas nem com os comentários realizados a seu respeito. Esteja atento para evitar que o julguem de forma errada.

Descobrindo quem origina esses comentários errados, afaste-se dessa pessoa se puder, ou ao menos demonstre que você soube dessa indelicadeza.

Saúde: Cuide um pouco de seus intestinos, pulmões e sistema nervoso. Não abuse dos alimentos picantes nem dos guisados. Cuidado com espinhas de peixes ou ossos finos. Possíveis dores de cabeça ou enxaquecas, causadas por comer em estado de intensa preocupação.

As linhas

1ª linha: **Envolvido em pele de vaca amarela.**

Significado

A pele da vaca representa a mansidão e a humildade. A cor amarela significa que a pessoa está centralizada como a terra e em equilíbrio contínuo. Não use nenhum plano, apenas seja calmo e equilibrado.

2ª linha: **Quando chega o momento adequado, pode-se fazer a revolução. Partir traz boa fortuna. Nenhuma culpa.**

Significado

Ele possui justiça e retidão. Espera o momento em que todos estarão confiantes. Poderá agir e deve agir: este é o momento justo. Atinge a alegria de ser um com o tempo. Partir é deixar os ganhos para os outros.

3ª linha: **Partir traz infortúnio. A perseverança traz perigo. Depois de ouvir repetir por três vezes o clamor da revolução, ele pode aderir, pois dar-lhe-ão crédito.**

Significado

"Partir" nesta linha é agir de forma precipitada, sem consciência, por isso traz infortúnio. "A perseverança traz perigo" significa que ele não pode tentar mudar os outros nem a si mesmo, de forma violenta; persevera-se nisto, corre o risco de ser mal interpretado e será deixado só. "Depois de ouvir repetir por três vezes o clamor da revolução, ele pode aderir, pois dar-lhe-ão crédito": se observa a pureza e a retidão, se segue conselhos desinteressados, torna-se prudente e terá êxito no seu empreendimento.

4ª linha: **O arrependimento desaparece. As pessoas confiam nele. Mudar a forma de governo traz boa fortuna.**

Significado

Está sozinho, mas o momento é oportuno e, agindo assim, com a perfeita sinceridade, poderá operar a mudança que está descrita no trigrama nuclear *chien*. Esta mudança não poderá ser realizada de forma agressiva, e sim de forma suave e tranquila, como a imagem de um lago. Por isso se diz: "As pessoas confiam nele". Agora, a expressão "mudar a forma de governo" está intimamente ligada ao seu modo de agir entre as pessoas que formam parte de seu dia a dia. Sendo sincero e justo, o arrependimento desaparece.

5ª linha: **O grande homem muda como um tigre. Mesmo antes de consultar o oráculo, ele encontra a confiança do povo.**

Significado

"O grande homem muda como um tigre." Neste caso, a transformação interior foi realizada, mas agora as mudanças estarão sendo realizadas para beneficiar o povo. Ele não precisa consultar o *I Ching* para saber como agir: sua conduta é justa, honesta e correta; por esse motivo, o povo confia nele.

6ª linha: **O homem superior muda como uma pantera. O homem inferior muda na face. Partir traz infortúnio. Permanecer perseverante traz boa fortuna.**

Significado

Influência silenciosa por meio da retidão e da justiça. Quando o discípulo está ensinando aqueles que estão associados a ele, acontecerá o que está escrito na linha: "O homem superior muda como uma pantera", ou seja, no momento justo e com uma finalidade justa. A cada mudança que realiza em seu interior, seus alunos realizam-na no exterior, ou seja, no rosto. Por isso se diz: "O homem inferior muda na face".

Na realidade, os discípulos e o mestre são um o reflexo do outro, e possivelmente os discípulos serão o que o mestre foi em outros tempos. Ele já passou e compreendeu; agora tem de ensinar a compreensão, assim como o ensinaram. Pouco a pouco compreenderá que a melhor forma de mudar a mente de seus discípulos será por meio do exemplo silencioso e tolerante. Na realidade, é a única coisa que poderá fazer.

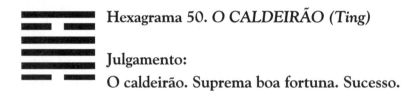

Hexagrama 50. O CALDEIRÃO (Ting)

Julgamento:
O caldeirão. Suprema boa fortuna. Sucesso.

Comentário

Para mudar as coisas, nada se compara ao caldeirão; ele é o recipiente usado para refinar o sensato, forjar sábios, cozinhar Budas e purificar adeptos. O *Caldeirão* representa a personalidade do discípulo que a oferece a Deus no altar da purificação de sua conduta. Transforma-se num Buda vivente; por que procurar fora o que está dentro de nós? Por que procurar longe o que está perto? Por que procurar a realidade fora do samsara?

No Vajrayana existem práticas de oferenda das cinco carnes e dos cinco líquidos, assim como de nossa própria essência. Isto se faz num caldeirão ou num outro recipiente chamado *kapala*. O princípio é o mesmo. Após ter transformado-se por completo por meio de sua própria revolução interna, o discípulo se oferece à divindade assim como é na sua essência e na sua pessoa. Isto é o *Caldeirão*, o momento em que temos de nos oferecer a Deus do mais íntimo de nosso ser.

Falando em termos de qualidades do hexagrama, o trigrama inferior *sun* representa o vento, a energia vital do indivíduo. Dentro do hexagrama, o trigrama nuclear *chien* é a mente iluminada, e o trigrama *tui*, tudo o que é corruptível e também a fonte de todos o elementos da santidade humana. Acima, o trigrama *li* representa o fogo da iluminação, o fogo da sabedoria que tudo transforma, o fogo da oferenda e da transformação completa do ser. Este hexagrama lembra-me muito o batismo de fogo dos apóstolos. "Suprema boa fortuna": aqui se manifesta o profundo esforço interno que ele realiza para se transformar num ser iluminado.

Imagem

O fogo sobre a madeira: a imagem do caldeirão. Assim, o homem superior, corrigindo sua posição, consolida seu destino.

"Assim, o homem superior, corrigindo sua posição, consolida seu destino." "Corrigir sua posição" é estar de acordo com as exigências do tempo; tudo muda, ele também muda, pouco a pouco compreende que não pode permanecer estático numa só posição; então corrige-a, adapta-se e, ao adaptar-se, consolida o próprio destino. Aquele que não gosta das mudanças é porque não compreende que o poder se fundamenta nelas. Esta mudança é realizada no íntimo da pessoa e, assim, sua posição exterior também muda.

Em termos de imagem relacionada aos elementos que compõem este hexagrama, temos os seguintes atributos: o trigrama primário inferior *sun* representa as qualidades virtuosas, que têm sua expressão nas raízes e no vento suave da primavera. À medida que há madeira, há fogo; à medida que renovamos nossas virtudes, nossa posição é consolidada. Nosso destino como ser humano iluminado é, desta forma, consolidado.

Se este hexagrama aparecer em sua vida: Se você não treina nenhum caminho de iluminação, chegou-lhe o momento de sacrificar sua vida, pensamentos e sentimentos por um bem maior. Procure alguma luta social, de benefício à humanidade. Se assim não o fizer, você se tornará muito depressivo e até pensará em tirar sua própria vida. Você se tornará amargo e crítico ao extremo. Tenha muito cuidado! Se estiver trilhando um caminho espiritual, procure, então, um mestre autêntico dentro de sua tradição espiritual preferida. Você tem toda a possibilidade de se iluminar!

Conselhos Gerais: Este é o momento oportuno para realizar seus sonhos e conseguir a posição tão desejada. Ainda que sua motivação seja sincera, não use métodos estranhos. Seus esforços podem não ser reconhecidos. Isto poderá causar-lhe algumas perdas, mas ao final obterá muitos ganhos. Estabilizar a vida está intimamente associado com o comportamento correto. Elimine os julgamentos e as críticas, bem como a autocrítica.

Se alguma pessoa idosa de sua família estiver convivendo com você, tente não discutir com ela. Se seus pais tiverem falecido, faça algum tipo de ritual para venerar sua memória. Use a capacidade do intelecto para observar os assuntos da vida com mais clareza, colaborar com as pessoas e ajudar os outros por meio de ações desinteressadas.

Incentive seus colegas ou funcionários com palavras bondosas, que eles responderão com mais alegria e mais eficiência. Tente não criticar muito as pessoas com as quais convive.

Negócios/Dinheiro: Momento de aplicar o seu dinheiro em investimentos de longo e curto prazo. O risco necessário trará a vitória tão desejada. Este é o momento de viajar e realizar vários contatos de negócios produtivos. Use bastante sua intuição. Cuidado com os arrivistas, especialmente os do sexo feminino. Cuide de seus livros de contabilidade: haverá problemas com fiscais tanto do governo estadual como do federal. Controle bem os documentos, principalmente os que estão ligados a impostos federais e estaduais. Mantenha tudo em ordem. Faça uma auditoria em suas contas.

Estado Emocional: Não brinque com o sentimento das pessoas, principalmente o das mulheres. Para elas, o amor e o relacionamento amoroso são muito mais significativos do que para o homem.

Saúde: Evite os resfriados; tente não se expor aos ventos; não se exceda nas comidas com muita pimenta. Não se julgue tão severamente: isto poderá lhe trazer graves problemas pulmonares. Possivelmente sinta dores no baixo ventre; é bom fazer um exame. Problemas na região dos órgãos sexuais, com possíveis infecções. Sob hipótese alguma beba álcool. Previna as infecções nos intestinos, no pulmão e na próstata. Tente descansar mais um pouco para evitar a estafa e o mau humor.

As linhas

1ª linha: **Um Ting com os pés para o alto, emborcado. É favorável remover o conteúdo estagnado. Uma concubina é aceita em virtude de seu filho. Nenhuma culpa.**

Significado

"Um Ting com os pés para o alto, emborcados. É favorável remover o conteúdo estagnado." Simples remoção de elementos que, por estarem muito tempo em nós ou junto a nós, apodreceram. Hábitos, elementos nocivos, coisas que atrapalham o desenvolvimento da consciência búdica. Rejeita-se o ruim para seguir-se o nobre. Destrói-se, para depois construir-se.

2ª linha: **Há alimento no Ting. Meus companheiros têm inveja, mas nada podem contra mim. Boa fortuna.**

Significado

Quando se trilha um caminho espiritual autêntico, a inveja estará sempre ao seu lado! Por este motivo, esconda suas realizações!

3ª linha: **A alça do Ting está alterada. Ele é impedido em suas atitudes. A gordura do faisão não é comida. Quando a chuva cair, o remorso desaparecerá. A boa fortuna virá ao final.**

Significado

No seu treinamento espiritual ou no seu desenvolvimento material, sempre encontrará obstáculos que o impedirão de agir ou de se expressar livremente, e sempre a culpa recairá sobre seus ombros. Momento de treinar a virtude transcendental da paciência.

4ª linha: O Ting com as pernas quebradas. A refeição do príncipe é derramada e nódoas recaem sobre sua pessoa. Infortúnio.

Significado

O seu treinamento interior está sendo forte demais e você não suporta! As patas do Ting quebram-se. As patas são seus suportes internos. O mais importante aqui é descansar, para depois continuar na sua obra.

5ª linha: O Ting tem alças amarelas e argolas de ouro. A perseverança é favorável.

Significado

A mudança está sendo realizada com êxito; a transformação do chumbo em ouro está se completando. Seu caráter será transformado de forma permanente!

6ª linha: O Ting tem argola de jade. Grande boa fortuna! Nada que não seja favorável.

Significado

Agora sua personalidade já reflete a vitória sobre os aspectos mais escuros dela mesma, sendo adornada com o símbolo da pureza – o jade!

Hexagrama 51. O INCITAR (COMOÇÃO, TROVÃO) (Chên)

Julgamento:

A comoção traz sucesso. O choque vem: oh oh! Expressões de riso: rá rá. O choque gera pavor num raio de cem milhas. Ele não deixa cair a colher do cerimonial de sacrifício, nem o cálice.

Comentário

O trovão representa os acontecimentos que lembram a impermanência dos seres, do universo e da nossa própria vida. Com relação aos processos de meditação, o "não deixar cair a colher cerimonial de sacrifício nem o cálice" representa a atenção aplicada ao nosso dia a dia. Ainda que estejamos passando por problemas ou estejamos vivendo um momento de indulgência, nossa mente sempre está alerta para não perder o estado de atenção. Transforma os acontecimentos no seu cotidiano em sabedoria. Pode rir, ou chorar, mas não perde seu estado de atenção. Este estado de atenção a si mesmo e ao seu meio ambiente possibilita-lhe sair sozinho das emergências que "assustam os que estão longe e aterrorizam os que estão perto".

Também representa estar preparado para preservar o relicário ancestral, ou a verdade atemporal, o conhecimento correto transmitido de mestre a discípulo, ou o próprio ensinamento deixado por nossos pais e que acreditamos ser correto. Seja um mestre, ou nosso pai, o relicário representa o melhor da nossa cultura, o que devemos preservar e que nenhum acontecimento, por mais infeliz que seja, vai privar-nos de sua posse. Ao estar preparado para manter o ensinamento, se está preparado para conduzir e proteger, sejam alunos ou filhos.

Imagem

Trovão repetido: a imagem da comoção. Sob temor e tremor, o homem superior retifica sua vida e examina a si mesmo.

"Trovão repetido": pessoas desenvolvidas praticam a introspecção com cuidado. Neste caso, as pessoas desenvolvidas são aquelas que, ligadas a uma linhagem espiritual verdadeira, tornam os acontecimentos diários como ensinamentos, não permitindo se distraírem por eles. Utilizando esses acontecimentos, dirigimos a capacidade analítica da mente para aprender com os acontecimentos externos, sejam eles conflitantes ou não. Utilizando-os, purificamos nossos padrões habituais, sejam eles físicos, emocionais ou mentais.

O "tremor e terror" a que alude o I Ching está relacionado à consciência que o indivíduo adquire sobre a fugacidade da vida e sobre a impermanência dos fenômenos, não se deixando arrastar pelos ganhos ou perdas. Este esforço diário fortalecerá o que é bom e diminuirá os aspectos neuróticos do ser. E, em função de estarem assim acostumados a este exercício de introspecção cautelosa na vida diária, o caráter é constantemente fortalecido pela meditação, tornando-se profundo e estável, gerando na consciência do indivíduo a reverência que todo homem superior experimenta diante da manifestação divina.

Se este hexagrama aparecer em sua vida: Após ter transformado completamente seu caráter, agora você tem de iniciar seu treinamento na consecução dos ritos. Porém, para fazer este trabalho, você vai se deparar com a força do universo e a visão da vacuidade, bem como estará diante do poder cósmico fundamental. Poderá manipular forças, energias, realizar atos de pura magia, mas terá necessidade de aprender. Por isso se diz aqui "primeiro, risos; depois, espanto". Mexer com as forças que sustentam este nosso plano de consciência não é para um aprendiz, mas treinando você se tornará um mestre.

Na vida comum, você poderá receber inúmeros choques, sustos; problemas baterão à sua porta. Parecerá que tudo está caindo e sendo destruído. Imagine-se no meio de um bombardeio aéreo. Então, nesse momento, o mais importante é manter-se na sua posição e não emitir nenhum julgamento. Somente espere passar o momento. Não faça absolutamente nada, já que somente vai piorar as coisas.

Conselhos Gerais: Primeiro uma comoção, depois o êxito. Momento em que muitos problemas golpearão sua porta. Mas eles remediarão seus defeitos e lhe farão entender alguns pontos fundamentais de sua vida. Momentos de incertezas e de muita ansiedade. Momento de muitas fofocas. Se a pessoa que consulta o *I Ching* for casada, o motivo de suas fofocas será o seu matrimônio. Não se deixe levar pelas fofocas. Os melhores amigos poderão ajudá-lo com conselhos úteis. Momento de perda do controle. O melhor é o não fazer.

Negócios/Dinheiro: Não realize investimentos seguindo conselhos dos outros; confie em sua própria experiência e em fatos comprovados. Não corra riscos desnecessários. Pode ser que tenha algumas perdas, seguidas de uma recuperação abrupta, que será o começo de grandes benefícios.

Estado Emocional: Não se deixe levar somente pela primeira impressão. Nestes momentos de muitas mudanças abruptas, poderá perder a paciência e também não conseguirá pensar claramente, o que lhe trará muita ansiedade e até ciúme. Proteja-se treinando meditação ou Tai Chi.

Saúde: Evite ir dormir muito tarde: a extrema preocupação poderá esgotá-lo profundamente, comprometendo a saúde do fígado e dos rins. Sob hipótese alguma beba álcool. Tente dirigir com muito cuidado: há riscos de acidentes sérios, especialmente nas estradas de alta velocidade. Redobre sua atenção nas ultrapassagens de caminhões ou veículos lentos. Não dirija à noite e muito menos quando estiver chovendo ou perto de marginais. Cuidado com os ladrões. A noite não é boa para você.

As linhas

1ª linha: **Quando o trovão vem, há alarme; depois, risos. Isto é auspicioso.**

Significado
Notemos que a primeira linha é de natureza *yang*, ou seja, espirituosa, cheia de luz, que nasce do fundo da terra. Podemos interpretá-la

de várias formas: a) uma linha *yang* em meio à escuridão assemelha-se a um Buda nascendo no meio das massas incultas; b) um estado de consciência que se torna tangível por intermédio da intuição. A força psíquica corretamente orientada para o despertar dos centros (ou chackras) espirituais.

2ª linha: **Trovão vem, perigo; lembrando que você perdeu seu tesouro, você escala nove colinas, mas não persiga isto: em sete dias você haverá conseguido.**

Significado

Neste caso, a primeira linha assemelha-se a um companheiro terrível que atemoriza. A primeira linha, *yang*, tem muita força espiritual. Esta segunda linha é *yin*: ela é material, calma, muitas vezes até inerte, e é justamente aqui que a companhia de um ser luminoso altera profundamente a vida desta pessoa, lembrando-a de como perdeu, em função de sua própria negligência, o tesouro de suas virtudes corretas e equilibradas. Neste momento de tomada de consciência, a pessoa, nesta segunda linha, sustentada na potência da linha *yang*, ascende através das "noves colinas", ou as nove portas da consciência que lhe deram a iluminação. Contudo, o I Ching vai mais longe e adverte que não é necessário este esforço para procurar estados elevados do ser, porque em "sete dias", sete anos ou sete horas (dependendo da força moral do indivíduo), ele retornará a seu estado original, em que compreenderá que nada perdeu e que tudo não passou de uma ilusão criada pelo próprio ego.

3ª linha: **O choque vem e provoca perplexidade. Caso o choque estimule a ação, permanecerá livre de culpa.**

Significado

A terceira linha *yin* está longe da primeira, que é *yang*. Isto significa que o efeito da influência desta linha é fraco. Esta situação representa alguém que necessita de autodisciplina e de praticar a introspecção cautelosa. A força sustentadora da qual a segunda linha se beneficia não pode auxiliar a terceira. Isto representa um discípulo que se afasta da companhia do seu mestre, a fim de pôr em prática as lições aprendidas em lugares distantes. A falta da companhia do mestre lhe faz perder o ímpeto que sua proximidade lhe proporcionava. Agora necessita de sua própria autodisciplina, a fim de suprir a si mesmo e colocar em ação tudo o que foi aprendido.

4ª linha: **A comoção chega ao pântano.**

Significado

A pessoa está perplexa, confusa e sem ação, como se estivesse atolada na lama. Há épocas em que o esforço interno do homem encontra tantos obstáculos, que surgem de suas próprias visões emocionais, que ele perde toda a capacidade de ação, seja ela externa ou interna. Encontra-se rodeado pela fria escuridão (trigrama *kan*), atordoado pelos acontecimentos ou lembranças negativas.

A lama também está relacionada à acomodação na sua vida (trigrama nuclear *ken*), o estado de indefinição que não lhe possibilita o reconhecimento de que está parado ou estagnado. O indivíduo está como que adormecido, não percebendo o passo seguinte a dar.

5ª linha: **A comoção vai e vem. Perigo. Porém, nada se perde, há apenas muito por realizar.**

Significado

"Trovão vai e vem – perigo." Na reflexão não há perda, mas há alguma coisa para se fazer. Aqui temos a quinta linha colocada num lugar de honra dentro do hexagrama, ainda assim ela é fraca, sustentando-se novamente numa linha yang, numa positividade fora do comum. O mesmo princípio está se repetindo, mas agora com mais consciência do que antes. No princípio, ele teve força e apoiou-se no mestre de iluminação; depois partiu, estagnou, ficou confuso; agora, novamente com consciência do perigo, ou seja, de tudo o que pode acontecer se ele abandonar a atenção permanente. Por isso se diz: "Há apenas o trabalho da prática cuidadosa da introspecção".

6ª linha: A comoção traz a ruína e desperta um espreitar temeroso em redor de si. Avançar traz infortúnio. Se o choque ainda não atingiu o seu próprio corpo, mas apenas o do vizinho, não há nenhuma culpa. Os companheiros têm assunto para conversa.

Significado

Aqui encontramos uma situação em que o discípulo não possui força de caráter que lhe faça prevenir o desastre que se aproxima. A sexta linha é por natureza fraca e, assim como no primeiro trigrama, ela já não recebe a força do segundo trovão (ou a linha *yang* embaixo). Sua força moral se perde, por isso se diz: "ele está com o olhar evasivo". Agora, se ele se prevenir, poderá atingir seu objetivo. No entanto, se ele negligenciar o aviso "os companheiros têm assunto para conversa", perderá o respeito deles.

 Hexagrama 52. A QUIETUDE (MONTANHAS) (Ken)

Julgamento:

A quietude. Mantendo imóveis as costas, ele não mais sente seu corpo. Dirige-se ao pátio e não vê sua gente. Nenhuma culpa.

Comentário

Parar a ação é repouso. Parar a quietude é ação. O mestre Confúcio dizia: "Saber parar quando se deve parar; saber se mover quando é oportuno mover-se; saber viver quando é justo viver; saber morrer quando é justo morrer – o homem que compreende este pensamento é um homem de valor".

"Ele não mais sente seu corpo": Quando um ser humano, mantendo tranquilo seu inconsciente – representado aqui por suas costas –, compreende que mente, corpo e emoções são resultado dos agregados e dos condicionamentos adquiridos, compreende, então, a lei da interdependência dos fenômenos. Quando medita profundamente, percebe que nada há que possa ser pego ou preservado da contínua mutação. Tudo está em contínuo movimento; contudo, aos nossos olhos, tudo parece muito quieto e permanente. Poros, pele, células, calor corporal, cabelos, dentes, brilhos nos olhos, memória, emoções, enfim, tudo o que compõe o ser humano está constantemente em mutação. A poeira que está em sua casa é pele do seu corpo, que incessantemente cai dele.

Movimento e quietude, ambos estão relacionados com a transcendência da consciência, que vai além do tempo e do espaço. *Chen* (trigrama nuclear) significa andar ou mover-se, ou a noção de tempo. *Ken* (os trigramas primários) representa parar ou a quietude, ou, ainda, a noção de espaço. Unindo os dois trigramas, observaremos, então, a imagem de "andar dentro de um espaço de acordo com o tempo".

A percepção do tempo está atrelada à consciência humana, que observa, seja de forma externa ou interna, que o passado, presente e futuro estão inseridos dentro do "quarto tempo" – o tempo infinito. "Andar de acordo com o tempo" implica desvencilhar-se daquilo que no budismo se conhece como "esperança e medo". O medo surge de nosso passado; a esperança, da noção de um futuro.

O passado já não existe mais, a não ser em nossa memória, o futuro é simplesmente uma especulação fantasiosa, apoiado em nossas antigas experiências, porém ele ainda não chegou e, quando se manifesta a cada segundo, ele nos surpreende, já que nunca é como imaginamos que deveria ser. Então, "andar de acordo com o tempo" é viver de forma íntegra neste eterno presente.

A noção de espaço surge em nossa consciência pela capacidade de observação da mente humana, na sua tentativa de "se encontrar" como uma entidade diferenciada dos objetos observados. É pela observação de um objeto – seja à frente ou ao lado – que a mente concebe o "eu" que observa e, se algo observa o objeto, esse "algo" existe. Que aconteceria com a mente se ela não encontrasse o objeto a ser observado? O objeto confere à mente observadora a noção da existência do "eu". A consciência do "eu" que observa confere-lhe a noção de presente, passado e futuro. Mas esta noção de tempo nada é mais do que uma lembrança, uma projeção mental sustentada na esperança e no medo. Na sua necessidade de se comunicar com o objeto observado, a mente, então, começa a criar medidas, sejam elas "nano" ou "macro". Ainda assim, tudo isso não passa de uma "criação da mente", uma lembrança caótica dos objetos observados. "Espaço" em si mesmo é somente um conceito criado pelo ser humano na sua incapacidade de apreender o que está sendo observado. O mesmo aplica-se ao conceito de "tempo".

Por último, temos dentro deste hexagrama o trigrama nuclear *kan*, que representa as visões emocionais, ou a escuridão da ignorância que permeia nossos estados mentais.

Em termos de treinamento de meditação, *ken* está ligado à ideia do desconhecido, ou o portal que comunica duas realidades: a temporal e a atemporal. Relacionado ao hexagrama *ken*, os trigramas *kan* são as visões emocionais e o movimento "descendente", e o trigrama *chen* é o movimento "ascendente".

No treinamento de meditação, os movimentos representados nos trigramas *chen* e *ken* não são divergentes, como Richard Wilhelm nos diz em sua edição brasileira, e sim complementares. O trigrama superior é o esforço interno do monge (porque *ken* também é o monge) para atingir alturas nunca por ele sonhadas anteriormente. Mas *kan* é o registro das descobertas na consciência cerebral, e *chen* é a força motriz que o impulsiona na procura constante e incansável do oculto e do remoto (trigrama *kan*), unindo a isto a persistência caracterizada pelo trigrama *ken*. Também encontramos em ken o paradoxo: "Apesar do movimento e da quietude serem aparentemente opostos, eles também interpenetram-se e não têm identidade real".

Por último, "dirige-se ao pátio e não vê sua gente. Nenhuma culpa". Em termos de meditação, "dirigir-se ao pátio e não reconhecer sua gente" indica que não encontra mais nenhum erro nos seres. A dualidade certo–errado é transmutada em quietude mental. Por este motivo, não há culpa. Sua mente torna-se equânime e serena.

Imagem

Montanhas próximas umas das outras: a imagem da quietude. Assim, o homem superior não deixa seus pensamentos irem além da situação em que se encontra.

Duas montanhas estão uma perto da outra, cada uma descansando em seu lugar. Em cada uma delas a vida como um todo inicia-se, desenvolve-se e transforma-se; tudo isso segue leis que governam o universo. Desse mesmo modo acontece com cada ser humano que nasce, se desenvolve e se transforma a cada dia.

O homem santo morando no corpo da calma não pode ser perturbado pelas agitações dos seres humanos comuns. Quando o santo sábio compreende a impermanência dos fenômenos, adquire um espírito pacífico que elimina de seu íntimo todo vestígio de dúvidas, anseios, temores, etc. Por isso, "ele não deixa seus pensamentos irem além da situação".

Como o mestre Morihei Hueshiba dizia: "O rio não ri da montanha, porque ela é quieta e não se move; a montanha não ri do rio, porque ele sempre se move por baixo". Conhecendo nosso próprio destino e vivendo em harmonia com ele, tornamo-nos imperturbáveis.

Se este hexagrama aparecer em sua vida: ele convida você a treinar a meditação silenciosa, seja ela cristã ou budista. Também nos pede que exercitemos a calma em todas as ações do dia, que esqueçamos nossos preconceitos, que mantenhamos calmos nossos pensamentos e palavras. Diz que devemos simplesmente realizar qualquer atividade de forma muito consciente e silenciosa. Também nos pede para não desperdiçarmos energia vital, e que nossos atos sejam realizados dentro do corpo da ética e da moralidade.

Conselhos Gerais: Este é o momento oportuno para realizar muitos treinos de meditação e quietude mental. Escutar canto gregoriano, dedicar-se ao jardim, às artes plásticas ou a qualquer atividade que inclua trabalho com as mãos. O ideal seria realizar trabalhos em madeira ou argila. Isto trará muita paz mental.

Negócios/Dinheiro: Seja leal em suas sociedades, treine a calma, fale devagar, pense e reflita antes de emitir opiniões. O mais importante é emular a imagem das montanhas em seu dia a dia. Não assuma riscos: este momento é para deixar que tudo siga seu curso normal, sem alterar nenhum rumo. Se quiser pressionar, não terá êxito.

Estado Emocional: Não é necessário persuadir as pessoas com falsos esquemas. O mais importante é passar uma imagem de tranquilidade e clareza de pensamentos. Neste momento as pessoas se unirão a você de forma espontânea.

Saúde: Preste atenção ao fígado e aos rins. Você pode ter problemas nos pés; cuidado para não cair.

As linhas

1ª linha: **Mantendo imóveis os dedos do pé. Nenhuma culpa. É favorável uma constante perseverança.**

Significado

"Mantendo imóveis dos dedos dos pés": Parar os impulsos antes de perder a correção não permitindo satisfazer os próprios impulsos, mantendo-se dentro dos limites do correto, pensando, agindo, refletindo, seguindo o caminho do meio, não dando vazão aos seus instintos, refreando os pensamentos negativos antes de eles agitarem o seu coração.

2ª linha: **Mantendo imóveis as pernas. Ele não pode salvar aquele a quem segue. Seu coração não está alegre.**

Significado

Elas querem seguir. A mente não está feliz. As canelas assemelham-se aos homens que não possuem vontade própria e que seguem indiscriminadamente os outros, ainda que eles percebam que estão seguindo o homem errado. Ele não tem força interna para resolver todos os problemas que se lhe apresentam; então, o mais importante é se nutrir com leituras corretas, prática da moralidade, vida metódica, treino de meditação e boas companhias.

Esta linha também está relacionada aos impulsos do inconsciente que sustenta todo ser humano. As canelas estão próximas dos pés, e estas duas partes do corpo estão representadas pelas linhas quebradas, o que significa que são negativas. Neste caso, a natureza instintiva do discípulo ou aprendiz está tomando conta de seu ser, por isso ela "se rebela". Este movimento contra, deixa a mente "infeliz".

3ª linha: **Mantendo imóvel o quadril. Rigidez na região do osso sacro. Perigo. O coração sufoca.**

Significado

"Rigidez na região do osso sacro": esta inflexibilidade não permite observar a realidade tal qual ela é. A inflexibilidade torna a pessoa violenta consigo mesma e com os outros, daí o "perigo". No interior do meditante, tenta-se manter uma situação antinatural, forçada, por isso "descansa sobre uma espinha quebrada". Por consequência, a quietude não é o produto da compreensão das leis que governam o mundo, e sim da imposição de um caráter forte, tornando, por esse motivo, a sua própria vida insuportável, por isso se diz "o coração sufoca". Compreender que a tranquilidade não pode ser forçada, e sim surgir da compreensão. Tranquilidade forçada causa problemas internos.

4ª linha: **Mantendo imóvel o tronco. Nenhuma culpa.**

Significado

Volta à sua situação original. Ele se esquece dos seus aspectos negativos, que tantos problemas lhe causaram nas linhas anteriores. Este é um bom momento para treinar a meditação e a quietude interna.

5ª linha: Mantendo imóveis as mandíbulas. As palavras estão em ordem. O arrependimento desaparece.

Significado

A imagem de parar as mandíbulas é feita com equilíbrio e correção. O quinto lugar é o coração: a voz do coração se expressa pelas mandíbulas. Neste caso, as mandíbulas expressam corretamente o que o coração sente. Ele analisa o efeito que produz ao falar e evita palavras desnecessárias.

6ª linha: Quietude magnânima. Boa fortuna!

Significado

Aqui a calma chega a desenvolver-se de forma profunda e sem nenhum artifício. Por ser esta a sexta linha, temos aqui aquele homem que está abandonando o mundo. O primeiro passo foi dado: subiu ao pico da iluminação de acordo com as leis e, em pouco tempo, terá de retornar ao trabalho para iniciar mais uma nova caminhada. Conquistou e realizou os seus desejos: a serenidade interior é atingida, e tudo o que é feito está bem feito. Mantendo a paz conquistada, trata todos com muita cortesia. Momento feliz.

Hexagrama 53. *DESENVOLVIMENTO GRADUAL (Chien)*

Julgamento:
Desenvolvimento. A jovem é dada em casamento. Boa fortuna! A perseverança é favorável.

Comentário

A jovem é a compaixão; o casamento é "viver a compaixão". Levando este pensamento ao treinamento da iluminação, não é possível acordar a compaixão de forma instantânea. Torna-se um processo gradual, lento de tomada de consciência, de observação do sofrimento humano e de todos os seres.

A perseverança é favorável, já que ela é o caminho da transformação da neurose básica do ser humano. Esta transformação é lenta (trigrama *ken*), mas poderosamente transformadora. O casamento é que toda transformação interna deve ser demonstrada na vida comum. "A perseverança é favorável", porque, ainda assim, terá de realizar um esforço contínuo em direção ao que é bom.

Imagem

Uma árvore na montanha: a imagem do desenvolvimento. Assim, o homem superior mantém-se no caminho da dignidade e da virtude para que haja uma melhoria dos costumes.

Árvores numa montanha crescem gradualmente; seu crescimento não é notado por aqueles que olham para elas. Assim é também com aquelas pessoas que vivem sensatamente e de forma virtuosa. Quando existem árvores imensas numa montanha, a montanha aumenta de altura. Quando existem pessoas desenvolvidas vivendo sensatamente e de forma virtuosa numa área, o modo de vida do local desenvolve-se.

Ser persistente como as árvores crescendo nas montanhas, constantemente treinando e de forma lenta, porém incansável. Não pára, não se detém, mas o desenvolvimento é constante – este é o símbolo da árvore. Outro ponto importante de ser meditado: "o segredo". A árvore não fala para ninguém sobre o seu desenvolvimento; este se dá de forma oculta, e é por isso que a árvore se torna tão firme.

Na imagem, a árvore se desenvolve na montanha, lugar forte e solitário, onde o clima é severo, onde o alimento é escasso. A montanha representa o acúmulo de virtudes. Uma árvore se desenvolvendo numa montanha de virtudes será praticamente indestrutível e um grande exemplo para a humanidade. Contudo, também uma pessoa que desenvolve os defeitos de uma forma duradoura como uma árvore acima da montanha será vista por todos, promovendo, assim, sua própria ruína.

Caminhar no corpo da dignidade de forma vagarosa, já que nada tem de mostrar a ninguém. Árvores na montanha crescerão vagarosamente. Seu desenvolvimento não é da noite para o dia – esta é a imagem do *Desenvolvimento Gradual*.

Internamente temos dois trigramas que mostram por que o desenvolvimento deve ser lento e gradual. No trigrama nuclear superior encontramos *li*, o fogo, a razão, a inteligência discriminativa, poder. Formando parte dele mesmo, encontramos o trigrama nuclear inferior *kan*, a água, a paixão e as visões emocionais distorcidas; são dois elementos contraditórios. Então, fica evidente que o trabalho lento e gradual de acúmulo da virtude requer o intermédio da inteligência discriminativa aplicada aos estados emocionais aflitivos.

Se este hexagrama aparecer em sua vida: Ele mostra que tanto o êxito como a derrota são o produto de um trabalho árduo em acumular pequenas coisas (montanha). O desenvolvimento humano, desde o momento de sua fecundação no útero materno até seu último dia de vida, é um acúmulo do que é pequeno. Contudo, é o homem que, em sua consciência ou inconsciência, decide a cada segundo qual será o fruto de toda a sua vida: a glória de uma vida dedicada a fazer o bem em toda a sua plenitude ou o inferno de uma vida dedicada a satisfazer-se como um simples animal. Este hexagrama mostra este ponto de desenvolvimento. A montanha pode ser de virtudes ou de vícios. A árvore que é incansável em sua persistência pode acumular alimentos de virtude ou vício. A árvore é sua mente; a montanha, o ambiente em que você vive.

Conselhos Gerais: Evite falar ou manter diálogos insubstanciais. Medite sobre o karma das palavras fúteis; evite críticas e não se preste a comentários inúteis. Evite pessoas que em nada ajudam o seu desenvolvimento espiritual. Realize todos os seus afazeres de forma metódica e regulada. Devagar e sempre em direção ao alto, assim como as árvores crescem nas montanhas.

Negócios/Dinheiro: Estude atentamente a motivação dos investimentos, que não sejam unicamente motivados pelo ganho; que seus investimentos sejam bem planejados e que tenham um objetivo elevado.

Estado Emocional: Momento de abalos emocionais. Evite deixar-se levar pelas suspeitas. Sua mente é muito aguda e poderá lhe criar trapaças, provocando muito ódio em seu coração. Os ciúmes e a agressão poderão aparecer com muita violência. Seu agir, suas palavras e seus julgamentos devem estar sustentados pela calma e pelo raciocínio lógico.

Saúde: Preste atenção aos rins e à bexiga, pois pode haver inflamação neles. Olhe o seu coração.

As linhas

1ª linha: **O ganso selvagem aproxima-se gradualmente da margem. O jovem filho está em perigo. Há comentários. Nenhuma culpa.**

Significado

"Há comentários": sua conduta pública gera movimento de dúvidas entre as pessoas que ele serve ou com quem convive. Por ser esta a primeira linha, o mais importante é o treinamento gradual, silencioso e meticuloso.

2ª linha: **O ganso selvagem dirige-se gradualmente aos rochedos, comendo e bebendo em paz e harmonia. Boa fortuna.**

Significado

De forma gradual, atinge os lugares mais estáveis; ainda que não sejam especiais para os gansos, os rochedos são as ideias que foram percebidas ao longo do caminho e que, depois de um longo esforço pessoal, pode-se comprovar que participam da verdade. "Comendo e bebendo em paz" é como, depois de um longo e extenuante retiro de meditação, o discípulo esvazia-se de conceitos e de fórmulas, dando para si um descanso merecido. Espera o tempo certo para agir. Se não trabalhar, não come.

3ª linha: O ganso selvagem dirige-se pouco a pouco ao planalto. O homem parte e não regressa. A mulher está grávida, mas não dá à luz. Infortúnio! É favorável prevenir-se contra ladrões.

Significado

O seu caminhar ainda é cauteloso e consistente. É importante que reprima ainda o que há de negativo em sua consciência; que não se alie a pessoas que falam mal do Dharma; que restrinja o homem inferior ainda mais, mas que não o leve ao extremo da dureza. "O homem parte e não regressa." Isto é o homem superior: quando parte, não olha para trás. "A mulher grávida que não dá à luz": a consciência cotidiana ainda não reflete a luz pura do Buda. Momento de depressão tanto física como espiritual: o melhor remédio é treinar bastante meditação. Não desperdice suas energias fazendo coisas sem sentido.

4ª linha: O ganso selvagem dirige-se pouco a pouco à árvore. Talvez encontre um galho plano. Nenhuma culpa.

Significado

"Andar entre árvores" ainda indica estar num terreno cheio de inconvenientes, em que os fantasmas de nosso passado e todo tipo de visões perturbam nossa mente. Assim, ele não pode descansar. Ainda assim, não possui culpa; simplesmente está percorrendo o caminho.

5ª linha: O ganso selvagem dirige-se pouco a pouco ao cume. Durante três anos a mulher não tem filhos. Ao final, nada poderá impedi-la. Boa fortuna!

Significado

O cume do autoaprimoramento é a meta para aqueles que seguem a vida de Buda. Após seus esforços e com a paciência cujo reflexo é este hexagrama, ele conquista seu lugar de honra. A mulher não ter filhos é a própria personalidade que, ao ser receptiva aos impulsos do Buda interno, não engendra mais elementos psicológicos que perturbariam a paz adquirida com demasiado esforço.

Agora, se diz que "ao final nada poderá impedi-la", porque há um momento em que a personalidade torna-se a esposa fiel do Buda interno, gerando, assim, em profunda harmonia com ele, filhos maravilhosos (ou atitudes maravilhosas), que ajudarão o discípulo a servir os outros.

6ª linha: O ganso selvagem dirige-se pouco a pouco à altura das nuvens. Suas penas podem ser usadas na dança sagrada. Boa fortuna!

Significado

No final do progresso gradual, compaixão e método estão completamente combinados; tendo transformado o inferior em superior e gradualmente progredido onde não é mais possível o progresso, o embrião espiritual está completamente desenvolvido. Havendo progredido em paz e segurança, é tempo de descansar e parar de trabalhar para cultivar as práticas. Agora, é necessário realizar os rituais de evocação e invocação. Por isso se diz: "As plumas podem ser usadas para cerimônias. Boa fortuna".

Hexagrama 54. A JOVEM QUE SE CASA (*Kuei mei*)

Julgamento:
Empreendimentos trazem o infortúnio. Nada que seja favorável.

Comentário

Este hexagrama nos mostra que o desenvolvimento gradual iniciado no Hexagrama 53 ainda não foi completado. Por esse motivo, iniciar algo quando ainda não conseguimos terminar o anterior, ou quando ainda não recolhemos os frutos de nossos esforços é completa perda de tempo. A jovem esposa aqui está associada com uma mudança completa de situação, assim como uma menina solteira que entra numa nova família, onde imperam regras muito diferentes daquelas a que ela estava acostumada quando solteira.

Esta imagem aplica-se a quando mudamos de cidade, de país, de atividade profissional, de situação financeira, etc. Também no campo espiritual acontece desta forma: queremos ingressar numa comunidade espiritual ou iniciar uma disciplina de transformação. Então, deveremos nos submeter a mudanças completas de nosso caráter. Empreender algo novo nesta situação seguramente trará muitos transtornos à nossa vida. O infortúnio aparece se nossa motivação estiver errada. Nossa ação não pode ser exclusivamente guiada pelos desejos irrefletidos.

Imagem

O trovão sobre a terra: a imagem da jovem que se casa. Assim, o homem superior toma consciência do transitório à luz da eternidade do fim.

No Surangama Sutra encontramos: "Quando o *bodhisattva* contempla a impermanência, deleita-se com esta visão; quando o homem comum contempla a impermanência, fica louco". Associado a este dito, a transformação também implica perda da situação em que a pessoa se encontra. Este momento na vida do discípulo está retratada em todas as provações a que todos os grandes mestres da humanidade foram submetidos. Todos tiveram de abrir mão de tudo o que foi conquistado para serem possuidores das riquezas espirituais às quais aspiravam.

Algo muito significativo que este hexagrama retrata está contido nos relatos da vida do santo Milarepa, em que são narradas as terríveis provas a que foi submetido por seu mestre Marpa, antes que este pudesse conferir-lhe as mais altas iniciações tântricas. Para ter abundância, ele tem de se transformar, e a transformação em si mesma é perda da situação atual. Conquistando e perdendo. Perdendo e conquistando.

Certo dia um mestre me disse: "O homem não entende que o que ele veio aprender nesta vida é acostumar-se a perder, não a ganhar. As pessoas enlouquecem querendo ganhar, sem saber que perdem constantemente e, ao fim da vida, terão definitivamente que abandonar tudo".

O trovão é o impulso ascendente; porém, quando reverbera, após algum tempo ele morre. O lago é tranquilo; ele reflete a luz do céu – esta é a imagem da eternidade. Então, temos duas entidades: uma que se faz sentir momentaneamente e depois morre e uma que reflete a eternidade. Assim tem de ser a via do homem superior: não adianta iniciar coisas que são como o trovão, muito estardalhaço para depois morrer. O inferior tem de morrer para refletir o eterno.

O modo com que as pessoas desenvolvidas fazem as coisas é que, antes de gastarem tempo perguntando como começar algo, elas primeiro consideram os últimos resultados. Se pensam sobre os últimos resultados, elas sabem o que está errado por agirem prematuramente, por isso ele toma consciência do transitório (trovão: nascer, morrer), da luz (trigrama nuclear *li*: olhos, inteligência, iluminação da eternidade, lago que nunca muda) e do fim (a morte do trovão).

Se este hexagrama aparecer em sua vida: Saiba que o motivo pelo qual você está vivo é para aprender a transformar-se. Ganhar objetos, dinheiro, posses, fama, reputação é bom, mas não é o essencial. Saiba que no fim tudo o que você conquistou terá de abandonar. Contudo, se você conquista a sabedoria e a compaixão, elas o acompanharão pela eternidade. Acostume-se a esta ideia.

Conselhos Gerais: Semana em que predomina pouco a fazer. Pequenas coisas podem ser feitas; grandes coisas, não.

Negócios/Dinheiro: Não corra riscos desnecessários. Controle os seus gastos.

Estado Emocional: Tranquilo. Evite palavras duras que levem a brigas. Evite a ansiedade; ocupe seu tempo livre estudando e meditando: isto acalmará o fluxo emocional.

Saúde: Problemas de fígado. Evite frituras e cuidado com comida picante ou estragada.

As linhas

1ª linha: **A jovem que se casa como concubina. Um aleijado que pode andar. Empreendimentos trazem boa fortuna.**

Significado

Numa situação de subserviência (concubina), estando em segundo lugar, o que fizer será recompensado, mas não muito. Lembre-se do que o Buda disse: "Se quiser entender as pessoas, coloque-se no lugar delas". Então, o que uma concubina realmente pode ganhar? Pouca coisa. Ser forte e ainda estar numa posição inferior é como uma jovem garota se casando como concubina ou segunda esposa. A jovem menina humilha-se como concubina: o tempo não é certo, mas sua virtude é correta e ela não faz nada que não seja próprio. "Um aleijado que pode andar": ainda sua forma de manifestar-se entre as pessoas não é completa, mas é correta; é incapaz de avançar, mas pode aprender com seus colegas mais experimentados.

2ª linha: **Alguém com uma só vista ainda pode ver. A perseverança de uma pessoa solitária é favorável.**

Significado

Por fora, seu comportamento terá de ser humilde. Ainda tem de aprender a forma de servir os outros para torná-los Budas. Por dentro, ele sabe que isto é necessário: isto é chamado de "claridade". A escuridão é o trigrama nuclear *kan*; a iluminação, o trigrama nuclear *li*. Os dois alternam-se; por isso a ideia de um caolho: por momentos, a visão está escura e não existe compreensão; outras vezes, a visão é clara e iluminada. Ao compreender isto, ele adota a posição de uma pessoa humilde que não pode proferir julgamento nenhum sobre nenhum tema específico. Por isso se diz: "A perseverança de uma pessoa solitária é favorável". A sua visão interior, suas crenças, suas opiniões, seus preconceitos, enfim, tudo o que você pode ou pensa que entende é parcial, assim como uma pessoa que enxerga com um olho só. Então, desconfie um pouco de suas certezas e persevere naquilo que é correto.

3ª linha: **A jovem que se casa como escrava. Ela se casa como concubina.**

Significado

Num momento de fraqueza, os elementos externos o confundem e ele perde a orientação interna que sempre o caracterizou. Aceitou momentaneamente o falso e prejudicou o real. Isto é como "uma jovem que se casa como escrava": perde o sentido de direção. Contudo, ao compreender esta situação interna, ele espera, concentra-se novamente e modifica sua orientação. Por isso se diz: "Ela ainda não ocupa a posição adequada".

A sua situação aqui é lamentável: é um escravo, mas de quê? De suas sensações, desejos, caprichos. Não quer mudar, então sua situação é de escravidão. A escravidão é interna, não externa. Está associada ao trigrama *tui*, a pessoa que fala sem propriedade, usa mal o dom da palavra. Ainda assim, é admitido como um colaborador inferior. Observando a retidão, não tente impor os seus pontos de vista de forma violenta. Antes de tomar uma decisão, pense muito sobre as suas consequências.

4ª linha: **A jovem que se casa prorroga o prazo. Um casamento tardio virá no seu devido momento.**

Significado

Quando se é forte mas suave, purificando-se, esperando o tempo apropriado, isto é como uma garota demorando até o momento apropriado para se casar: "um casamento tardio virá no seu devido momento". A sua realização completa virá de acordo com o tempo e no seu tempo correto. "A disposição interior que leva a prorrogar o prazo indica o desejo de aguardar algo antes de partir".

Isto indica abandonar a mentalidade humana comum para restaurar a mente de Buda. Isto engendra os seguintes dizeres: "atingir a mais alta vacuidade"; "manter a mente concentrada e quieta, como se as miríades de coisas agissem num concerto"; ainda assim, ele espera o tempo apropriado para retornar à mente original.

Neste momento, você compreendeu que tudo tem seu próprio tempo; então, não precisa se apressar para nada. Por este motivo, o *I Ching* diz "prorroga o prazo": pouco a pouco compreende que neste mundo tudo deve ser feito em seu tempo justo. Então, também não se preocupa tanto com os acontecimentos.

5ª *linha:* **O soberano I dá sua filha em casamento. As vestes bordadas da princesa não eram tão suntuosas como as da serva. A lua, quase cheia, traz boa fortuna.**

Significado

Ser flexível e receptivo com a mente aberta, humilde e deferente ao nobre sábio. Ainda esperando e procurando o que é correto é como o imperador casando sua filha mais jovem, mas o vestido da imperatriz não está tão bem como o da jovem esposa. Equilibrando-se com a ajuda do outro, mesmo o ignorante será iluminado e o fraco será forte. Isto também é como a lua interagindo com o sol; capaz, assim, de brilhar. A lua (ou sua personalidade) complementa-se e interage com a luz do Buda interno.

No campo espiritual, o que você conseguiu ainda não é tão importante. Sua psique está em fase de transformação. As suas virtudes têm o brilho de uma lua que está por ficar cheia. Ainda assim, sua luz é tênue. Momento de grande renovação. Momento feliz.

6ª *linha:* **A mulher segura a cesta que, no entanto, não contém frutos. O homem apunhala a ovelha, mas não corre sangue. Nada é favorável.**

Significado

Ele consegue relacionar-se com seu mundo somente de uma forma fútil e sem sentido. Realiza todos os seus trabalhos, mas não conhece o seu conteúdo. Na tradição espiritual relacionada ao Tai Chi Chuan, as pessoas que não receberam ensinamentos diretamente dos mestres da tradição copiam seus movimentos, mas não conhecem seu conteúdo. A forma que eles expressam está vazia.

Dentro das tradições espirituais existem os rituais. Quando o oficiante não acredita no ensinamento místico, ou não recebeu instruções precisas de seu mestre, seu ritual não surte efeito nenhum e é completamente vazio. "A mulher segura a cesta que, no entanto, não contém frutos". Novamente se extravia, realiza atos insubstanciais, assim com uma cesta que está destinada a carregar frutos, mas não contém nada. A cesta, assim, de nada serve.

"O homem apunhala a ovelha, mas não corre sangue". Realiza os ritos de sacrifício, pede aos antepassados; no entanto, por sua vida estar passando um momento escuro, ele realiza atos que nada têm a ver com a realidade: seus atos são insubstanciais.

Ainda assim, ele espera. A ação do tempo lhe trará a fortuna e a clareza de pensamento que necessitará para continuar seu trabalho. Assim, ele aprende a conhecer o que está errado, pensando nos resultados últimos; é com estes pensamentos que ele se modifica no presente.

Hexagrama 55. ABUNDÂNCIA (PLENITUDE) (Fêng)

Julgamento:

A abundância tem sucesso. O rei atinge a abundância. Não fique triste. Seja como o sol ao meio-dia.

Comentário

É interessante que o *I Ching* nos diz, num momento, que conseguimos tudo o que nos queríamos, mas ele inclui a ideia "não fique triste". Este é o sentimento que todo ser humano tem quando chega ao seu objetivo. É um sentimento de que algo também foi perdido, as pessoas foram deixadas para trás, sentimentos não correspondidos, palavras não faladas.

Este hexagrama contém em seu núcleo o trigrama *tui*, palavras, o trigrama *li*, percepção clara, e o trigrama *sun*, pensamentos. Porém, acima deles está o trigrama *chen*, que indica alguém ultrapassando tudo isto, abandonando, indo embora; por isso, a tristeza. As festas, as palavras bonitas, os pensamentos carinhosos, as belas pessoas, tudo é deixado para trás e, nesta percepção da profunda impermanência, o homem superior fica melancólico.

O *I Ching* também nos diz "seja como o sol ao meio-dia": ele sempre estará iluminando, ele sempre retornará. Assim é o homem superior: conhecerá outras pessoas, outros momentos, falará outras palavras e também terá de abandoná-las. Como o sol faz, um dia após o outro.

Imagem

Trovão e relâmpago surgem: a imagem da abundância. Assim, o homem superior decide processos e executa as penas.

Decidir processos e executar penas está relacionado a todos os momentos que o ser viveu e que não compreendeu. Ele examina a luz de sua consciência e também aqui abandona todo pensamento, palavra e ato que lembre coisas amargas ou recordações tristes. O trovão e o relâmpago representam a rapidez com que efetua as mudanças.

Se este hexagrama aparecer em sua vida: É um momento para colocar a sua casa interna em ordem. Você já conseguiu muitas coisas e também guardou muitas lembranças. Agora, não olhe para trás; continue caminhando. Continue se relacionando, fazendo novos amigos, mas não se lamente por aqueles que já não o acompanham mais. Lembre-se: a vida humana não passa de um sonho. Se for um bom sonho ou um pesadelo, isto depende exclusivamente de você!

Conselhos Gerais: "Decidir processos" está relacionado com analisar friamente antigos problemas de dinheiro ou emocionais que podem ter sido mal resolvidos, tanto na família como na empresa onde trabalha. "Executar as penas" é definitivamente eliminar de sua vida todo elemento que, seja por lembranças ou porque tem de conviver diariamente com ele, tem de suportar. Então, executando as penas se libertará das aflições ou das incompreensões que o fizeram sofrer no passado. Neste mês, terá de treinar muito a calma mental, porque muitas sensações e desejos inesperados o assaltarão.

Negócios/Dinheiro: O maior ato de generosidade é compartilhar a riqueza com os mais necessitados. O êxito nos negócios é certo. Melhor ainda é ser feliz.

Estado Emocional: Momento de romance. Não ordene: aceite de bom grado o que se lhe oferece, faça arranjos florais, poesias, pintura. Diga com o coração aquilo que nunca conseguiu dizer. Ao menos tente; o tempo de nossa vida é muito curto para desperdiçá-lo com sentimentos negativos. Lembre-se da impermanência.

Saúde: Preste atenção ao esgotamento nervoso, que ainda persistirá, e ao fígado, que poderá se inflamar. Preste atenção também à região da bexiga.

As linhas

1ª linha: **Quando um homem encontra o governante que lhe é destinado, podem permanecer juntos dez dias e isso não será um erro. Ir provoca o reconhecimento.**

Significado

Há um momento que devemos reconhecer que não podemos estar ao lado de uma pessoa que nutre nosso espírito ou a nossa vida de forma constante. Um mestre me disse: "Quando estamos muito perto do nosso mestre, acabamos ficando muito longe dele, porque começamos a observar todos os seus defeitos, mas se nos separamos de forma saudável, guardamos em nosso espírito as melhores lembranças; então estamos sempre perto dele".

2ª linha: **A cortina é tão densa que se pode ver a estrela polar ao meio-dia. Seguir adiante provocará desconfiança e ódio. Se o despertarem pela verdade, a boa fortuna virá.**

Significado

Momento de completa escuridão, a única forma de salvar esta pessoa é que escute as verdades que um bom amigo tem a lhe dizer. Somente isto o salvará do infortúnio.

3ª linha: **O arbusto é tão denso que se veem pequenas estrelas ao meio-dia. Ele quebra seu braço direito. Nenhuma culpa.**

Significado

Impedido de agir (quebra seu braço, não pode trabalhar), é obrigado a refletir sobre sua conduta errada; não compreendeu as verdades que lhe foram ditas. O arbusto representa os pensamentos emaranhados e inconsequentes.

4ª linha: **A cortina é tão densa que se pode ver a estrela polar ao meio-dia. Ele encontra seu governante, o qual se lhe assemelha. Boa fortuna!**

Significado

Apesar de estar completamente perdido na sua escuridão interna, ele encontra um bom mestre, que passará a lhe mostrar o caminho. A palavra "governante" indica que seu mestre será muito enérgico. A boa fortuna tem a ver com a energia do mestre.

5ª linha: Linhas chegam, bênçãos e fama aproximam-se. Boa fortuna.

Significado

Passou o momento de escuridão. Agora a verdade começa a transformar sua vida. Por isso "benção e fama aproximam-se". Ao estar rodeado de pessoas muito boas, benção e fama chegam.

6ª linha: Sua casa encontra-se na abundância. Ele esconde sua família, espreita pelo portão e já não percebe mais ninguém. Durante três anos ele não vê mais nada. Infortúnio!

Significado

Não conseguiu entender que a abundância provinha das bençãos. Isto é muito normal nas pessoas imaturas. Pedem a Deus que lhes dê fama e fortuna; quando Deus lhes confere isto, simplesmente o abandonam. Abandonando os homens santos (causadores da boa fortuna), ele se vê completamente abandonado até por seus seres mais queridos.

Hexagrama 56. O VIAJANTE (Lü)

Julgamento:
O viajante. Sucesso por meio do que é pequeno. A perseverança traz boa fortuna ao viajante.

Comentário

Este hexagrama fala de princípio e término, assim como o fogo no topo de uma montanha. O fogo no topo de uma montanha é visto por todos, mas dura pouco tempo. Por quê? Porque lhe falta espaço para desenvolver-se, oxigênio para respirar. Neste caso, alguém na sua família ou na sua empresa, ou você mesmo, sentirá falta de espaço para desenvolver-se ou expressar-se.

Este problema se fará sentir na medida em que as condições forem se tornando insustentáveis, ou seja, na medida em que o oxigênio vai se esgotando. Conforme isto aconteça, acontecerão sentimentos e pensamentos negativos; por este motivo é que o hexagrama fala de "aplicar justiça". Aplicar justiça numa família não quer dizer aplicar castigos ou ser duro com os demais, e sim aplicar justiça com sua família interna, que são todos os seus vícios, pensamentos com os quais se acostumou; em suma, todos os condicionamentos psicológicos que nos tornam melhor numa atividade e pior numa outra.

Os sentimentos negativos são os criminosos, a inteligência esclarecedora é o juiz. Os sentimentos negativos têm de ser castigados de forma rápida e violenta, pelo juiz claro e objetivo da mente iluminada. Na prática espiritual, o uso da clareza (fogo) é para quebrar as ilusões; ser cauteloso e não abusar desta clareza é a via para se chegar à verdade. Por intermédio da clareza e da cautela, o falso é afastado e o verdadeiro, encontrado; então, a pessoa pode parar de esforçar-se e relaxar.

Também não prolongar litígios em nossa vida aplica-se a eliminar as causas de suspeitas, que dão origem aos ciúmes e futuras agressões. A alegria está fora e manifesta-se de forma eloquente, mas por dentro há dúvidas, temores e incertezas. Diz o *I Ching*: "Se você não sabe parar a tempo e continua inquietando-se, chamará de volta as ilusões e produzirá doença mental".

Momentos de introversão, momentos de profundo silêncio. Alegria por fora; medo e incertezas por dentro. Críticas por fora, teimosia por dentro. A agressão que se expressa surge de um falso sentimento de orgulho. O fogo está associado à capacidade de olhar claramente os erros cometidos; as penalidades estão associadas à própria autocorreção.

Imagem

Fogo sobre a montanha: a imagem do viajante. Assim, o homem superior é claro e cauteloso ao aplicar castigos, e não prolonga os litígios.

A montanha é como uma pousada; a pousada é o próprio corpo do mediante: o fogo é como o viajante. Internamente o viajante é a capacidade de auto-observação, associada à compreensão representada pela luz do fogo e à prudência representada pela estabilidade da montanha. Estas virtudes são utilizadas para inspecionar a si mesmo e não se permitir que estados neuróticos se manifestem. Não prolongar litígios e não demorar muito na aplicação das práticas virtuosas que transformam nossos hábitos.

Se este hexagrama aparecer em sua vida: Evite ser o dono da verdade; não julgue, a não ser a si mesmo; não critique, a não ser a si mesmo; não force os outros a mudar – mude você primeiro! Comprometa-se com a verdade em seu interior. Tente observar os acontecimentos de forma imparcial, assim como um viajante que, estando num saguão de espera num aeroporto, observa todo o desenrolar das milhares de situações, sem tomar partido por nenhuma.

Conselhos Gerais: Evite intrometer-se nos problemas alheios, ainda que lhe peçam para emitir opiniões, não o faça. Esta é uma época de tristeza. Nesta semana, o mais importante é não viajar, não se expor. Tenha muito cuidado com o fogo, as críticas, a agressão pelas palavras duras. Não emita julgamentos, por mais certos que lhe possam parecer.

Negócios/Dinheiro: Certifique-se de que o seu dinheiro esteja bem aplicado; não caia no conto do vigário; não invista, e o que está investido pode ser perdido. Então, o mais importante é precaver-se e estar muito seguro daquilo que faz com o dinheiro. Pode ser que precise de ajuda jurídica.

Estado Emocional: Neste momento, é importante estar rodeado das companhias de seres queridos. Ainda assim, poderá receber críticas que poderão magoá-lo muito e fazê-lo perder a estabilidade emocional. Evite beber álcool.

Saúde: Preste atenção: o esgotamento nervoso poderá afetar os intestinos, assim como produzir inchaços no ventre. Época de muito cansaço.

As linhas

1ª linha: Se o viajante ocupa-se de coisas banais, atrai sobre si a desgraça.

Significado

Perde a inteligência, distrai-se com as ilusões do plano astral, fica absorto nas miragens e no mundo das aparências sensoriais, confunde a realidade com a ilusão, perde a sua grande aspiração e prejudica-se. Neste momento perigoso, tente vigiar suas tendências.

2ª linha: O viajante chega a uma hospedaria. Traz consigo seus pertences. Ele conquista a perseverança de um jovem servidor.

Significado

Encontra novamente seu equilíbrio, volta ao seu lugar apropriado. Isto é como "chegar a uma hospedaria com dinheiro no bolso". Mesmo misturando-se com seres inferiores, é capaz de evitar ser influenciado por eles. "Ele conquista a perseverança de um jovem servidor": em termos de mente contemplativa, ele encontra pensamentos "semente" que o ajudarão nos caminhos da meditação profunda. Em termos de poderes espirituais, ele realiza treinos dos protetores de sabedoria.

3ª linha: A hospedaria do viajante incendiou-se. Ele perde a perseverança de seu jovem servidor. Perigo.

Significado

Novamente perde o controle da situação: por ser novato neste tipo de situação, ele perde a calma interna e tenta estar calmo externamente, ele "perde a perseverança do seu jovem servidor". Os seus aliados se desvanecem; ele tenta ser firme demais; não compreende o uso da flexibilidade, por isso perde o lugar do repouso. "A hospedaria do viajante incendiou-se". Na sua vida social, ele corta com todos os relacionamentos e perturba os ignorantes com seu exemplo.

4ª linha: **O viajante descansa num abrigo. Ele obtém sua propriedade e um machado. Meu coração não está contente.**

Significado

Após compreender seus erros e que a causa do perigo está nele mesmo, ele outra vez torna-se forte e iluminado, reencontra o controle, completa-se a si mesmo, mas não sabe completar os outros. Pode criar relacionamentos com quem quer que seja, pode construir a virtude e acumular boas ações sem dificuldade. Isto é "descansar num abrigo". Entretanto, apesar de estar rodeado de pessoas negativas, a pessoa tem recursos e ferramentas, isto é: "ele obtém sua prioridade e um machado". Porém, se não houver ninguém que compreenda os seus ensinamentos, não poderá preencher sua aspiração e, assim, seu coração não estará feliz. Este tem sido o caso de vários mestres orientais que vêm ao Ocidente, mas não encontram discípulos que possam compreender o seu ensinamento.

5ª linha: **Ele atira num faisão. Este cai à primeira flechada. Ao final, isso lhe traz elogios e um cargo.**

Significado

Após compreender o seu tempo, torna-se receptivo, aberto e equilibrado. Estes três princípios simbolizam "atirar num faisão" e também significam usar a iluminação para resolver todo e qualquer problema. Ele "cair na primeira flechada" simboliza que não usa a força para resolver problemas ou questionamentos. Por consequência, iluminação e suavidade geram por parte dos outros "elogios e encargos". Ele compreende interiormente, num momento, que não precisa acelerar nenhum processo e que, ao contrário, o caminho suave é deixar as coisas serem como são, sublimando-se, não se perdendo, nem se deixando levar pelos outros. Compreende que a sua própria virtude é suficiente para influenciar o mundo e mover as pessoas, e por isso ao final o reconhecem externamente.

6ª *linha:* O ninho do pássaro é incendiado. Primeiro o viajante ri, mas depois há de lamentar-se e chorar. Por um descuido, perde sua vaca. Infortúnio.

Significado

Muitas vezes os professores confundem a observação intelectual com a sabedoria. E então, utilizam o intelecto erradamente, criticando os outros, mas não criticando a si mesmos. Esta crítica não beneficia os outros e prejudica a si mesmo. Isto é como "o ninho do pássaro é incendiado": primeiro há risos; depois, tristeza. Começou empregando a clareza, terminou por destruí-la. "Por um descuido perde sua vaca": por um descuido perde a sua docilidade. Isto é inevitável, por isso se diz que a viagem mostra que a compreensão última das coisas ainda não é completa.

 Hexagrama 57. A SUAVIDADE PENETRANTE *(Sun)*

Julgamento:

A suavidade. Sucesso por meio do que é pequeno. É favorável ter aonde ir. É favorável ver o grande homem.

Comentário

A característica do trigrama sun é aquilo que se introduz lenta, humilde e suavemente na vida de um discípulo. Existe uma prática para principiantes de meditação zen em que o aspirante tem de cumprir cem dias de prática contínua, a fim de preparar o lugar de meditação, de forma que ele mesmo tome gosto pelo ato de meditar. Nesses cem dias, as energias atraídas pelo meditante transformam lentamente sua psique. Muitos problemas surgem, antes de completar o período; na maioria das vezes, o que mais atrapalha é a preguiça que surge pela falta de hábito e pela indisciplina, que formam parte do neófito. Junto com estes problemas, algo mais acontece. A compreensão do porquê se deve meditar vai se incorporando pouco a pouco no caráter; o supérfluo vai se eliminando da sua vida; ele se interessa pelos sutras, pelas companhias que o ajudam a se superar, percebe na sua consciência quão medíocre era sua vida até então. É assim que a cada dia ele continua sua prática de meditação, até que não reconhece mais aquele ser que há um tempo iniciou uma prática que nada exigia dele, a não ser cinco minutos por dia para ficar de cara frente ao muro. O poder de *sun* assim se manifesta, ele representa o eterno que não precisa se apressar, porque sabe que é a alfa e o ômega, o princípio e o fim – o poder que torna os homens Budas sem nunca saberem que são, porque se introduziu tão fundo em sua psique que o fato de ser Buda é seu estado natural.

Imagem

Ventos que se sucedem: a imagem da suavidade penetrante. Assim, o homem superior transmite a todos suas ordens e executa seus empreendimentos.

Transmitir as ordens está relacionado à mente do discípulo, que se submete de forma suave à disciplina imposta por seu caminho espiritual. Transmitir também está associado ao ato de ensinar e de aprender e, neste contexto, o ensino e o aprendizado referem-se às disciplinas espirituais, que se transformam em ordens que o espírito acata livremente, sendo assim transformado.

Neste preciso momento, esta autodeterminação incluirá um reajuste das aspirações mentais, emocionais e físicas do caminhante, e este ajuste (se for realizado corretamente) lhe proporcionará a liderança sobre si mesmo e sobre todas as neuroses que atá agora o dominavam.

Por isso se diz: "Articula claramente suas tarefas" (sabe o que tem de ser realizado) e, ao levá-las a sério (equilibradamente), o povo (seus caprichos e instintos) o segue espontaneamente. O povo também são seus discípulos.

Se este hexagrama aparecer em sua vida: Se você realmente entendeu o Hexagrama 56, então agora está pronto para ser escutado e transmitir a todos o seu conhecimento. O mais importante é ser suave, gentil, persistente, humilde. Se você treinar ao menos estas virtudes no seu dia a dia, sua vida será permeada sempre pela alegria e pelo entusiasmo, e todos os seres estarão em harmonia consigo.

Conselhos Gerais: Neste momento de sua vida, o mais importante é ser submisso, tranquilo, suave e gentil. Reflita sobre as decisões a serem tomadas e depois aja energicamente: não permita que a indecisão lhe crie problemas. Quando começar algo, vá até o fim. Quando completar o seu trabalho, descanse. Existem possibilidades de desentendimentos e conflitos doutrinários, ou divergências de pontos de vista que levarão à separação. Evite levar as discussões até o fim.

Negócios/Dinheiro: Momento de grandes investimentos e grandes lucros. Se o consulente for um empregado, haverá possibilidades de ser promovido. O grande ensinamento deste hexagrama é retratado pela atividade do vento suave, persistente, contínuo e gentil. Ainda assim, consegue o seu objetivo.

Estado Emocional: Se tiver dúvidas, não se comprometa.

Saúde: Preste atenção às infecções nos órgãos genitais, em especial a uretra, ou a inflamação nos intestinos por comer verduras ou saladas mal lavadas. Você pode contrair moléstias pulmonares, mas nada será grave.

As linhas

1ª linha: **Ao avançar e ao retroceder, é favorável a perseverança de um guerreiro.**

Significado

"Ataca suas dúvidas com a resolução de um soldado." Ele está trabalhando para disciplinar-se, por isso se diz: "Ao avançar e ao retroceder, é favorável a perseverança de um guerreiro". "Avançar e retroceder" são as características das dúvidas que assolam a mente do aspirante à iluminação. Percebe um mundo novo a ser descoberto, mas mentalmente ainda está aferrado aos hábitos antigos que o arrastam à inércia e ao abandono. Somente a disciplina de um soldado poderá tirá-lo desta indecisão. É justamente aqui que o discípulo tem de invocar o auxílio da vontade, que o ajudará a persistir no caminho.

2ª linha: **Penetração sob a cama. Sacerdotes e magos são utilizados em grande número. Boa fortuna! Nenhuma culpa.**

Significado

Na versão brasileira de R. Wilhelm, encontra-se na segunda linha a seguinte explicação: "Penetração sob a cama. Sacerdotes e magos são utilizados em grande número". Na versão chinesa dos mestres da escola Tao Yuan, diz-se o seguinte: "É necessário usar escritos para registrar as ações e meios para comunicar sua própria seriedade". Ambas as expressões (a brasileira e a chinesa) a meu ver são corretas, porque, ao serem os magos, os intermediários entre deuses e homens usam uma forma muito peculiar de comunicação entre este mundo e o mundo além. Consiste em escrever, em chinês antigo, as características do iniciado num papel especial e, logo depois, por meio de uma cerimônia de apresentação do iniciado aos deuses, este papel é queimado junto ao incenso e às preces, acreditando-se que, com esta incineração, o espírito da letra junto com as invocações chegarão ao mundo dos deuses. Por consequência, as ações e os meios estão ligados ao ritual de iniciação. Os magos são os sacerdotes, e os mestres são os que preparam a psique do iniciante para estes mistérios.

3ª linha: **Penetração repetida. Humilhação.**

Significado

Esta linha representa alguém forte numa posição de força, mas que não é obediente. Ele tenta aprender a obedecer; no entanto, sua própria natureza é a causa de sua derrota. Assim, seu objetivo é frustrado sempre, por isso humilha-se. Esta linha está relacionada com um intelecto poderoso, mas cheio de conhecimento dos outros. Neste caso, a intuição não é fértil. Conhece, duvida, tenta acreditar, mas o seu próprio intelecto cria as dúvidas que lhe frustram a tentativa de acreditar. Por isso "repetida penetração. Humilhação".

4ª linha: **O remorso desaparece. Durante a caçada, três espécies de caça são capturadas.**

Significado

Quando temos uma linha *yin*, a flexibilidade aparece. Este, no entender dos mestres budistas, é o ponto principal para a verdadeira obediência. Esta linha *yin* gera o trigrama nuclear *li*. Se, por um lado, *li* são as armas, ele também é a inteligência iluminada, e a alegria de estar ao lado de um senhor forte e equilibrado (a quinta linha *yang*) se faz presente. Assim como o intelecto, que na linha anterior estava sendo a causa do infortúnio, agora, corretamente orientado, ele produz a iluminação. Por este motivo é que no budismo mahayana toma-se como base da iluminação a própria ilusão. O intelecto, que ontem criava problemas, hoje torna-se iluminado.

As três caças estão relacionadas com a disciplina que o meditante adquiriu e que o fez dominar o corpo físico, o emocional e o mental, transformando-o em um ser único e completo, que depois servirá ao senhor da quinta linha.

5ª linha: **A perseverança traz boa fortuna. O arrependimento desaparece. Nada que não seja favorável. Nenhum começo, porém um fim. Antes da mudança, três dias. Depois da mudança três dias. Boa fortuna!**

Significado

Há pureza de caráter; o meditante alia-se a seu senhor, ele está no seu lugar correto, mas muitas vezes pode ser que esta correção e bênção sejam passageiras, até por ser mesmo esta a característica do principiante. Percebe a meta final, penetra um pouco no mundo dos iluminados; contudo, seu próprio karma o impede de permanecer neste estágio por muito tempo.

6ª linha: **Penetração debaixo da cama. Ele perde seus bens e seu machado. A perseverança traz infortúnio.**

Significado

Neste caso, sua mente está confusa e, ao retroceder ao mundo das formas, volta com mais força do que antes. Perde-se outra vez. Os fenômenos o ameaçam de tal forma que, para o budismo chinês, este estado do ser se denomina "intuição aberrante", ou seja, a sua capacidade de intuição é colocada a serviço da estupidez da vida.

"Penetração sob a cama" é o retorno ao inconsciente instintivo. "Perder seu machado" é perder a capacidade de discriminação entre o certo e o errado. Perde seus bens, ou seja, perde o que conquistou – suas virtudes. O infortúnio aqui aparece porque se desviou ou ao menos renunciou a tudo o que tinha adquirido anteriormente.

 Hexagrama 58. LAGOS REPETIDOS, A IMAGEM DA COMPLACÊNCIA (Tui)

Julgamento:
A alegria. Sucesso. A perseverança é favorável.

Comentário

Neste hexagrama, a alegria manifestou-se em dose dupla: sustenta-se na alegria (trigrama inferior) e movimenta-se entre os homens alegremente (trigrama superior). A característica do trigrama *sun* é a penetração vagarosa no mundo natural; poderíamos dizer que é representado pelo vento suave da primavera e pelas raízes que, pouco a pouco, adaptam-se ao seu meio ambiente, persistindo no seu afã de chegar ao lugar mais recôndito.

A persistência na conquista de um ideal é ponto fundamental para poder descobrir a si próprio e compreender os outros. O verdadeiro caminho de descoberta hoje em dia tem de ser praticado e comprovado aos poucos, persistentemente, a fim de podermos nos modificar completamente. Por consequência, *sun* oferece ao Hexagrama *Tui* a possibilidade de sustentar essa alegria, por ter sido adquirida aos poucos e, ao mesmo tempo, estar sustentada pelo trigrama *li*; o fogo, ou a inteligência, ou a própria iluminação que radica no íntimo do ser humano. Nada mais interessante do que afirmar justamente neste hexagrama o que Sidarta Gautama, o Buda, sempre afirmava: "Você é Buda; a iluminação está dentro do seu coração".

Li também corresponde ao coração e aos olhos, assim como também à alegria que surge da compreensão do estudo dos ditos do passado. *Tui* é a alegria sustentada num caráter flexível, suave, penetrante (*sun*) que, por sua vez, está sustentado por *li*, a inteligência esclarecedora e iluminadora, proporcionando, assim, um caráter que, ao se manifestar entre os homens, produz até o esquecimento de si próprio. *Tui* representa o estar completo. Isto é possuir *ching* (ou energia seminal), *chi* (ou energia elétrica) e *shen* (ou energia espiritual).

Este estado de plenitude produz alegria porque, de acordo com os mestres, sejam eles de Tai Chi Chuan, de meditação taoísta ou de budismo esotérico, quando se possui *ching* completo, não se tem mais desejos sexuais. Quando se possui o *chi* completo, não se sofre mais de fome e, quando possuímos *shen*, ou a energia espiritual, não temos mais necessidade de dormir, porque estamos perfeitamente acordados.

A alegria está sustentada pela prática do que é correto: suas palavras, seu meio de vida, seus pensamentos, a vida deste ser humano está transmutada. O óctuplo caminho de Buda é praticado inconscientemente, sendo esta a causa pela qual conduz as pessoas a perceber de forma alegre o caminho da disciplina e da ajuda mútua.

Quando a força está equilibrada, não há egoísmo tendencioso sustentado em desejos emocionais. Quando a flexibilidade está no interior e manifesta-se por meio de um caráter bondoso, não há lugar para a beligerância ou a violência. Se o povo é guiado por esta virtude, que fadigas não esquecerá? Quando nós mesmos percebemos o valor prático do caminho da virtude, que sacrifício torna-se difícil de aguentar? É neste princípio que se sustentam todos os grandes instrutores da humanidade ou todos aqueles que, por meio de seu próprio sacrifício, guiam os povos a um destino melhor. É esta convicção interna que lhe permite sorrir onde o homem comum choraria e pediria clemência. Esta é a grandeza da alegria. O povo ou um indivíduo, ao ser colocado em contato com ela, inspira-se e muda para melhor.

Imagem

Lagos que repousam um sobre o outro: a imagem da alegria. Assim, o homem superior reúne-se a seus amigos para debater e praticar.

"Lagos um perto do outro" é a imagem da assistência mútua. Onde houver lagos juntos é impossível que exista seca e que o seu meio ambiente não se desenvolva. Assim acontece com os seres humanos: o caminho feito somente por uma pessoa torna-se sacrificado demais, triste, melancólico. No entanto, quando essa mesma pessoa tem alguém para conversar e debater, quantas coisas bonitas podem se descobrir! O universo não foi feito unilateralmente: o ser humano foi criado para complementar-se com seu oposto; que amarga é a vida do solitário, daquele que, na sua ilusão, pensa que nada lhe faz falta e que se satisfaz a si próprio! Todo mundo terá em algum momento de sua vida algo de bom para compartilhar; seria muito triste ter de cantar vitória sozinho. Este é o maior problema do ser humano hoje em dia: temos tudo o que a inteligência nos pode oferecer, mas nosso coração está vazio, estéril, cada vez mais endurecido pelo egoísmo e pelos preconceitos.

Este hexagrama nos propõe justamente o contrário, a assistência mútua, a alegria fundamentada na sobriedade do caráter e da consciência. O amor sem paixão, a procura do conhecimento das realidades em grupo, assistindo-se mutuamente na alegria, sentimento este que todo aquele que viveu em irmandade já experimentou. Saber que estamos trabalhando para o bem comum, por um ideal de ajuda ao outro. Estudar, trabalhar, sacrificar-se, olhar-se nos olhos do companheiro e sorrir, sabendo que a nossa vida tem sentido, que não estamos aqui à toa, mas para servir e assistir o nosso irmão. Penso que esta é a mais alta procura do ser humano. Lutar por uma posição na sociedade, qualquer ser humano inteligente consegue, à custa de seu próprio sacrifício e do sacrifício dos outros, porque, invariavelmente, ele terá de mentir e enganar seus colegas, ou seja, terá de ser extremamente egoísta e inteligente. Poucos são os que têm a capacidade de se esquecer de si mesmos para sustentar a felicidade dos outros, e ainda assim, na adversidade, sorrir alegremente.

Se este hexagrama aparecer em sua vida: Ele possui dois sentidos básicos: o primeiro está relacionado com a vida comum dos seres que procuram a satisfação em tudo o que fazem. Isto poderá levar você à ruína e ao desgaste prematuro de sua vitalidade. Sua vida se tornará um inferno e sentirá que já não possui mais liberdade de ação, assim como se sentirá profundamente afogado e sem ar. Contudo, no campo espiritual, este hexagrama representa a qualidade interna de uma pessoa calma, alegre e contente com sua situação, que reflete em sua vida a serenidade do espírito e de suas emoções. Você terá de decidir o que fazer.

Conselhos Gerais: Este é o momento em que predomina a verdade e a honestidade. A felicidade é um estado da mente que é pouco distraído por pequenas influências externas. A felicidade verdadeira não depende dos objetos externos, e sim da própria tranquilidade. Por outro lado, é o momento em que muitas paixões e desejos nos assaltam e, quando nos vemos proibidos deles, nossa tranquilidade é perturbada.

Negócios/Dinheiro: Momento de compartilhar a sua riqueza. Use-a para tornar felizes os que estão ao seu redor e a si próprio. Quem segura muito suas riquezas é avaro, e a avareza é o sinônimo da solidão e do desprezo dos outros, assim como é o motivo de que os ladrões estejam por perto.

Estado Emocional: Não é necessário fazer muitas festas ou viver de festa em festa: isto apenas esgota nossa energia. O mais importante é cultivar a serenidade de espírito para poder apreciar o prazer verdadeiro nas pequenas coisas.

Saúde: Preste atenção em possíveis intoxicações alimentares ou por água contaminada. Não se exceda nas bebidas destiladas, nem nos picantes.

As linhas

1ª linha: Alegria contente. Boa fortuna!

Significado

Forte e ereto, harmoniza-se sem imitações; sustenta-se a si próprio – esta é a alegria correta. Está livre do egoísmo, livre das dúvidas, consciente de sua própria budeidade, possivelmente em estado de inocência, frente a frente com seu rosto original. Presságio feliz, momento de concórdia e sem sentimento nenhum de egoísmo. Leva as coisas à conclusão por ser humilde e sincero.

2ª linha: Alegria sincera. Boa fortuna. O arrependimento desaparece.

Significado

Sustentado por uma linha luminosa, indica fortaleza e clareza interna, equilíbrio e sinceridade no exterior. Linha quebrada: isto indica confiança em seus próprios objetivos e grande confiança no mundo que o rodeia. Percebe o bom e o belo em seu íntimo e em seu meio ambiente.

3ª linha: Alegria que chega. Infortúnio.

Significado

A substância interna é perdida ou não existe, mas inutilmente possui o desejo de agir no exterior como se tivesse esta substância, apesar de que haverá pessoas para gozar de sua companhia, e prontamente perceberão que ela tenta mostrar o que não possui. Por consequência, desentendimentos acontecerão, e isto é porque boas pessoas não gostam de artificialidades nem de um caráter astucioso e malicioso.

Momento de problemas; momento não merecido. Ainda assim, não procure alianças com qualquer pessoa, não se desmereça.

4ª linha: **A alegria que avalia não está tranquila. Depois de se livrar dos erros, um homem encontra a alegria.**

Significado

A alegria que depende da aprovação dos outros deixa a mente intranquila, não se sabe o que fazer, não se descansa, há dependência. A única forma para se eliminar este estado duvidoso é mediante a firme decisão de tornar-se independente, ser rápido, não hesitar. Só nesta condição você será abençoado. A verdadeira alegria está unida à paz mental.

5ª linha: **Ser sincero para com influências destrutivas é perigoso.**

Significado

É sincero, possui a força que destrói as influências negativas, é equilibrado e correto. Sua sinceridade foi desenvolvida num alto grau e, por esse motivo, promove o caminho correto para que as pessoas boas mudem ainda mais seus comportamentos e sigam somente o que é bom. Possui as qualidades e está na sua posição: sua influência é grande.

6ª linha: **Alegria sedutora.**

Significado

Neste caso, encontramos uma pessoa cujo estado mental não é claro; tenta arrastar as pessoas por meio da adulação e das palavras fúteis, ela em si é insubstancial e, querendo a felicidade para si e para os outros, procura-a no lugar errado.

Hexagrama 59. *DISPERSÃO OU SEPARAÇÃO (Huan)*

Julgamento:
Dispersão. Sucesso. O rei aproxima-se de seu templo. É favorável atravessar a grande água. A perseverança é favorável.

Comentário

O trigrama *sun* é o vento no céu e as raízes na terra. O trigrama *kan* são as nuvens e chuva no céu e os oceanos na terra. *Sun* no ser humano é o pensamento que tem a capacidade de indagar e penetrar nos mistérios do céu e da terra. Dentro do contexto do treinamento interior, tanto para os budistas como para os taoístas, *sun* é o sopro vital, ou *chi*. Os taoístas utilizam-no para atingir a longevidade e estados de consciências elevados. Os budistas utilizam os ares vitais para atingir o estado de iluminação. Diferentes terminologias, porém o mesmo conteúdo.

Kan dentro do contexto humano está associado ao sangue e à energia ancestral. Também dentro da sabedoria do taoísmo representa a energia que herdamos de nossos ancestrais e, para o budismo, representa a força do apego egocêntrico. Elas não são contraditórias.

No contexto do *I Ching*, "o rei aproxima-se do templo". Quando aparece a palavra "rei" no *I Ching*, trata-se de um hexagrama de governo, ou seja, se sai este hexagrama para uma pessoa que consultou o *I Ching*, então ela estará obrigada a voltar-se para si mesma e transformar, pelo poder do pensamento, todo o apego egocêntrico. Este trabalho não é fácil; contudo, chegou-lhe o tempo e ela não pode mais desperdiçá-lo.

Por isso o *I Ching* diz: "é favorável atravessar a grande água", ou seja, é uma empreitada perigosa. "A perseverança é favorável" no caminho do bem.

Imagem

O vento sopra sobre as águas: a imagem da dispersão. Assim, os reis da antiguidade ofereciam sacrifícios ao Senhor e construíam templos.

"Oferecer sacrifícios" pode ser aplicado a vários contextos externos ou internos. Temos as ações do dia a dia, que o discípulo oferece ao seu mestre. Isto dentro da tradição budista vajrayana é a ioga do guru.

Também dentro do mesmo contexto temos as oferendas, ou sacrifícios, que podem ser externas, internas, secretas e de talidade. Construir *stupas*, templos, monastérios, publicar os cânones e os livros litúrgicos também são considerados "sacrifícios", assim como oferecer a si mesmo e todas as nossas posses ao Santo Dharma, quando sabemos que estamos por morrer. Em síntese, oferecer todo o resultado de nosso esforço aos mestres é um ofício sagrado ("*sacro ofício*").

Se este hexagrama aparecer em sua vida: Este é o momento mais especial de sua vida para iniciar de forma decidida um empreendimento de cunho espiritual. Procure um guia ou mestre. Não tenha medo. Não esgote sua vitalidade em futilidades. A felicidade está na calma e no contato espiritual com um mestre verdadeiro. Mestre imaginário não o ajudará nos momentos difíceis de sua vida. É hora de procurar sua família espiritual.

Conselhos Gerais: As pessoas se separam, a dissolução pode ser dos problemas ou da virtude. Este hexagrama tem dupla interpretação. Podemos observar a dissolução do egoísmo humano por meio de rituais religiosos em memória dos antepassados e de cerimônias religiosas, pela construção de templos. Também podemos observar a dissolução da energia vital trazendo muitos problemas de saúde e esgotamento nervoso. Tente reunir as pessoas que se separaram. Seja sincero em todas as suas atividades. Cuidado com pessoas falsas. Você pode se deparar com intrigas, querelas, desencontros e acusações que lhe revelarão o caráter mesquinho das pessoas. É melhor, no entanto, tentar resolvê--los de forma enérgica logo no início, senão eles lhe trarão problemas sérios num futuro próximo. Corrija os problemas no início. Trabalhe para o bem comum. Evite qualquer forma de violência. Cuidado para não dirigir à noite ou em dias de chuva intensa pelas marginais. Especial atenção às ultrapassagens de caminhões. Não corra; possíveis atrasos.

Negócios/Dinheiro: Momento oportuno para investir e obter novos recursos. Evite a violência. Prepare-se para momentos difíceis.

Estado Emocional: Momento de atividade que produzirá muito cansaço. O mau humor e estados de ânimo depressivos que reinarão no seu ambiente podem contagiar o seu caráter. Treine um pouco de meditação e não se identifique emocionalmente com o momento. Perceba que cada um tem o que plantou; não se preocupe em demasiado. Retire-se no seu interior, seja calmo e, no seu exterior, seja enérgico. Escute música clássica ou religiosa calma. Evite pensamentos em que predomine o ódio ou a melancolia.

Saúde: Você poderá ter pequenos problemas de rins e de bexiga. Faça análise de sangue e observe o fígado. Esteja atento para não pegar nenhum tipo de infecção na uretra. Faça um exame de coração só para se prevenir. Segure a ansiedade; tente descansar ou se recolher antes das 23 horas. Evite o álcool e a carne de porco.

As linhas

1ª linha: **Ele traz ajuda com a força de um cavalo.**

Significado
Se você realmente encontrou um amigo espiritual ou seu mestre, ele poderá ajudá-lo a encontrar a via espiritual, e esta ajuda será muito poderosa.

2ª linha: Durante a dispersão, ele corre em direção ao que lhe dá apoio. O arrependimento desaparece.

Significado

Dissolvendo seu egoísmo, procura ajuda nos textos sagrados e nas práticas auxiliares. Busque ajuda por meio de conselhos: isto poderá trazer-lhe bastante tranquilidade.

3ª linha: Ele dissolve seu ego. Nenhum arrependimento.

Significado

Dissolver o ego é realmente uma tarefa muito árdua, mas muito gratificante. Faça-o sem arrependimentos. Não olhe para trás. Quando está trabalhando, está concentradamente trabalhando: não se desvia com falsas suposições. Quando está com a família, não deseja estar em outro lugar. Esquecendo-se de si mesmo, todos ao seu redor ficam felizes.

4ª linha: Ele se separa de seu grupo. Sublime boa fortuna! Pela dispersão, chega-se à acumulação. Os homens comuns não pensam nisso.

Significado

Se você se separar de tudo aquilo que é ignóbil e vil, amparado pela sabedoria dos grandes mestres e pela prática da virtude, recebe todas as bênçãos celestiais. As pessoas comuns não conseguem sequer pensar nisto. Confia mais em si mesmo, mantém em sua mente os seus ideais espirituais: isto somente um homem superior pode realizar. "Aquele que tem a coragem de renunciar o que está próximo conquista o que está distante." Isto é, trabalhando arduamente no presente, limitando-se no presente (porém sem amarguras), assim conquistará o seu sonho.

5ª linha: Seus fortes gritos dissolvem como o suor. Dispersão! Um rei permanece sem culpa.

Significado

Por estar realizando um empreendimento além de suas forças, muitas vezes é necessário tomar uma atitude muito enérgica, simbolizada pelo grito. Mas esta atitude enérgica está a serviço da iluminação. Então este rei não pode ter culpa nenhuma, já que ele está transformando seu ser por meio do seu sacrifício, simbolizado aqui pelo suor. Deixa fluir suas ideias sem preconceitos.

6ª *linha:* Ele dissolve seu sangue. Partir, manter-se afastado, sair não envolve culpa.

Significado

Ele dissolve por completo o apego egocêntrico aos prazeres e às satisfações que seu instinto lhe causam. "Partir" é eliminar de si mesmo qualquer traço de negatividade. "Manter-se afastado" significa que já nada neste mundo pode lhe criar problemas. "Dissolver o sangue" é dissolver as causas que poderiam gerar derramamento de sangue.

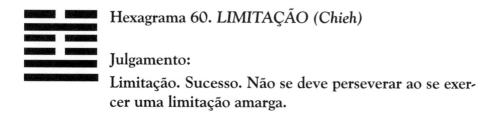

Hexagrama 60. LIMITAÇÃO (Chieh)

Julgamento:
Limitação. Sucesso. Não se deve perseverar ao se exercer uma limitação amarga.

Comentário

As limitações servem para frear impulsos que nos levam a sofrer e a fazer os outros sofrerem. Contudo, há momentos em nossas vidas em que precisamos descansar um pouco em nossas disciplinas, descanso este que nos fará recuperar as forças para continuarmos no treinamento com mais vigor e resolução.

Quando o santo Milarepa treinou nas cavernas das mais altas montanhas do Tibete, ele levou a limitação ao seu ponto mais amargo. Não queria cozinhar nem se alimentar corretamente, porque achava que isso era perder tempo. Então, seu mestre, o realizado Marpa, conhecendo esta disposição de Milarepa, deu-lhe uma pequena carta, em que lhe explicava que, quando não tivesse mais forças para meditar e quando a meditação não fosse mais produtiva, certamente que era pela falta de alimento. Depois de passar esta penúria é que Milarepa entendeu que a limitação deve ser equilibrada com o descanso, para depois continuar-se na disciplina escolhida.

Neste hexagrama, a limitação acontece em suas palavras (trigrama *tui*) e ações (trigrama *chen*). O poder limitador é o trigrama *kan*, que indica confusão mental e medo. Então, o mais importante a entender neste hexagrama é que a limitação serve para a transformação do caráter, mas não deve ser usada sem consciência. A única coisa que ganharemos com este tipo de disciplina é aumentar nossa neurose, seja ela manifestada pela arrogância ou pela sensação do fracasso.

Imagem

Água sobre o lago: a imagem da limitação. Assim, o homem superior cria número e medida, examina a natureza da virtude e da conduta correta.

Ao examinar "número e medida", o discípulo encontra neles a ação do tempo. Falar quando é tempo de falar, agir quando é tempo de agir. A ação é calma; as palavras, sinceras: este é o método que expressa a conduta correta, disciplinada pelo exercício da virtude. Assim como em todas as atividades humanas comuns sempre encontramos uma medida reguladora, o homem superior examina a luz de sua consciência, a natureza da virtude e da conduta correta e, examinando a si mesmo, encontra o ponto de equilíbrio que não permite que as emoções aflitivas interfiram em seu desenvolvimento espiritual. Desta forma, desenvolve-se sem excesso nem perdas, e o comportamento virtuoso pode ser compreendido e transmitido.

Se este hexagrama aparecer em sua vida: O mais importante neste hexagrama é compreender que, depois de ter realizado um trabalho espiritual consigo mesmo, isto ainda não é o suficiente. O glorioso mestre Padma Sambhava – ou Guru Rimpoche para os tibetanos – sempre ensinava que, por mais que fosse uma pessoa iluminada, em nenhum momento quebraria a lei do karma. Isto é sugestivo. Hoje encontramos muitos Rimpoches que pensam que podem manipular os seres à sua vontade, constantemente enganam-se e enganam os demais, criando, assim, karmas profundamente negativos e arrastando outros em sua estupidez. A limitação implica que, por mais que você possa ser uma pessoa culta, benevolente ou um iluminado, terá sempre de controlar seu caráter. Quanto mais poder interior, mais responsabilidade e compaixão exteriores.

Conselhos Gerais: Saiba parar. Nesta semana poderá ser humilhado e sentir dor. Aceite os sofrimentos que foram causados pelo seu próprio agir. Não limite demasiadamente as pessoas: pratique as limitações que impõem aos outros. Muitas limitações causam conflitos e dor.

Negócios/Dinheiro: Não gaste dinheiro com superficialidade, pois poderá ser humilhado. Antes de gastar, um pouco de planificação é bom. Riscos: Não queira voar demasiado alto ainda não chegou o momento.

Estado Emocional: Momento de instabilidade emocional. Agressão e ódio podem afetar sua vida Não discuta, não ofenda, mantenha a calma e leia obras literárias diferentes de seu trabalho: isto o fará relaxar, assim evitará problemas de interpretações erradas. Não alimente ilusões vãs, pois elas lhe farão sofrer.

Saúde: Pouca energia; bebidas alcoólicas muito geladas causam dano aos rins. Preste atenção aos intestinos e às dores de juntas.

As linhas

1ª linha: **Não ir além da porta e do pátio não implica em culpa.**

Significado

Ele é forte, tem energia interior, mas compreende que ainda não pode tomar nenhuma atitude. Simplesmente refreia seus atos e não se manifesta. O mais importante neste momento é ser extremamente prudente.

2ª linha: **Não ir além do portão e do pátio traz infortúnio.**

Significado

Em termos de oportunidades, aqui a pessoa está na posição de agir e também tem as qualidades da força e do equilíbrio. Contudo, ela, por medo, aferra-se a suas pequenas conquistas e apega-se a pequenos regulamentos; por isso se diz: "Não ir além do portão e do pátio traz infortúnio". Ele perde o momento crucial.

Neste momento você tem de ser muito enérgico.

3ª linha: **Aquele que não conhece limitação alguma terá motivo para lamentar-se. Nenhuma culpa.**

Significado

Em termos de oportunidades, isto significa primeiro ser indulgente com os sentimentos e fazer o que lhe agrada, sem saber como regular a si mesmo. Depois, os problemas virão, e você vai se lamentar à toa. Você mesmo se prejudicou e não pode culpar ninguém; por isso se diz: "Lamentos por ter negligenciado a limitação. De quem é a culpa?". Se controlar suas paixões, a energia novamente se restaura; assim, poderá agir sem erro.

4ª linha: **Limitação satisfeita. Sucesso.**

Significado

O sucesso da limitação satisfeita decorre do fato de aceitar o caminho e a disciplina espiritual de bom grado. Compreendeu que a causa de sua desgraça é ele mesmo e seus sentimentos sem limites. Agora compreende o caminho superior a trilhar; assim, ele segue a conduta tranquila. Sua conduta correta e sua naturalidade lhe propiciarão momentos de calma e alegria.

5ª *linha:* **Doce limitação traz boa fortuna. Ir adiante traz estima.**

Significado

Aqui a força positiva está equilibrada e correta, na posição de honra. É alguém que lida com a situação com disciplina. Não há excesso nem falta; apenas contentamento e boas perspectivas. Isto é levado adiante sem qualquer coisa errada: assim, continuar resultará em exaltação. Em função da posição que ocupa aqui, a pessoa não pode ser obstruída pela falta de senso de oportunidade dos outros. Momento feliz: ao ocupar uma situação elevada e as regras dependerem de sua pessoa, somente agindo com calma e serenidade sua autoridade será naturalmente aceita.

6ª *linha:* **Limitação amarga. A perseverança traz infortúnio. O remorso desaparece.**

Significado

Regulamento levado ao extremo: isto é chamado de "limitação amarga". Perseverar nisto trará amargura para si mesmo e para os outros. Ele tem de compreender a importância de ceder no momento exato. Ele está no caminho correto, mas quando a correção é levada ao extremo, ele faz mal a si mesmo e aos outros. Diminuindo os excessos e mantendo as leis duras, mas fazendo-as prevalecer com um comportamento suave e gentil, nada poderá lhe ocorrer de errado. No entanto, se cometer excessos na imposição das leis, nada correrá bem. Momento para ficar muito atento.

Hexagrama 61. *VERDADE INTERIOR (Chung Fu)*

Julgamento:

Verdade interior. Porcos e peixes. Boa fortuna! É favorável atravessar a grande água. A perseverança é favorável.

Comentário

Porcos e peixes são, no âmbito externo, as pessoas que têm uma conduta incorrigível e violenta. O porco é o único animal que, devido à sua profunda ignorância e violência, vive, alimenta-se e come seus próprios excrementos. Ele é símbolo da profunda ignorância do espírito, associado ao mais profundo egocentrismo e agressão. Os peixes ou os anfíbios estão relacionados às pessoas que, em seu caráter, não dispõem de nenhum sentimento de compaixão e, ao mesmo tempo, são indisciplinados e puramente instintivos.

Os porcos estão associados às pessoas que somente pensam em comer, defecar, fazer sexo e dormir. Os peixes são os piores bandidos, vigaristas, tratantes, os maiores corruptos e que vivem neste tipo de submundo, frio, úmido e sem nenhum tipo de regras. São pessoas extremamente perigosas.

No campo do desenvolvimento interno, existem tipos de sentimentos que permeiam nossa consciência e que nos tornam como essas pessoas. Na tradição budista, existem os três venenos, que justamente estão representados por estes animais: a ignorância fundamental, pelo porco; o ódio que permeia, pela serpente ou pelos anfíbios, e a agressão violenta e quente, pelo galo.

Aqui no *I Ching* se diz: "a perseverança é favorável", ou seja, a persistência no caminho sagrado é necessária.

Imagem

Vento sobre o lago: a imagem da verdade interior. Assim, o homem superior debate questões penais de modo a retardar as execuções.

Acima está o vento, com sua capacidade de permear tudo e penetrar nos lugares mais recônditos. Abaixo está o lago, associado também aos pântanos, ou seja, os elementos que corrompem nosso caráter. "O vento sobre o lago": Permeando nossa natureza pelo poder da suavidade, encontramos os criminosos. Antes de julgá-los apressadamente, devemos estudar como se comportam, como se manifestam. Devemos entender que formam parte de nossa própria constituição psicológica. Então entendemos que também somos demônios: em vez de matá-los, devemos transformá-los, torná-los nossos serventes.

Isto está associado aos treinos mentais do vajrayana, quando invocamos as presenças coléricas dos *herukas* bebedores de sangue e estabelecemos os círculos de proteção. O trabalho a ser desenvolvido aqui neste tipo de meditação é contínuo e muito suave: é a completa transformação do ódio (peixes) e da ignorância fundamental (porcos).

Se este hexagrama aparecer em sua vida: Antes de tomar qualquer decisão de forma apressada, reflita consigo mesmo, não julgue, não mate aqueles a quem deve amar. O mais importante é perdoar e dar tempo ao tempo, para que as coisas se esclareçam por si só. Naturalmente as pessoas verão este comportamento como sendo motivado pela compaixão. Lembre que, se Deus quiser nos mostrar todos os nossos erros de uma vez só, será que teríamos força interior suficiente para suportar? Então, não se comporte como o dono da verdade absoluta.

Conselhos Gerais: Semana em que predomina a confiança, a sinceridade de propósito, a verdade, os momentos de sentimentos cálidos e profundos que atraem momentos de recolhimento e alegria. Compreender que necessitarmos uns dos outros é uma grande virtude e nos liberta de nossos defeitos causados pelo orgulho.

Negócios/Dinheiro: Momento muito oportuno para investir ou levar projetos adiante. Não corra risco nenhum. Poderão acontecer problemas que poderão durar muitos anos.

Estado Emocional: Evite palavras cuja emoção predominante seja o orgulho. Um velho ditado chinês diz: "As pessoas orgulhosas morrem sozinhas". Sendo sincero, porém suave nas explicações e no convívio, tudo será muito bom.

Saúde: Preste atenção ao funcionamento dos intestinos e do fígado: poderá acontecer algum tipo de infecção neles. Cuidado com o vento: ele destrói sua energia vital.

As linhas

1ª linha: **Estar preparado traz boa fortuna. Se há desígnios secretos, isso é inquietante.**

Significado

Para fazer um trabalho interno de transformação não pode haver sentimentos contraditórios ligados a ganhos e perdas. Não se pode comprar sabedoria. Ele deve se entregar integralmente à transformação.

2ª linha: **Um grou canta na sombra. Sua cria responde. Tenho uma boa taça. Quero compartilhá-la com você.**

Significado

Os mestres de sabedoria estão sempre querendo compartilhar conosco os ensinamentos divinos, por isso nos chamam. Cabe a nós responder a eles com sinceridade no coração. Os mestres são o grou, nós somos as crias.

3ª linha: **Ele encontra um companheiro. Às vezes, toca o tambor; às vezes, pára. Às vezes, chora; às vezes, canta.**

Significado

Difícil é compartilhar quando estamos tanto tempo sozinhos. Então, sentimos medo de nos relacionar. O melhor aqui é deixar o medo de lado e relacionar-se integralmente e com sinceridade no coração. Tocar o tambor é ter acessos de raiva. Chorar é desespero, cantar é alegria. Tudo misturado. Desequilíbrio emocional e mental.

4ª linha: **A lua quase cheia. O cavalo da parelha extravia-se. Nenhuma culpa.**

Significado

Nossa psique ainda não está tranquila, por isto não conseguimos um relacionamento duradouro. Ainda assim, isto é efeito da situação, e você não tem culpa. Perdemos contato com a nossa fonte de refúgio. Mas é passageiro, por isso "nenhuma culpa". Treine a paciência, que é a melhor amiga do sucesso, suprima os ataques de ciúmes ou raiva.

5ª linha: **Ele possui a verdade que tudo interliga. Nenhuma culpa.**

Significado

Encontrou a docilidade dentro dele. Seu coração está momentaneamente livre da influência dos porcos e peixes.

6ª linha: **O canto do galo eleva-se até o céu. A perseverança traz infortúnio.**

Significado

Se confia por demais nas palavras mas não pratica o conteúdo, assemelha-se a um galo que canta anunciando o amanhecer, mas que não pode voar até o céu. Anuncia (fala), porém não tem experiência do que fala. Se tentar utilizar a força em qualquer tipo de empreendimento, não obterá êxito.

Hexagrama 62. PREPONDERÂNCIA DO PEQUENO (*Hsiao Kuo*)

Julgamento:
A preponderância do pequeno. Sucesso. A perseverança é favorável. Pequenas coisas podem ser realizadas; grandes coisas não devem ser feitas. O pássaro, voando, traz a mensagem: não é aconselhável o esforço em direção ao alto; é aconselhável permanecer embaixo. Grande boa fortuna!

Comentário

Preponderância do Pequeno faz com que o homem superior evite a arrogância e o desprezo em sua conduta com os outros. Este é o momento de investir naquilo que é pequeno. De onde sai esta imagem? Da própria montanha, que é, na realidade, o acúmulo de pó e pequenas pedras. É tempo de acumular pequenas coisas para que, no dia do amanhã, o acumulado transforme-se em abundância e plenitude. Assim o homem superior faz, "perseverando naquilo que é pequeno".

Na esfera emocional ou da conduta humana é o acúmulo de pequenos atos virtuosos, que transformam nosso caráter e conferem-lhe a serenidade e a estabilidade.

Em termos de meditação, a montanha representa a mente inamovível, que está sustentada na prática da ética e da moralidade. No budismo vajrayana, este trabalho de acumular o que é pequeno está associado ao trabalho transformador de mudar pouco a pouco os hábitos e os apegos que o ser humano tem. A montanha também exige a prática da humildade, por isso a "imagem do pássaro voando baixo". Humildade não quer dizer ser servil, quer dizer ser dinâmico, ativo o dia inteiro, mas a execução dos afazeres estando sustentada pela calma e a reflexão. Assim, evitam-se os mal-entendidos que atraem raiva e incompreensão para nós e nossos familiares.

Ao compreender o ritmo das estações, transforma seu caráter e o de seus alunos, tomando este ritmo como modelo. Então, estabelece padrões pequenos, quase que imperceptíveis, porque esses padrões são como o dia e a noite, como as estações: eles estão continuamente permeando e governando silenciosamente a vida de todos os seres em todos os reinos da natureza. Um exemplo disso é que, o homem, desde o mais vulgar até o mais proeminente dos sábios e o mais poderoso, acorda quando é dia e vai dormir quando é noite; quando é frio agasalha-se e muitas vezes adoece; quando faz calor, abana-se e muitas vezes até adoece.

Assim, quando o professor ou o mestre estabelece padrões de comportamento, ele o faz nas mínimas coisas e torna o caráter de seus discípulos permanentes como as leis naturais. Por isso se diz: "Pequenas coisas podem ser realizadas; grandes coisas não devem ser feitas", porque a natureza não age a saltos.

"Não é aconselhável o esforço em direção ao alto", porque o importante é estabelecer padrões de conduta permanentes na vida humana. "É aconselhável permanecer embaixo", porque o princípio natural da terra (trigrama primário *ken*) é a humildade. "Grande boa fortuna" porque depende exclusivamente do esforço humano. Mas é essencial ser correto. Quando se é correto, o pequeno excesso se desvanece. Ao contrário, quando não se é correto, o pequeno excesso torna-se um grande excesso. Isto mostra que, num tempo de excesso, esse excesso torna-se a razão para a correção. Se não se atua de acordo com o tempo, mesmo que se insista em dirigir-se a um estado em que não há excesso, isso não seria considerado correto.

As pessoas têm duas qualidades: firmeza e flexibilidade. Se elas estiverem a cargo de grandes assuntos, é apropriado usar a flexibilidade. Mais ainda, deve-se usar cada coisa apropriadamente e no tempo justo.

Imagem

> **Trovão sobre a montanha: a imagem da preponderância do pequeno. Assim, o homem superior em sua conduta faz com que prepondere o respeito. Em casos de luto, faz com que o fator preponderante seja a tristeza. Em suas despesas, faz com que prepondere a parcimônia.**

Na imagem do hexagrama, há trovão sobre a montanha! A montanha está calma, o trovão em movimento. A ação é levada adiante por meio da calma; a ação está fundamentada na reflexão, na equanimidade e na serenidade da mente.

"Assim o homem superior na sua conduta faz com que prepondere o respeito": Respeito e deferência são os remédios para a arrogância: a arrogância surge da ciência de que se é portador do conhecimento completo e que já mais nada deve ser aprendido.

O compadecimento é um remédio para a negligência e o desprezo. O homem em seu orgulho negligenciado na sua prática despreza os outros: compreender que todos somos sofredores, que de nada nos serve nossa posição social, gera em nós compadecimento pela condição humana. A abstenção é um remédio para a extravagância: o homem, ao ser orgulhoso e desprezar os outros, negligenciando sua prática, torna-se extravagante, chamado, assim, a atenção daqueles que lhe farão mal. Por isso a *Preponderância do Pequeno* é o caminho para a reestruturação do caráter.

Se este hexagrama aparecer em sua vida: Tudo o que for feito deverá ser planejado anteriormente em seus mínimos detalhes. Se este planejamento não existir, haverá perdas e humilhação.

Conselhos Gerais: Trabalho pequeno, pequeno êxito. Acúmulos de pequenos êxitos trazem grande boa fortuna. Planeje cuidadosamente o que realizará: tente não voar alto demais. Preste atenção aos seus empregados; não lhes ofereça muita confiança, seja precavido, mude seus hábitos. Não deixe que tomem seu tempo.

Negócios/Dinheiro: Evita contrair dívidas pesadas. Pequenos passos podem lhe oferecer liberdade; grandes passos, escravidão. Regule a ambição para que não chegue a extremos.

Estado Emocional: Este é o momento para tentar entendimentos profundos e duradouros com as pessoas mais queridas. Falar, dialogar, abrir o coração, confiar, são elementos que tornam nossa vida mais leve e nosso coração, mais compassivo.

Saúde: Preste atenção ao fígado e aos intestinos; as mudanças emocionais afetarão seu funcionamento.

As linhas

1ª linha: **Em seu voo, o pássaro encontra o infortúnio.**

Significado

Aqui se imagina que se está trabalhando com o grande; ele se assemelha àquele que já se sente sábio quando ainda não deu seu primeiro passo no caminho. Assemelha-se aquele que diz que sabe simplesmente porque leu alguns livros. O pardal, que não está acostumado às alturas, quer voar com a águia.

2ª linha: **Ele passa por sua ancestral e encontra sua ancestral. Não chega até ao príncipe e encontra o funcionário. Nenhuma culpa.**

Significado

Pode realizar seus empreendimentos, mas não terá a recompensa que deseja. Por isso, o I *Ching* diz: "Não chega ao príncipe, somente encontra o funcionário", ou seja, seus intentos o levam a encontrar pessoas que não poderão ajudá-lo muito. Nesta linha, após o infortúnio, compreende o poder da modéstia e aproxima-se dos mais venerados de forma cautelosa e sem quebrar os costumes; por isso se diz: "Não chega até o príncipe e encontra o funcionário. Nenhuma culpa".

3ª linha: **Se ele não tiver uma extraordinária cautela, alguém pode vir por detrás e golpeá-lo. Infortúnio.**

Significado

Se a pessoa não planejou ou não está acostumado a realizar planejamentos, certamente sairá algo errado. Isto assemelha-se a ser surpreendido pelas costas. Muito cuidado!!

Aqui, a pessoa está duplamente forte, mas desequilibrada, e responde à fraqueza de cima, como um pássaro que não pode tomar a liderança e, assim, escapa nas alturas. Se a pessoa não tomar precauções em excesso, haverá perseguidores que atacarão – que infortúnio!

4ª linha: **Nenhuma culpa. Sem ultrapassá-lo, ele o encontra. Ir adiante traz perigo. Deve-se ficar em guarda. Não aja. Seja constantemente perseverante.**

Significado

Momento em que o perigo ainda não passou. "Ir adiante" quer dizer tentar impor sua vontade, sem entender que se está na posição errada. A terceira linha representa as pessoas que acreditam somente em sua força e, assim, atraem ataques contra si mesmas: pensam que tomar precauções é indevido e aí está a causa do erro.

Nesta quarta linha, não há excesso, mas é necessário ser cuidadoso e compreender que o verdadeiro poder radica na humildade, por isso se diz: "Seja constantemente perseverante". O homem superior tenta contentar-se com a sua posição. Existe risco de perder tudo o que conseguiu até agora. Ir adiante traz perigos. Este não é o momento de agir.

5ª linha: **Nuvens densas. Nenhuma chuva vem da nossa região oeste. O príncipe atira e atinge aquilo que está na caverna.**

Significado

As "densas nuvens da região oeste" significam intensa preocupação e melancolia, sentimentos que surgem espontaneamente do nosso inconsciente. Encontra-se algo que estava oculto. Seja dentro de si mesmo (um hábito ou medo), e agora é possível identificar a situação. Aqui, a pessoa tem o poder de colaborar com os seres que estão abaixo dela, mas não os beneficia de forma alguma, talvez pela própria arrogância de seus seguidores. Muitas vezes a pessoa não permite ser ajudada.

6ª linha: Cruzando com ele sem ir ao seu encontro. O pássaro em seu voo o abandona. Infortúnio! Isso significa infelicidade e prejuízos.

Significado

Este é um momento em que a pessoa está completamente esgotada em seu intento de fazer prevalecer seu ponto de vista. Se ela persistir, até corre risco de vida. Na compreensão de sua impossibilidade, irrita-se cada vez mais, separando-se de tudo e de todos: isto lhe trará infortúnio pessoal e espiritual, porque os dois são intrinsecamente manifestação de uma coisa só. Se tentar forçar os acontecimentos, terá motivos de arrependimento e nada sairá bem. Sendo sincero, porém suave nas explicações e no convívio, tudo será muito bom.

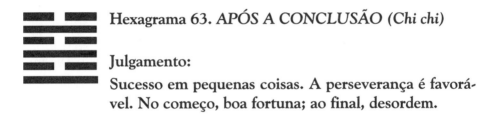

Hexagrama 63. APÓS A CONCLUSÃO (Chi chi)

Julgamento:
Sucesso em pequenas coisas. A perseverança é favorável. No começo, boa fortuna; ao final, desordem.

Comentário

Após ter conhecido as dificuldades causadas pela arrogância, o desprezo e a extravagância, ele decide colocar todos estes elementos psíquicos em ordem novamente. O trigrama primário superior é *kan*, o oculto. O trigrama primário inferior é *li*, a inteligência, ou seja, novamente terá de indagar o que é mais oculto e remoto com sua inteligência esclarecedora, a fim de colocar sua mente em ordem. Por isso as pessoas realmente desenvolvidas, ao tratar de si mesmas e das coisas, usam a deferência para acalmar a sua própria arrogância.

Mas por que uma pessoa desenvolvida seria arrogante? Porque à medida que vai descobrindo a estupidez desta vida, com as loucuras humanas, torna-se bastante compreensível que tente se isolar dos homens fúteis, sem propósitos, tentando encontrar pessoas mais desenvolvidas que ela. À medida que a consciência de uma pessoa torna-se disciplinada e aguda, também torna-se esclarecida: "enxerga" o que ninguém enxerga; sendo assim, descobre as causas subjacentes que governam o comportamento humano, mas esta clareza mental traz muita dor. Se isto puder ser bem administrado, então surge o sentimento de compaixão por todos os seres. Esta dor fará com que, num primeiro momento, o discípulo tente se afastar do seu meio ambiente, gerando, por isso, uma forma arrogante de se comportar. Depois que compreende que esta arrogância não lhe serve, volta atrás e encontra o equilíbrio verdadeiro.

Lembremos que neste hexagrama todas as linhas estão no seu devido lugar, produzindo, assim, um perfeito equilíbrio de forças. Contudo, justamente neste momento é que o perigo ameaça novamente; por este motivo, este hexagrama também é um aviso para manter a vigilância sobre os próprios estados emocionais. Por isso se diz: "Quando se está seguro, não esqueça do perigo: enquanto estiver vivo, não se esqueça da morte: em tempos de ordem, não se esqueça da confusão". Este é um verdadeiro princípio, que se aplica em todos os tempos.

"Ao começo boa fortuna: ao final, desordem." Por que isto é assim? Porque, se você pensar que, uma vez atingida a calma e a segurança, tudo está concluído, certamente ficará confuso novamente. O perigo radica em pensar que o caminho espiritual é estático ou que, quando chegarmos a conquistar um pouco de calma e sossego, ela não estará também sujeita a mudança. Assim, o caminho atingirá um impasse.

Imagem

Água sobre o fogo: a imagem da condição de Após a Conclusão. Assim, o homem superior reflete sobre o infortúnio e previne-se antecipadamente contra ele.

O trigrama primário superior é *kan*, ou seja, o infortúnio, mas, neste caso, em que estamos tratando da vida e da consciência de um discípulo da sabedoria eterna, este hexagrama adquire uma característica um pouco diferente.

O infortúnio de *kan* realmente pode lhe acontecer, mas por causas muito diferentes das que atingem uma pessoa comum. Neste caso, *kan* também adquire a característica que encarna a própria irmandade negra, que trabalha sempre de forma oculta e especialmente no plano das "águas", ou seja, emocional. Por consequência, o infortúnio radica em não saber ou não poder controlar forças que virão deste plano e que seguramente o farão perder muito tempo, tendo, depois, de consertar todos os problemas que causou.

Estes problemas acontecem muito com aquelas pessoas que estudam muito as disciplinas espirituais: chega um momento em que o conhecimento adquirido confere-lhes uma capacidade de perceber que as leis morais que governam os povos ignorantes são, na maioria das vezes, leis caducas e sem sentido. Ao obter compreensão e ao comentar com um círculo de colegas, adquire-se um tipo de compreensão de que moralmente estará tudo permitindo, gerando, assim, grandes problemas ao seu redor. A vigilância sobre si próprio relaxa, e o caminho espiritual é negligenciado, penetrando, assim num caminho escuro (trigrama *kan*), saindo somente com um exame meticuloso e esclarecedor, ou seja, aplicando o fogo da razão esclarecedora – é a disciplina que encarna a energia do trigrama *li*.

Contudo, neste hexagrama fala-se sobre previsão, ou seja, a visão antecipada deste infortúnio. Quando se chega a uma etapa do caminho na qual nossa consciência pode governar nossa vida, a previsão torna-se necessária. Isto tem a ver com a antiga frase que todo esotérico acadêmico gosta sempre de repetir: que o caminho espiritual é o caminho sobre o "fio de uma navalha". Ao se prevenir, o discípulo torna-se uma pessoa tranquila no seu aspecto emocional, fechando as portas a qualquer tipo de energia que lhe trará a vontade de experimentar com sensações tenebrosas. Neste caso, o caminho não chega ao infortúnio; ele pode mudar o seu destino e selar a porta por onde o mal poderá entrar.

Se este hexagrama aparecer em sua vida: Mantenha a vigilância sobre seus estados emocionais e seus julgamentos. Nada é o que aparenta ser! Reflita sobre a impermanência dos seres e de todas as coisas.

Conselhos Gerais: Momento de conclusão. A ordem pela qual se trabalhou tanto está por ser conseguida. Contudo, a qualquer descuido ela pode ser perdida. Evite exercer sobre si mesmo e sobre os outros pressão insuportável. Não tente forçar o êxito: ele virá no seu tempo apropriado e pelo curso normal dos acontecimentos. Trabalhe para distinguir o correto do incorreto. Nos treinos espirituais, assim como nos atos de generosidade, Deus enxerga o coração do ser humano, não a oferenda material. Na realidade, a oferenda material deve ser precedida pelo fato da compreensão de que nada na realidade é do ser humano. Todas as nossas riquezas são simplesmente algo que o céu e a terra nos emprestam por um pequeno espaço de tempo. Evite a arrogância ao treinar a generosidade.

Negócios/Dinheiro: Pequenos investimentos, grandes lucros.

Estado Emocional: Ofereça sinceridade, não presentes. Melhor um coração terno do que um presente valioso. Não confie na aparência. Deixe o sentimento entrar no seu coração. Evite olhar o custo monetário disso.

Saúde: Preste atenção ao coração, rins, sangue e bexiga.

As Linhas

1ª linha: **Ele freia suas rodas. Sua cauda mergulha na água. Nenhuma culpa.**

Significado

"Ele freia suas rodas": Simplesmente limita-se a evitar qualquer tipo de pensamento escuro, assim como depressivo ou crítico. "Sua cauda mergulha na água": compreende que ainda tem algo a fazer, ainda que aparentemente tudo esteja em ordem. Simplesmente torna-se precavido.

2ª linha: **A mulher perde a cortina de sua carruagem. Não corra atrás dela; no último dia, você a receberá de volta.**

Significado

"A mulher perde a cortina de sua carruagem": A personalidade (aspecto feminino da psique) perde elementos psíquicos que a cobrem. Ela agora torna-se descoberta, assim como quando uma mulher que viaja dentro de uma carruagem com as cortinas fechadas e de súbito as cortinas caem, ou são abertas. Imediatamente a mulher que viaja incógnita é descoberta: assim ocorre com elementos psíquicos escondidos até agora: ele não tinha descoberto este elemento dentro de si mesmo.

"Não corra atrás dela": Não correr é não se preocupar de forma obsessiva com alguma descoberta. "No sétimo dia, você a receberá de volta" indica que qualquer descoberta de elementos psíquicos aparentemente conflitantes desaparecerá se formos capazes de "tirar" deles o poder de nossa atenção. Por isso se diz: "No sétimo dia, você a receberá de volta como resultado do caminho do meio". O caminho do meio é uma alusão ao óctuplo nobre caminho de Buda, sendo que uma das vias é a correta atenção: por esta virtude, ele simplesmente segue no seu caminho.

3ª linha: **O ilustre ancestral castiga a terra do diabo. Depois de três anos, ele a conquista. Não se devem empregar homens inferiores.**

Significado

"O ilustre ancestral": neste caso, o espírito "castiga a terra do diabo", disciplina sua natureza inferior num profundo esforço. "Depois de três anos, ele a conquista": Um ciclo completo, de acordo com os ensinamentos do budismo vajrayana, três anos, três meses e três dias são necessários para castigar a terra do diabo, ou suprimir os três venenos. ignorância, ódio e cólera.

"Não se deve empregar homens inferiores:" Com o conhecimento meramente intelectual ("homens inferiores"), não é possível realizar nenhum treinamento espiritualmente sério e bem orientado. No entanto, como este hexagrama é de prevenção, fica aqui registrado o aviso. A tarefa de transformação é exaustivamente prática, não teórica.

349

4ª linha: As melhores roupas viram farrapos. Seja cauteloso durante todo o dia.

Significado

"As melhores roupas viram farrapos." Sidarta Gautama, o Buda, diz: "A comida saborosa de ontem hoje pode tornar-se o pior dos venenos". Esta linha mostra-nos como temos constantemente de velar pela renovação, tanto de nossos costumes como de nossos pensamentos. Este problema aflige muito aqueles que estudam sinceramente a sabedoria eterna: pensam que as disciplinas do passado são as únicas e as melhores e que não há nenhuma necessidade de mudá-las para adaptá-las aos nossos alunos, que possuem a mentalidade do século XXI. Por isso, em muitos casos, os comportamentos e atitudes que, num devido momento foram belas roupagens, hoje não passam de velhos farrapos.

"Seja cauteloso durante todo o dia. Há motivo para dúvida." Ser cauteloso é estar constante e conscientemente descobrindo qual o melhor caminho a ser trilhado. De acordo com o tempo e a situação, não adianta tentar repetir disciplinas do passado sem um conhecimento correto. "Há motivo para dúvida" quer dizer que o pensamento ainda não está claro.

5ª linha: O vizinho do leste que sacrifica um boi não consegue uma felicidade tão verdadeira quanto o vizinho do oeste com sua pequena oferenda.

Significado

"O vizinho do leste que sacrifica um boi não consegue uma felicidade tão verdadeira quanto o vizinho do oeste com sua pequena oferenda": Basicamente esta é uma verdade repetida através de todos os tempos, porém continuamente esquecida. É um grande erro pensar que a Deus interessam os templos faustuosos, as grandes cerimônias, ou as grandes oferendas realizadas sem o espírito de humildade. Parece que as pessoas, e especialmente o clero organizado de todas as religiões sem exceção, num dado um momento em sua história, se esquecem por completo que, perante os deuses, os bens materiais e os ritos faustuosos não atraem de maneira alguma as suas bênçãos, e sim o seu desprezo, sendo este um dos motivos pelos quais as grandes religiões de hoje estão perdendo seus fiéis e sacerdotes. Mais vale uma pequena oferenda feita de coração do que os grandes e complicados ritos realizados mecanicamente.

"O vizinho do leste que sacrifica um boi não está tão em harmonia com o tempo como o vizinho do oeste. Este alcança a verdadeira felicidade: a boa fortuna vem em grande proporções": Como diria o santo Milarepa, "se não há devoção, o ritual não serve para nada".

6ª linha: Ele mergulha a cabeça na água. Perigo.

Significado

Chega-se a um momento difícil e perigoso: se a pessoa não souber controlar seus pensamentos, encontrará o infortúnio, ou seja, "Mergulhará de cabeça na água". Seus pontos de vista serão emocionais e desprovidos de razão. Se não souber como considerar os problemas e se prevenir, não poderá suportar por muito tempo a extrema emotividade, tornando-se ineficaz para terminar seu trabalho. Muita dor e desespero podem fazer fracassar qualquer empreendimento espiritual. Também indica demasiada identificação com os objetos dos sentidos. Será que isto não é perigoso?

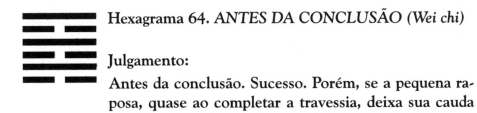

Hexagrama 64. ANTES DA CONCLUSÃO (Wei chi)

Julgamento:

Antes da conclusão. Sucesso. Porém, se a pequena raposa, quase ao completar a travessia, deixa sua cauda cair n'água, nada será favorável.

Comentário

O primeiro ponto em questão é a extrema cautela que tem de ser usada para, novamente, tornar um mundo caótico num mundo cheio de experiências e realidades tangíveis que possam ser experimentadas conscientemente. A raposa é símbolo de imprudência, assim como de astúcia. Quando falamos do homem inferior, este sim terá motivos de arrependimento; porém, neste contexto, o importante é que o I Ching diz: "Sucesso", ou seja, se o homem superior compreender que nestes momentos sua atenção deve ser redobrada, então, sim terá sucesso garantido.

O segundo ponto digno de atenção é a raposa caminhar sobre o gelo. Como já demonstrei nos capítulos anteriores, o gelo é a representação das virtudes e dos ganhos espirituais. Notem que agora estamos no final da primeira jornada, e novamente sobre as regiões geladas, ou seja, os méritos espirituais outra vez são conquistados.

Imagem

Fogo sobre água: a imagem das condições. Antes da conclusão. Assim, o homem superior é cauteloso ao diferenciar as coisas para que cada um ocupe o lugar que lhe e próprio.

A inteligência sobre a paixão, a claridade sobre a escuridão, a visão iluminada sobre as formas cambiantes de nossas emoções. A natureza das coisas sendo discernida e colocada em seu lugar apropriado: assim, novamente o discípulo deve ser extremamente cuidadoso a este respeito. Por exemplo, a natureza do fogo é queimar para cima, e a natureza da água é fluir para baixo: estas são coisas que devem ser distinguidas. Quando o fogo queima para cima, eleva-se, ao passo que deveria estar em baixo da água para equilibrá-la. Quando a água flui para baixo, desce, ao passo que deveria elevar-se para equilibrar o fogo. Este é um exemplo de como as coisas deveriam ser colocadas em seus lugares.

A água pode controlar e destruir o fogo; o fogo pode esquentar a água e também pode fazê-la evaporar. Água e fogo também podem nutrir as pessoas e também podem matá-las. Este e um exemplo que pode se estender a todas as coisas, mostrando como é necessário distinguir com precisão e clareza para avaliar seus lugares apropriados. O mesmo acontece em nossas vidas: tomei o exemplo da natureza como ilustração, mas a água, levada ao plano psicológico, está relacionada às nossas emoções, enquanto o fogo, à nossa inteligência esclarecida. As duas levadas ao extremo podem nos matar.

Quando nos deixamos levar exclusivamente pelas paixões, não precisamos falar muito para descobrir que nossa vida se transforma num inferno, ao ponto de cometermos uma loucura, crimes hediondos como os que todos os dias a imprensa destaca em suas manchetes. Mas a vida sem paixão é estéril e sem beleza. Trabalho sem paixão torna-se algo tedioso e difícil de suportar; a vida do lar, a educação dos nossos filhos, a procura pelas disciplinas espirituais, até o ato de degustar uma boa comida podem ser atos que incluam a paixão, mas na realidade o que entendemos por paixão?

As pessoas hoje em dia são arrastadas pelos desejos mais animais que a raça humana conheceu: isso nada tem a ver com a paixão verdadeira. Hoje confundimos bestialidade com paixão, sentir emoções violentas, sádicas, que instigam o crime, isso é tido por paixão. A cultura do "pegar e largar" para "usar e se aproveitar" é o que animaliza o ser humano, roubando-lhe a espiritualidade e a decência mínima que o tornaria um verdadeiro ser humano. Por consequência, saber distinguir entre paixão e bestialidade é o primeiro ponto a ser praticado. O segundo item é distinguir a diferença entre ambas, utilizando-se de todo o poder da inteligência para meditar e refletir a cada momento vivido. Para realizar isto, é necessário contar com a ajuda dos grandes mestres da humanidade e seus ensinamentos. Assim, pouco a pouco, você estará aplicando na sua vida diária um novo ritmo espiritual que não exclui a vida emocional, e sim, que a torna fecunda e rica em experiências profundas e reveladoras, produzindo estados iluminados do ser.

Se este hexagrama aparecer em sua vida: Tente se esforçar em sentir prazer em tudo o que realiza e em compreender que em tudo pode e deve estar presente a arte, o carinho, a inteligência e os bons costumes.

Conselhos Gerais: Momento de muita agitação e vontade de agir como na sua juventude. Isto trará erros e humilhação. Momento de festas em que se perde a compostura, derrama-se vinho sobre si próprio, e isto trará humilhação. Fixe objetivos e va até o fim; não desvie no meio do caminho: isto poderá levá-lo a problemas graves. O êxito na meditação ou na vida cotidiana não deve ser alardeado nem mostrado, pois poderá ser-lhe roubado pela inveja. Evite a violência.

Negócios/Dinheiro: Momento para investir, se tiver em seus sentimentos a bondade e a compaixão. Investir somente pelo lucro trará somente um pouco a mais de dinheiro, mas nenhuma realização interna. Prepare-se para problemas futuros.

Estado Emocional: Tente mudar seus hábitos de percepção do mundo. Momentos de intensa instabilidade emocional e mental. Tente se refugiar na meditação, que o ajudará a estabilizar sua mente e emoção.

Saúde: Inflamação nos rins e na bexiga. Verifique ambos, assim como o sangue. Faça um exame do coração.

As linhas

1ª linha: **Ele mergulha sua cauda na água, humilhante.**

Significado

Faz seu trabalho sem refletir; ainda não está preparado e tenta forçar o avanço: isto cria uma situação de teimosia aliada à violência. Quando aplicado a si próprio, isto trará muitas preocupações e tristeza. A pessoa pensa que perdeu tudo o que conquistou e tenta obter resultados mediante a força. Isto lhe causará muitas perdas, afetando a sua saúde.

Momento de avançar de forma decidida, porém com cautela. Há riscos de perder a compostura, risco de agressões. Desequilíbrio mental e emocional. O mais importante é que prevaleça a análise em todas as circunstâncias.

2ª linha: **Ele freia suas rodas. A perseverança traz boa fortuna.**

Significado

"Frear as rodas" é frear o avanço na direção errada. Não é inteligência forçar tanto para obter resultados rápidos. "A perseverança traz boa fortuna" porque ele compreendeu que o equilíbrio e a retidão são dois princípios que podem ser usados continuamente. Quando as pessoas não escutam é porque acreditam profundamente no seu próprio ponto de vista; então, a melhor forma de resolver este impasse é dialogar com muita calma e sinceridade.

3ª *linha*: **Atacar antes da conclusão traz infortúnio. É favorável cruzar a grande água.**

Significado

Neste caminho de autoconhecimento, tudo o que se realiza de forma forçada traz como consequência o infortúnio. Ainda assim, é importante "atravessar a grande água", que representa um momento perigoso, mas que deve ser realizado cautelosamente. Assim, de forma moderada, poderá obter ganhos verdadeiros.

4ª *linha*: **A perseverança traz boa fortuna. O arrependimento desaparece. Comoção, para castigar a terra do diabo. Durante três anos, grandes reinos serão dados como recompensa.**

Significado

Quando não utiliza mais a força, a pessoa é como o nascer do sol, atingindo a virtude, habilidade e posição apropriada no momento do estabelecimento dos elementos que levarão à conclusão. Assim, a correção traz bons resultados, e o arrependimento desaparece. Quando a pessoa põe em atividade a função da iluminação e conquista os "bárbaros" da ignorância, em "três anos" o trabalho é realizado, de forma que haverá a recompensa de grandes reinos. No momento da conclusão, o objetivo sobre o qual a pessoa trabalhou em reclusão será levado adiante.

5ª linha: A perseverança traz boa fortuna. Nenhum arrependimento. A luz do homem superior é verdadeira. Boa fortuna.

Significado

"A perseverança traz boa fortuna": O trabalho continua de forma ordenada e sincera; por isso "nenhum arrependimento". "A luz do homem superior é verdadeira": Saiu fora de todo perigo da emotividade caótica; a luz surge do contato com seus mestres. Boa fortuna. Esta é a iluminação da pessoa desenvolvida. Aplicando a amabilidade em seu dia a dia, tudo estará muito bem.

6ª linha: Bebe-se vinho em plena confiança. Nenhuma culpa. Mas, se ele molha sua cabeça, perderá esta confiança.

Significado

Tendo realizado seu trabalho de forma correta gerando iluminação, bebe vinho de forma sincera e tranquila – isto é compartilhar um momento de prazer com as pessoas, uma ação não vergonhosa. Mas o meio pelo qual as pessoas desenvolvidas relacionam-se com o mundo é que elas não se esquecem do perigo quando estão seguras, não se esquecem da morte quando estão vivas e não se esquecem da desordem em tempos de ordem.

"Mas se ele molha sua cabeça, perderá esta confiança": Isto indica que não é possível desfrutar constantemente da paz. Sempre será necessário que esteja realizando atividades para o bem dos outros. Nas preces do budismo vajrayana, pedimos para que os Budas não entrem na absoluta paz do nirvana; que, por compaixão, fiquem entre nós, seres desafortunados, para nos ensinar a sermos como eles. Neste momento, ele realiza o "voto do bodhisattva", que é o de renunciar a sua própria felicidade para se dedicar inteiramente ao serviço de seus discípulos.

Breve Curriculum

Prof. Roque Enrique Severino
Diretor Fundador da Sociedade Brasileira de Tai Chi Chuan e Cultura Oriental, do Kagyu Dag Shang Choling – Jardim do Dharma.

Nasce no ano de 1954 em Buenos Aires, na Rep. Argentina.

Com a idade de 6 anos iniciou seus estudos sobre o Budismo com sua professora primária, incentivado pelo seus próprios pais. Aos 13 anos junto aos seus estudos primários comuns iniciou estudos de Tai Chi Chuan da linhagem da Família Yang e I Ching com o professor Ma Tsun Kuen, adido comercial da embaixada chinesa em Buenos Aires. Continuou seus estudos de filosofia oriental antiga, na Faculdade de ensino Livre "San Francisco de Assis" especializando-se em cultura chinesa antiga, o Budismo Chinês e o I Ching.

Em 1975 Inicia seu treinamento Budista na escola japonesa Soto Senshu na Argentina, continuando no Brasil sob os cuidados do Mestre Ryotan Tokuda

Em 1978, aos 24 anos mudou-se para São Paulo, Brasil, fundando a Sociedade Brasileira de Tai Chi Chuan e Cultura Oriental.

Em 1980 adquire as terras que serão utilizadas para construir as instalações da Kagyu Dag Shang Choling – Jardim do Dharma – Estas terras foram consagradas pelo Monge Tendai Dokan Yanashigawa, em 1990, novamente pelo Geshe Gelupa Lobsang Jamiang e posteriormente pelo V. Lama Trinle Drubpa – Bokar Rimpoche e Mingyur Rimpoche.

Viagens de Estudo e Meditação

- 1988, República Ocidental da China – realizou seu primeiro retiro de meditação com duração de 45 dias no mosteiro da tradição Chan – Tem Tão Tão Yuan.
- 1988, China Continental – estudo do tai chi chuan tradicional.
- 1990, Estados Unidos de América – encontro com o Grão mestre Yang Zendhuo, bisneto do criador do estilo de tai chi chuan Yang Yang Lu Chan.
- 1998, 2000, Espanha – centro de retiros Dag Shang Choling – huesca – Lama Drubgyu Tempa.
- 1988, 1990 Mosteiro de Será Me em Maysore – Karnataka India.
- 1993, 1995, 1997, 1998, 1999, 2000, 2001, 2004, 2005, 2006 Bodhigaya e Mosteiros de Salugara, Sonada Mirik W. B. Índia – Seminários sobre o Maha Mudra oferecidos pelo M. V. Bokar Tulku Rimpoche e cerimônias relacionadas a passagem do M. V. Bokar Tulku.
- 2002, 2005,2006 China, realizando peregrinações as montanhas Wu tai Shan.

Patrocinou a vinda ao Brasil de Mestres Budistas, como:

Ryotan Tokuda (Japão) Zen soto senshu

Dokan Yanashigawa (Japão) Tendai Shu

Seung Sahn (Coreia) Zen Rinzai

Yukio Ponce (Japão) Shingon Shua

Lobsang Jamiang (Tibete) Mosteiro Será Me

Trinle Drubpa (Tibete) Dag Shang Kagyu

Bokar Tulku Rimpoche (Tibete) Dag Shang Kagyu

Kempo Jampa Donnyo (Tibete) Dag Shang Kagyu

Yang Zhenduo (China)
Yang Jun (China)
Lama Yonten (França) Dag Shang Kagyu
Kempo Osel Gyurme (nepal) Nigma Tradicion
M. V. Mingyur Rimpoche

Monografias Premiadas pela Sociedade de Cultura Japonesa:
1981 Bushido: "O código de honra do Samurai"
1982 Haiku: "Poema Japonês"

Livros e artigos de sua autoria:
1983 Revista Planeta Especial de Artes Marciais – Editora Três
1984 Revista Planeta Especial de Zen Budismo – Editora Três
1985 Tai Chi Chuan para uma vida longa e saudável – Editora Ícone
1987 O Espírito das Artes Marciais – Editora Ícone
1994 O I Ching: uma abordagem psicológica e espiritual – Editora Ícone
2008 DVD "chuva de Bênçãos"

Realizou, sob a orientação do Ven Lama Trinle Drubpa, no ano de 1996, em regime de retiro fechado, durante um ano e meio, retiro Karma Kamsang, onde realizou o Nongdro". Sua casa de retiro foi consagrada pelo Venerável Bokar Tulku Rimpoche, Kempo Donnyo Rimpoche e outros Lamas presentes.

E aprendeu as pujas e treino das Sadanas da Linhagem. Isto foi registrada pelos Próprios Lamas Trinle, Bokar Rimpoche e Kempo Donnyo, na sua visita realizada ao nosso Centro em 1996, por ocasião da consagração da Primeira Grande Estupa Dharmakaya da América Latina, construída em nosso centro.

Desde o ano 1995, na procura pelo entendimento claro e profundo dos ensinamerntos sobre o Mahamudra, acompanhou ao seu Mestre M. V. Bokar T. Rimpoche, realizando várias vezes os retiros de Mahamudra nível I II e III.

Recebeu de mãos do M. V. Bokar Rimpoche a Iniciação e o treinamento da Sadana de Milarepa, realizando retiro fechado de 6 meses.

E instruções sobre o treino das Tara Verde, onde também realizou retiro fechado de 6 meses

No ano de 2002 viaja ao Mosteiro de Bokar Tulku Rimpoche, na india para receber o ciclo completo de iniciações Shangpa Kagyu oferecido pelo M. V. Yangsi Kalu Rimpoche, Bokar Tulku Rimpoche e todos seus lamas.

Em 2003/2004 recebe do Lama Yontem em sua residência ensinamentos sobre o treino do Drub Tab de Mahakala Chagdrugpa Yidam que vem treinando desde 1993

No ano de 2004 recebe das mãos do Mui Venerável Khenpo Lodro Donyod Rinpoche no mosteiro em Mirik, o manto (Zen) de Naljorpa assim como as reliquias que foram inseridas nas 8 estupas consagradas em 2007.

Em 2005 viaja junto com sua esposa, Profa. Maria Angela Soci, a Questa, New Mexico, U.S.A, para realizar o seminário de Mahamudra nível I e II junto ao M. V. Myngyur Rimpoche.

Em 2006 e 2007 recebe em São Paulo novamente os ensinamentos do seminario de Mahamudra nível I e II junto ao M. V. Myngyur Rimpoche.

No Centro de Retiros do Jardim do Dharma, realiza Junto com o Ven. Lopon Osel Gyurme, discipulo do M. V. Dilgo Kyentse Rimpoche, dois retiros fechados de acumulação de mantras nas Cinco Divindades, um de 30 dias e outro de 15 dias, concluindo os mesmos com o recebimento dos Votos do Bodhisatwa, que recebeu em 2002 de seu Mestre Bokar Tulku Rrimpoche.

Em 2005 constrói 8 estupas de 7 metros de altura em memória do M. V. Bokar Tulku Rimpoche

Em junho de 2007 participa das cerimônias de consagração das 8 Estupas realizadas pelo M.V. Mingyur Rimpoche.